石井 聡 著

Another Economic System

Factories and Labour in the GDR's Planned Economy

もう一つの経済システム

東ドイツ計画経済下の企業と労働者

北海道大学出版会

はしがき

ある対象について評価する場合、その対象に関する多面的な知識を得ないまま、我々は先入観や一面的な情報のみから評価を下してしまうことがありがちである。本当は分かっていないのに、分かったつもりになってしまうのである。

「社会主義」(本書では、現存した社会主義体制を「社会主義」と表記する)計画経済は、人々によるそうした評価をしばしば受けてきた対象であるといえる。「社会主義のように失敗に終わったものを、いまさら検討しても仕方がない」ということが言われてきたが、そうした発言は、必ずしも、計画に制御された経済が、一体どういったメカニズムで非効率な結果に終わってしまったのかについてまで構造的に理解したうえでの発言ではないことが多い。また、ただ「失敗した」という結果だけから評価してしまうと、なぜそれが数十年にわたって存続したのかについては説明できなくなってしまう。「存続したのは秘密警察により支配されていたからだ」という言い方もなされるが、これこそまさに断片的に伝えられる衝撃的な情報のみから下された一面的な評価であるといえる。秘密警察が国民生活に与えた影響に関する構造的な分析は、近年のドイツにおいて始められたばかりであるが、そこでは、我々が想像するほど秘密警察の影響力は大きくはなかったことが明らかにされつつあるからである。

本書が検討課題としているのは、計画経済において生産が非効率なものになってしまうメカニズムと非効率の具体的様相、一般的イメージとは異なる労働者の日常や濃密な人のつながりのある社会の姿、我々が想像するほど身近な恐怖ではなかった秘密警察の本当の影響力、それらから導き出される「社会主義」計画経済の崩壊および存続の理由といったものである。これら「社会主義」計画経済という「もう一つの経済システム」のあまり知られてこなかった(知ろうとされてこなかった)実態を実証的に明らかにすることで、「社会主義」について分かったつもりになる危険性の回避に寄与すること、これが本書の目指すところである。また、その作業を通じて、将来の市場経済のあり方について考えるにあたっても、ものの見方・考え方をより多面的にし、議論を豊富化することに貢献できるのではないか——たとえば効率性と労働の自律性の関係のあり方や、共同性のあり方といった点において——というのが著者の考えである。市場経済について、市場経済の視点のみから見ることで分かったつもりになる。そこには、いくぶんかの危険性が含まれてはいないだろうか。

二〇〇九年八月二〇日

石井　聡

略 記 表

BAP	Bundesarchiv, Abteilung Potsdam　ドイツ連邦文書館・ポツダム
DDR	Deutsche Demokratische Republik　ドイツ民主共和国（東ドイツ）
FDGB	Freier Deutscher Gewerkschaftsbund　自由ドイツ労働組合同盟
IM	Inoffizieller Mitarbeiter　（シュタージ）非公式協力者
SAG	Sowjetische Aktiengesellschaft　ソ連所有株式会社
SAPMO-BA	Stiftung Archiv der Parteien und Massenorganisationen der DDR im Bundesarchiv　社会主義統一党文書館
SED	Sozialistische Einheitspartei Deutschlands　ドイツ社会主義統一党
SMAD	Sowjetische Militäradministration in Deutschland　ソ連軍政部
TAN	technisch begründete Arbeitsnorm　「技術的に基礎づけられた労働ノルマ」
VLAG	Vorpommersches Landesarchiv, Greifswald　フォアポンメルン州文書館・グライフスヴァルト

目次

はしがき　i
略記表　iii

序章……1
一　「社会主義」研究の今日的意義……2
二　視点・課題とその意義……5
三　DDR経済史研究の現状……18
四　資料……26
五　本書の構成……27

第一章　出発点の経済状況
――対外関係、工業生産および労働力についてのマクロ的分析……43
はじめに……44

一　戦前・戦中期の状況……45
二　対外関係からの影響……50
三　工業における産業構造の転換……57
四　労働力の回復と流出……61
小　括……64
第二章　労働生産性向上政策とその労使関係的限界
——一九五三年六月一七日労働者蜂起をめぐって……71
はじめに……72
一　企業における労働者統轄——政策の基盤……73
二　労働生産性向上政策の展開……76
三　一九五二／五三年経済危機と六月一七日蜂起……87
小　括……96
第三章　造船業における生産能力の増大と労働生産性の低迷……107
はじめに……108
一　第二次世界大戦直後の造船業……109

二　造船所の建設・拡張……112
三　技術面の発展……116
四　労働力の調達……120
五　賠償生産の優先……124
小　括……126
第四章　造船業の企業現場における設備能力の不十分な利用……135
はじめに……136
一　戦後初期の生産困難……136
二　第一次五カ年計画期の問題点……138
小　括……149
第五章　造船業の企業現場における労働者陶冶および管理の限界……153
はじめに……154
一　労働者の陶冶……154
二　労働者の管理……161
小　括……175

第六章　造船業における計画作成と達成度評価の現実……183
はじめに……184
一　計画の作成と達成度評価の実態……184
二　対ソ納入船舶の価格について……190
三　生産計画の作成可能性について……192
小　括……195
第七章　造船業の国際競争力……199
はじめに……200
一　企業現場の問題点を生んだ原因……200
二　建造船舶の性能……204
三　造船業の国際競争力……208
小　括……213
第八章　労働者の人間関係世界――作業班の経済的・社会的意義……217
はじめに……218
一　「労働作業班」……220

二　「社会主義的労働の作業班」……228
三　作業班の存続理由……234
小　括……237
終　章……247
補　論　企業における秘密警察（シュタージ）——その本当の影響力……259
はじめに……260
一　シュタージとは？……261
二　事実の正確な理解に基づく評価の必要性……262
三　企業におけるシュタージ……263
四　国民の三つの層について……267
あとがき　271
参考文献一覧　9
人名索引　7
事項索引　1

序章

一　「社会主義」研究の今日的意義

経済学の一つの根本的な課題とは、現在の経済状況を的確に理解し、そのうえで将来の経済社会像について考えを巡らすことにあると思われる。そして、現状を的確に理解するための一つの有効な手段は、現状の歴史的起源とそれ以降の変容の過程を跡づけるという歴史的手法にあるといえよう[1]。数々の経済事象が、なおその起源を二〇世紀に有している今日の時点で、現状の歴史的起源とそれ以降の変容の過程を跡づけるという課題は、二〇世紀とくにその後半における世界経済とはいかなるもので、それはどういった影響を残したのかを総括することだと言い換えることができる。その二〇世紀世界経済の一つの重要な構成部分が社会主義体制(「社会主義」)であったことは、疑いのない事実である。二〇世紀には、資本主義と並んでもう一つの経済システムが――ある時期には、資本主義よりも優れたものという評価すら受けながら――存在していたのであった[2]。とするならば、「社会主義」経済とはいかなるものだったのかを客観的・具体的に明らかにする作業は、二〇世紀の世界経済を考察するうえで欠くことのできないテーマだといえる[3]。「社会主義」経済が崩壊した要因は何だったのか。あるいはそれが数十年にわたって存続した要因はどこにあったのか。さらには、それが残したものは何なのだろうか。

これらの問いに答えるためには、単に経済的指標を公式にあてはめたり、特定の理論のみを適用して事実を判断したり、表層的な政策・制度の変化を追うだけでは十分説明しきれない複雑な諸要素に関する立ち入った検討が不可欠だと考えられる。とくに「社会主義」に関しては、「全体主義体制」とか、「秘密警察に支配されていた」など、一面的に把握されている傾向があることは否定できない。だが、二〇世紀の半分の期間にわたって十数億の人々が実際に生きていた体制には、「全体主義」だけでは説明できない、人々の自律的な諸活動を確認することができる。それゆえ、そこに生きた人々の実際の営み、その国の「等身大の姿」を厳密に実証することによって、一定の視点からだけでは見落としてしまう現象までを観察し、分析をより多面的にすることが、「社会主義」の理解を深化させるために必要とされるのである。(4)

だが、そうした課題に応えるほどの「社会主義」経済に関する歴史的・実証的分析の蓄積は、現在までにはまだ十分なされていない。「社会主義研究というジャンルの社会科学は、十数億の人々が数十年にわたって実験材料となってくれた、始点と終点のある社会的実験のプロセスと結果に依拠することができる」にもかかわらずである。(5)ことにわが国では、その体制の崩壊によって、社会主義を研究する価値がなくなった――「失敗したもの」で、「終わったもの」――とする傾向も存在してきた。しかし、とりあえずなくなった価値は、「資本主義体制に全面的にとって代わるべき理想社会」としての「価値」のみを意味するものと考えられる。たとえ、そうした「価値」が衰退したとしても、それによって、社会主義――理念として、運動として、体制としての――を研究する学問的価値が失われたということにはならないだろう。「体制としての社会主義」に関していえば、ともかく体制として数十年にわたって存在したものがいかなるものだったのかを徹底的に検証することは、「価値」の衰退とはかかわりなく、果たされるべき作業である。(6)より焦点を絞っていうならば、その体制はなくなっても、そこに生きていた人々や企業、その体制にあった国(地域)は、変化を経験したとはいえ現在も存在し続けている。それらの人々の現在の状況、その体制にあった国(地域)の現在の経済状況を的確に理解するためには、やはり現在の状況が発生したプロセスを、旧体制下におけるその歴史的起源まで遡って分析することが不可欠だと思われるのである。(7)

さらに、「社会主義」を、「社会主義体制という一つの文化」として捉えるならば、異文化研究の対象としての価値も無視できないと思われる。現代の世界経済が市場メカニズムを一義的に重視した経済システム(アングロサクソン型市場経済)を志向した結果、近年その問題点もさまざまに指摘されるところとなった。最近のヨーロッパにおいては、グローバル化の波にもまれながらも、「非市場的なもの」を改めて重視しようとする動きが現れている。[8] そのヨーロッパは、過去において、市場自体をとっぱらってしまった経済システムの経験も有している。現在多くがEU加盟国となった東欧諸国の経験した「社会主義」計画経済である。計画によって経済が制御されていた異質な体制には、市場を基礎とした経済体制においては現れない、あるいは現れなくなったような数多くの現象が生じていた。たとえば本書でも、職場における労働者の「自由」や「人のつながり」といった、現代の市場経済では観察できない(しがたい)現象を検証していくことになる。市場経済に生きる我々にとって、現在は、いかなる経済システムを志向するか真摯に検討すべき時代に入っていると考えられる。将来の経済社会像を考えるにあたり、我々は、それらもう一つの経済システムで起きていた現象を知ることで、ものの見方・考え方をより多面的にし、議論を豊富化することができるように思われるのである。[9]

とくに、本書で対象とする東ドイツ(Deutsche Demokratische Republik, ドイツ民主共和国、以下本書ではDDRと記す)という国家は、ドイツという世界の政治経済大国の一部に、歴史的時期としてヴァイマール期やナチス期よりもはるかに長い期間存在した、「社会主義」国家である。それゆえ、今日の統一されたドイツ(Bundesrepublik Deutschland, ドイツ連邦共和国)の一部である地域の現在の状況が発生した過程を解明するためにも、さらには、わが国においてもそれぞれ多くの関心が向けられてきた、ドイツ文化と「社会主義体制という文化」の交錯という事象を検討するためにも、DDRという国は、研究対象として興味をもたれてよい価値をもつように思われる。

もちろん「社会主義」に関する歴史研究は、すでに着手され成果を生み出してきた。統一後のドイツにおいては、ユルゲン・コッカ(Kocka, J.)やクリストフ・クレスマン(Kleßmann, Ch.)ら、それまでDDR史の専門研究者ではなかった大物歴史家が中心となって、ＤＤＲ史関係のプロジェクトが推進され、研究は急速に進展している。今後はそうした研究が蓄積されることによって、「社会主義」とはいかなるものだったのかという問いに答えるための材料も充実していくであろう。本書も、そうした問いについて考えるための、基礎的な事実の発掘を目指す試みである。

二　視点・課題とその意義

「社会主義」計画経済を分析するにあたって、本書が視野を置くのは企業現場である。企業現場とは、生産が実行される場であり、労働者が働き、日常生活を営む場である。また、中央当局から単に支配されるだけの場では決してなく、企業指導部にも労働者にも一定の自律的な動きが可能な場であった。そうした経済・社会の基底部分から、「社会主義」というものを捉えなおしていきたいというのが本書の意図である。[10]

企業現場を考察していくさいに、本書は以下のような二つの点に注目していくこととする。

第一は、効率性という点である。企業現場を対象とする本書では、なかでも労働生産性に焦点をあてる。この点からの分析は、主に「社会主義」計画経済が崩壊へ向かった要因を具体的に解明することにつながっていくであろう。

「社会主義」計画経済が、効率性の点で市場経済に比べ劣っていたことは周知の事実である。では、なぜ計画経済の効率性は低かったのであろうか。とりわけなにゆえ計画経済下の企業は、市場経済下の企業に比べ低い生産性の水準にあったのだろうか。これまで経済学の理論研究は、計画経済下の企業の生産性低迷の原因について、ある程度の具体例も交えながら理論的に説明してきた。生産性低迷を、計画経済のシステム的諸特徴が存在したためであると説明するそれら理論研究は説得性を有しており[11]、本書の分析も、理論研究に依拠する部分は大きい。しかしながら、システム的特徴の指摘のみでは、「社会主義」企業において生産性の低迷が生じてしまったメカニズムまでを厳密に解明しているとは言い難い。たとえば、企業において原材料・部品が期日通りに納入されず、その質も悪いという問題は、「社会主義」諸国において通有に観察された現象であった。だが、そうした状態がどのように発生し、どう生産性に影響していたかについては、これまで実証的な解明は果たされてきていない。そのほか経済計画の作成や実行がはらむ矛盾、職業訓練や管理組織、賃金制度実施上の諸問題など、計画経済が抱えた問題点は多岐にわたっていた。本書は、理論研究が指摘する計画経済のシステム的諸特徴を、これら問題点の発生原因として重要視するが、さらに、それら特徴がどのような形で企業現場に反映されて問題点が発生し、生産性の低迷はどう具体的に生じたのかまでの解明を目指す内容となっている[12]。この過程までを解明してこそ初めて、「社会主義」計画経済の非効率性というものを厳密に理解できると思われるからである[13]。

従来の歴史研究においても、企業現場における非効率の具体像の解明は未だ不十分である。わが国のＤＤＲ経済研究においてこれまで中心的関心を集めてきたのは、「工業コンビナート」であった。この「工業コンビナート」については、ドイツが統一された一九九〇年以前においても、経済管理制度改革への関心から比較的多くの研究が存在した。九〇年以降には、白川欽哉氏や北村喜義氏によって、より実証度が高められながら、その再検討が進められてきた[14]。ただ、「工業コンビナート」は、経済管理制度上からいえば、企業を統轄する企業の一つ上の管理レベルに位置する組織であり、かかる組織中心の視点からは企業現場の実態は抽出されてこなかった。ドイツにおいては、統一後の資料公開もあって、個別産業や企業を対象とする研究が現れてきている。だがそれらは、企業現場の非効率を主たる分析対象とするというよりは、むしろ純粋にドイツ史的・経営史的関心の方が強いため、計画経済システムに伴う問題の観察は後景に退く傾向がある[15]。そうしたなかでハイマン(Heimann,

Ch.)の繊維・衣服産業に関する著作は、計画経済システムの問題に焦点をあててDDR経済の衰退を考察するものであるが、ここでも分析は産業レベルの問題に留まり、企業現場の実態までは明らかにされていない。[16] またDDRにおける個別産業ごとの技術問題を検討したベール／ペッツィーナ(Bähr, J./Petzina, D.)らの研究も、システムに関わる技術進歩の遅れの要因までは指摘するが、企業現場の実態分析を欠くため、現場における技術利用の不十分性という重要な問題を見落とす結果となっている。[17] このほかわが国において、斎藤哲氏は、消費という経済の重要側面に焦点をあて、政府の消費政策と国民の消費生活とを丹念に検証しているが、同氏の著作は消費を支えるべき生産の側面へは分析が及んでいない。[18] 前掲の北村氏の著作も、またわが国におけるDDRの政治的崩壊過程研究の嚆矢である山田徹氏の著作も、体制崩壊の経済的要因としては、企業現場において計画経済のシステム的問題が現れていたことを重要視している。[19] しかし、それら著作では、「やや抽象的であるが[20]」といった形で問題が指摘されるに留まっており、企業分析の重要性が認識されながらも、そこでの非効率の実態やその発生メカニズムまでは十分解明されるに至っていないというのが、これまでの研究史的状況なのである。

企業現場を考察するにあたって本書が注目する第二の点は、労働者の自律性である。この点からの考察は、主に体制の存続要因の検討につながっていくことになると思われる。

これまでは、理論研究においても、歴史研究においても、「社会主義」経済の問題性、その崩壊の要因については数多くの点が指摘されてきた。ところが、体制が数十年という長い期間にわたって存続した要因については、さほど注目を集めてこなかった。[21] あるいは、存続しえたのは、それが独裁者を頂点とする全体主義体制であり、秘密警察や強制収容所の恐怖によって民衆が抑圧されていたためであると一面的に理解して事足れりとする傾向――もちろんそうした側面も体制の一つの特徴であったことは事実であるが――が存在することも確かである。[22] しかし、「社会主義」についてその実態を綿密に検討してみると、そこには「全体主義」だけでは決して説明できない人々の自律的な諸活動を確認することができる。[23] それらは、ある程度肯定的な意味で体制存続へとつながるような要素となっていたものであった。本書は、そうした要素を、労働者の「自由」・「人のつながり」として検出することで、[24] 体制が存続した要因を検討していきたいと考えている。それら要素は、効率性という視点から見ていては見えてこないものであり、逆に企業現場が非効率であったため、すなわちこれもまた計画経済であったがゆえに生じていた現象であった。

こうした二つの視点に対応させて、本書の具体的な検討課題は、以下のような二点に設定される。

第一の課題は、第二次世界大戦終了直後から一九五〇年代とりわけその前半までのDDRにおいて、労働生産性向上のためにどのような措置がとられたのか、そして企業現場には、いかなる問題点が存在し、それが労働生産性の低迷にどう影響していたのかについて明らかにすることである。そのための素材としては、主に造船業を取り上げることとする。この課題については、本書の第二章から第七章までで検討される。

この第一の課題を設定する意義に関して、以下、いくつかの点から説明しておきたい。

述べてきたように、「社会主義」企業の実態分析は、これまでの蓄積がわずかである。だが、このことは、「社会主義」経済における企業の実態分析が不必要であることを意味するものではない。東欧諸国が強力な指令的計画経済体制にあった時期――とくに顕著だったのが本書の対象とする一九五〇年代――においても、企業は、単なる中央当局の管理対象だったわけではなく、独自の意志決定を行う余地をもつ一経済主体であった。[25] 実際、企業が中央の意図と反するような行動をとることも、さらには企業現場が中央の意図と反するような状態とならざるをえないことも日常的であった。そこにはやはり、単なる経済的指標や特定の理論、表層的な政策・制度の変化の追跡のみでは測れない複雑な諸要素が存在していたのである。また、「社会主義」経済において、生産力増大・経済効率が一義的に追求され、企業における生産の増大、その効率的な遂行が体制の根本的な目的であったこと、そしてそのために計画当局・管理機関も行動していたのであることを考えれば、企業現場とは、計画経済システムの問題点が集積されて現れる場所であったともいえる。そうした企業現場の実態の解明は、「社会主義」経済の全貌を明らかにするにあたって、最重要の意義をもつものである。それにもかかわらず企業の実態分析の蓄積が乏しかったのは、資料的制約によるところが大きかった。しかし、本書が対象とするＤＤＲに関しては、ドイツ統一後、企業現場の実態をかなり明らかにしうる資料の公開が進んでいる。

ところで国際的な社会主義経済学者であるブルス(Brus, W.)とラスキ(Laski, K.)は、東欧の「社会主義」諸国の経済成長努力を振り返って、その結果を次のように総括している。それらの諸国では、「成長のエンジン」として優先的な成長が目指された産業――鉱山、金属、機械製造など――を中心に、とくに第二次世界大戦後初期においては工業生産高の高い成長を果たした。だが、その成長は、期待どおりの生産性の向上を伴うものではなかった。「社会主義」諸国における投入(労働、資材および資本)に対する産出の比率は、西側において同程度の経済発展水準にあった国々と比べても、相当に低いものであった、と。[26] このように生産性の低さは、「社会主義」経済の重要な弱点と指摘されてきた問題である。ところが、「社会主義」経済においても、生産性向上は決して軽視されていたわけではない。それはむしろ中央当局によって非常に重要視されていた事柄だったのである。その点に関して、本書対象時期のＤＤＲについて具体的に見てみよう。

のちに第一章で詳しく検討するように、第二次世界大戦前のＤＤＲ地域は、ザクセンなどの先進工業地域を抱え、ドイツ全体の工業生産高の四分の一ほどを占めていた。しかし、褐炭とカリ以外の原料は大部分をドイツの西部地域(戦後の西ドイツ地域)からの購入に依存しており、また銑鉄生産のシェアは一・三％、粗鋼も六・六％にすぎないなど、素材産業のほとんども西側にあった。[27] そのうえ、第二次世界大戦での破壊と、とりわけ戦後ソ連の賠償取り立てによる工場設備の解体の結果、一九四八年の生産能力は、戦前水準の七四％まで低下していた。[28]この状況のなかで、ドイツ社会主義統一党(Sozialistische Einheitspartei Deutschlands, 以下ＳＥＤ)・政府は、一九四九―五〇年にＤＤＲ地区全域、全経済分野にわたる最初の経済計画である二カ年計画を実行し、生産の回復を目指した。続いて開始された一九五一―五五年の第一次五カ年計画は、重工業基盤の欠如という「工業に現存する不均衡の克服」を第一の課題とした。そこでは、金属、機械製造、鉱山といった重工業部門に投資の重点が置かれ、五五年までに工業生産を戦前の二倍まで引き上げることが目標とされた。[29]こうしたなかで、政府によって「全計画の達成に対して一つの決定的な課題」、「我々の経済計画の実現と全人民の生活向上のための重要な前提条件」とされたのが、各企業における「労働生産性の向上」であった。[30]一九四八年六月時点で、ＤＤＲ地域の労働生産性は戦前の約五〇％にすぎず、それを二カ年計画では三〇％、五カ年計画ではさらに六〇％引き上げるという目標が設定されていた。そのために政府は、重点産業を中心に大規模工場の建設を進め、また、労働者を生産へ動員し、労働生産性を高めるための諸制度の整備に努力した。だが、それにもかかわらず、企業レベルにおいては、重点とされた産業においてすら労働生産性向上の不十分さが恒常的に問題とされ、その改善の必要性が叫ばれ続けていたのである。[31]

このように中央当局による重視にもかかわらず生産性向上が低迷したのは、いかなる理由からであったのだろうか。生産性の低さが「社会主義」経済の重要な弱点とされてきた以上、この点の解明は、「社会主義」経済の分析にあたって、欠くことのできない作業といえるであろう。とりわけ生産性を実現する場が各企業現場である以上、企業現場の検討なくして、生産性低迷の理由について具体的・実証的な分析が果たされるとはいえまい。こうして、かかる点からも、企業現場の実態分析は要請されるのであり、本書では造船業の企業現場を素材に、設備能力と労働力の面から、労働生産性低迷に至るメカニズムの検証を試みる。

表0－1　東欧諸国の経済力の比較

	工業生産力(1953年) 1900年の英＝100	1人当たりGDP (1980年) 米ドル
DDR	44	7,050
チェコスロヴァキア	36	6,588
ハンガリー	21	5,881
ソ連	－	5,847
ブルガリア	6	－
ポーランド	31	5,241
ルーマニア	15	4,626
ユーゴスラビア	11	4,555

1953年ソ連と1980年ブルガリアは，数字の信憑性から省略。
(出所)アムブロジウス，G.／ハバード，W. H.(肥前栄一・金子邦子・馬場哲訳)『20世紀ヨーロッパ社会経済史』名古屋大学出版会，1991年，206頁；盛田常夫『ハンガリー改革史』日本評論社，1991年，123頁。

ここで、対象とする国、時期、産業について位置づけておきたい。「社会主義」は、経済的には、重化学工業を中心とした生産力の増大を優先的な目標においた体制であったが、DDRはその歴史を通して、「社会主義」諸国のなかで最も中心的な重化学工業国であった。そもそもDDR地域は、第二次世界大戦前からチェコと並んで工業化水準の高い地域であったが、表0－1から明らかな通り、一九五三年時点でも、DDRの工業生産力は他の東欧諸国と比べて高いものであった。さらに一九八〇年になっても、DDRの一人当たりGDPは約七千ドルとされ、東欧諸国で次に高かったチェコスロヴァキアを約五〇〇ドル、その下のハンガリー、ソ連と比較すれば約一二〇〇ドル上回っており、一貫して工業水準の高い国であったということができる。次に、貿易構造を見てみると、一九五〇年九月にコメコンに加盟したDDRは、一九五四年に、他のコメコン諸国からの輸入に、石炭・コークスの九二―一〇〇％、鉄鉱石の九九％、銅の一〇〇％を依存していた。逆に輸出においては、一九五三年に、機械、化学製品、電気工学の三部門だけで全体の七割までを占めている。(32)

このように建国当初(DDRの正式な建国は一九四九年一〇

月七日)の一九五〇年代初めから、原材料を輸入し、重化学工業製品を輸出するという重化学工業国としての構造ができ上がっていたのである。その経済的困難が明白となる以前、DDRが「社会主義の優等生」と称されたのも、こうした「社会主義」諸国内における地位ゆえであった。加えて、ドイツは、第二次世界大戦前から、労働運動や労働諸制度に関して、他の「社会主義」国と比べてはもちろん、世界的にも有数の豊富な経験を有していた国であった。

そのDDRの歴史における一九四五—五五年の一〇年間を特徴づけるとすれば、まず第一に、DDR計画経済体制が築かれ、定着した時期と捉えることができる。一九四五年五月のドイツ敗戦と同時にソ連占領下に入ったDDR地域では、すでに四五年第Ⅳ四半期から四半期ごとの計画に従って工業生産が実行されていた。ただ、その時期に計画の対象となったのは、食料、繊維など生活必需品を生産する一部の産業のみであった。また州ごとの独立性が強く、州内で材料・部品から完成品まで一貫して生産しようとする志向が存在した。一九四六年八月、ソ連軍政部(Sowjetische Militäradministration in Deutschland, 以下SMAD)によって設置された中央行政機関内に計画作成機関が組織されるが、なおも州同士の対立あるいは州と中央機関の間での管轄をめぐる争いが絶えなかった[33]。そこでSMADは、四八年三月からドイツ経済委員会(Deutsche Wirtschaftskommission)が経済計画の中心機関となることを決定し、その後は経済の中央集権化が進められた。四八年後半の半年計画をへて、一九四九—五〇年にはDDR地域全域・全経済分野にわたる最初の計画であった二カ年計画が実行される。その間、四九年には計画省(Ministerium für Planung)が設立され、さらに五〇年一一月に、それが国家計画委員会(Staatliche Plankommission)へと改組された。国家計画委員会は、物財の生産目標を集中的に計画・管理した。そして同委員会を頂点に、各工業省、各企業へとつながるピラミッド型の指令体制が確立された。工業企業の国有化率も、一九五〇年には七六%に達し、ほぼ「国家的独占市場」が創出された。企業は、市場の動向に目を向

表０－２　ＤＤＲ国内総生産の年成長率の平均（％）

1950-55 年	4.8
1956-60 年	2.6
1961-65 年	1.5
1966-70 年	3.4
1971-75 年	3.4
1976-80 年	1.8
1981-85 年	1.0
1985-89 年	-0.2

（出所）Merkel/Wahl, *Das geplünderte Deutschland*, S.52f.

ける代わりに、上位管理機関との良好な関係を保つことに大きな関心を払うようになった。そうしたなかで開始されたのが一九五一年からの第一次五カ年計画であり、五五年にその計画が完了したのである。五五年には、工業企業の国有化率は、八二・四％まで上昇していた(34)。

第二に、一九五〇年代前半期は、ＤＤＲ史上、他の時期と比べ、とくに高い経済成長をとげた時期と特徴づけうる。一九五〇―八九年におけるＤＤＲの国内総生産の年成長率を表０－２で見ると、一九五〇―五五年の平均年成長率は四・八％であり、他の時期と比べひときわ高い成長率を示していることが分かる。

この一九五〇年代前半までのＤＤＲの経済成長を担ったのが、鉄鋼、褐炭、ウラン鉱山、重機械、造船などの産業部門であった。これらの産業は、第二次世界大戦前のＤＤＲ地域で高い生産水準にあった繊維などの軽工業に代わり、戦後の計画経済下で重視され高い成長を示す。なかでも造船業は、「一九五五年までのＤＤＲで最も急速な成長を果たした」とされる重要産業であった(35)。また、時期を下れば、一九七〇年のＤＤＲ造船業の船舶建造量は、表０－３に見られるように、貨物・コンテナ船建造で世界四位、規模は小さいものの漁船建造では世界一位となっており、こと生産量だけを見れば世界的に通用する産業に成長してゆく。加えて、ＤＤＲ時代を通じて、船舶の約八割が輸出向け生産であった。輸

表0-3　世界各国の船舶建造量(総登録トン:1970年)
(Lloyd's Register of Shipping による)

貨物・コンテナ船		漁船	
1. 日本	1,271,561	1. DDR	113,903
2. 西ドイツ	551,376	2. ポーランド	94,123
3. イギリス	249,560	3. フランス	86,700
4. DDR	205,113	4. 日本	75,067
5. ソ連	189,690	5. ソ連	71,143
6. スペイン	186,531	6. スウェーデン	58,770
7. フィンランド	176,561	7. ペルー	26,312
8. ポーランド	143,573	8. スペイン	20,327
9. アメリカ	104,603	9. アメリカ	13,237
10. フランス	92,224	10. デンマーク	8,745

(出所)DDR Schiffbau. Tradition und Gegenwart, Rostock o. J., S.35f.

出先は、コメコン諸国が大部分ではあるものの、一部西ドイツやデンマークといった西側の国も含まれており、DDRの重要な外貨獲得源となっていたのである。このようにDDRにおいて重要度を高めていく造船業が、実質的に操業を開始し、一定の成長の区切りをみせるのが一九五五年のことであった[36]。

いまひとつの点から、造船業を対象とする意義を付け加えておきたい。「社会主義」諸国においても、重化学工業を中心とする経済成長を体制的目標とし、その手段として労働生産性向上を掲げていた以上、そのための不可欠の条件として、当然ながら技術進歩が重要視されていた。DDRでも、一九五〇年代半ばには、「技術的進歩」、「近代化、機械化、自動化」が経済計画のスローガンであった[37]。そのために、重点部門に指定された産業では、技術導入のための多額の投資がなされており、造船業もその一つであった。ただ、造船業を取り上げる意味は、そうした投資額の多さという点ばかりでなく、その技術的性格からも説明されうるといえる。一般に、造船の生産技術に関しては、以下のようなことがいわれている。「造船業の技術の内容」は、

「その深さ・幅・投資の必要性の三点で、きわめて高度というわけではな」い。「深さをきわめるにも、幅を身につけるにも、投資をするにも、時間と手間がもっとかかるタイプの技術が必要な産業はほかにもたくさんある」[38]。すなわち、造船は、新たな生産技術の導入・使用が比較的容易な産業ということができる。そればかりか、第二次世界大戦後は、世界の造船業にとって、溶接・ブロック建造法(Sektionsbauweise)という新たな生産技術が主要技術となっていく歴史的転換の時期にあたっていた。DDRの造船能力の大半は、その第二次世界大戦後に新たに建設されたものであり、そのことが新技術への円滑な転換という点で有利に働く状況にあった。このような、他産業と比べ新技術の導入がさほど不利な状況にはなかった産業においてさえ、技術面で――とくにその使用実態において――問題を抱えていたという事実を明らかにする本書の作業は、「社会主義」計画経済の問題性を検出するうえで、重要な事例となりうることが期待されるのである。

こうして、重化学工業が極度に重視された「社会主義」諸国において、最も中心的な重化学工業国であったDDRで、とくに高い工業生産の成長を果たした一九五〇年代半ばまでの時期における、最成長産業・重点投資産業である造船業を主要な対象として、生産性低迷の実態と理由を明らかにする本書での作業は、「社会主義」経済研究において代表的な事例となりうるように思われる。述べてきたように、この時期にはDDRはすでに計画経済体制を敷いていたのであり、当時の企業現場においても、「社会主義」計画経済のシステムに固有の問題、のちの時期にまで引き継がれる慢性的な問題が発生していたことを確認できる。その意味で本書は、造船業の単なるケーススタディーに留まることを意図してはいない。代表的たりうる事例を取り上げることによって、そのような部面においてさえ問題を検出できるという意味で、「社会主義」計画経済における問題の深刻性・普遍性を提示することを目指すものだといえる。[39] もちろん、同時に本書の対象時期は、第二次世界大戦直後という特殊な状況下にあり、また造船業は急速な拡張をとげた産業創業期にあった。さらにそこでは戦前ドイツからの伝統の影響も考慮されねばならない。歴史分析たる本書では、それら独自の事情も具体的に検討される。

すでに一九五〇年代前半においても、企業現場ではシステムに関わる問題点が発生していた事実を実証的に解明する本書の作業は、「社会主義」経済崩壊要因に関する従来の諸議論に対して、一定の批判となりうるように思われる。これまで、わが国においては、「社会主義」経済崩壊に関して、大きく分類すれば二パターンの要因が指摘されてきたように考えられる。一つは、先に見たような計画経済のシステム的諸特徴を重視する主として経済理論学者からの議論であるが、述べたように問題発生メカニズムの実証分析を欠くものであった。[40]もう一つは、システムの外からきた要因を重視する議論である。[41]

この後者は、主に一九七〇年代から八〇年代にかけて、ソ連の石油の枯渇、高技術化・情報化、民衆の耐久消費財への需要の高まりといった諸事情が生じ、その結果「社会主義」経済が危機に陥ったとする議論である。[42]しかし、これら諸事情が発生する以前には、「社会主義」計画経済システムには問題はなかったのだろうか。単にソ連の石油枯渇が原因であるならば、なにゆえ他地域からの石油輸入が可能となったにもかかわらずドイツ統一後も旧ＤＤＲ地域の企業は倒産や経営縮小に悩まされたのだろうか。高技術化・情報化による産業構造の変化、すなわち重厚長大産業から軽薄短小産業への転換が原因であるのならば、「社会主義」国の重厚長大産業には何も問題がなかったのだろうか。耐久消費財への民衆の欲求増大が原因であるならば、「社会主義」経済において耐久消費財以外の財には不足はなかったのだろうか。こうした疑問に答えるためには、システムの中身に関する具体的な分析が不可欠であろう。だが、これらの議論は、システムの外からきた事情を指摘しているにすぎないのであって、システムの内在的分析、システムの中身の十分な分析を欠いたままの一面的な議論といわざるをえない。そして、より本質的な崩壊要因は、それらの事情が発生する前からすでに問題を抱えていた「社会主義」計画経済システム自体の方に見るべきだと考えられるのである。本書が実証するように、ソ連の石油枯渇、高技術化・情報化、耐久消費財への需要といった波が押し寄せる一九七〇年代よりも前の時期、とくに東欧諸国が比較的高い経済成長を示していた一九五〇年代からすでに、「社会主義」計画経済システム――とくに重厚長大産業の代表といえる造船業の企業現場――には、それに固有な多くの問題が発生していたのであった。

本書はこのように、計画経済のシステム的問題を崩壊の最重要要因と考える立場に立つが、ただしシステム外の要因を無視しようとするものでもない。本書の終章では、それら要因も考慮に入れつつ、当初から問題を抱えながらも存続していた体制が結局は崩壊するに至るプロセスについて仮説を提示してみたいと考えている。

本書の第二の課題は、DDRという国家が四〇年間の長きにわたって存続しえたのにはどういった要因が存在したのかについて、労働者の自律的な活動に注目しながら考察を試みることである。より具体的には、労働者の「自由」・「人のつながり」とはいかなるもので、それらは労働者の日常生活(職場および余暇生活を含むもの)においてどのような意味をもったのかについて検討することとなる。

労働者の「自由」とは、ソ連史研究者の塩川伸明氏によって提起された概念である。「社会主義」企業においては、労働者のある種の「自由」が存在し、それが体制の維持にある程度寄与したのであるが、ここでカッコつきの「自由」とするのは、それが権利として労働者に保証されたものではなく、単に企業管理の不貫徹の結果として残されたものにすぎないからである。[43] また「人のつながり」とは、日常生活における労働者間の人間関係のあり方・その濃密さを意味する。[44] これら労働者の「自由」・「人のつながり」がいかなるものであったのかに着目しながら体制を見ることによって、「社会主義」経済・社会のまた別の像が見えてくることになる。

これら「自由」・「人のつながり」についても、基本的要素は一九五〇年代に登場し、それはDDR崩壊まで存在し続けた。それゆえ第二の課題を扱うにあたっても対象時期は一九五〇年代に設定し、必要に応じてその後の時期についても言及していくこととする。なお、本書では、DDR国民全体ではなく、とくに労働者(とりわけ工業部門生産労働者)を考察の対象としているが、それは「労働者の国家」とされた体制の性格からばかりでなく、常に就労者の八割が「労働者階級」(うち工業部門が五割)であったDDRという国家の現実からも要請されるものだといえる。[45] その労働者にとって、企業とは、労働の場であるだけではなく、労働者の住まいの多くは社員住宅として与えられ、保養施設・幼稚園・託児所などのサービスも企業を通じて提供されていた。また余暇生活の中心は、職場の共同作業チームである作業班(Brigade)という組織が担うようになっていく。労働者にとって、企業こそがまさに日常生活の場だったのである。

労働者の「自由」の実態は、先の第一の課題を検討するなかで、とくに第四・五章において、企業現場の非効率の裏返しとして登場してくることになる。また労働者の「人のつながり」については、第八章において、企業の末端組織でありかつ労働者の日常生活に根ざした存在であった作業班の分析から明らかにしていくこととする。この「人のつながり」は、現場の非効率や労働者の「自由」を前提条件としつつ生まれ保持されていくものであって、それゆえ第八章の内容は、第七章までの分析を土台として理解できるものとなっている。

三　DDR経済史研究の現状

ドイツにおいては、自国史の一部であるDDR研究は、ドイツ統一後の新資料の公開もあって、一九九〇年以降非常に盛んな分野となっている。なかでも、最初に関心を集めたのは、政治指導部の動向を再現する政治史であった。よりミクロな部分に注目する傾向が広まったのは、九〇年代半ばからであった。それら経済史・社会史的研究は、政治指導部レベルの動静分析という「上から」の視点だけでは認識できない、「下から」見た体制像を提供し、ＤＤＲに対する「静止した社会」[46]という理解を修正する仕事となってきた。わが国でも、九〇年代に入り、ＤＤＲ史を客観的に再検討する研究が出始めているものの、ドイツに比べれば数は極めて少ない。以下では、本書の内容に関連する個別問題ごとの研究史を概観的に整理しつつ、そのなかに本書を位置づけておくが[47]、わが国の研究に関しては、他の「社会主義」国、とりわけ最も研究の蓄積されているソ連の研究にもある程度触れておくこととしたい。

(1) マクロ経済的動向

周知のように「社会主義」国の公式統計類には粉飾傾向があるため、ＤＤＲ経済のマクロ的動向については、現在でも、絶対的なデータというものは存在しない。各種資料・文献からの数値を取捨選択して用いるのが一般的となっており、本書も同様の手法をとっている。

旧ＤＤＲ時代のマクロ経済動向に関する文献は、その粉飾気味の記述から、現時点で利用に耐えうるものは少ない。ただし、例外的に戦後初期に関しては、バーテル(Barthel, H.)やロエスラー(Roesler, J.)の研究など、利用価値のあるものが存在する[48]。一九九〇年以前の西側のものでは、ベルリンのドイツ経済研究所(Deutsches Institut für Wirtschaftsforschung)による各種の推計をはじめ、一九五〇年までの経済を概観したシュトルパー(Stolper, W.F.)、一九四五―四九年のソ連占領期における労働力の状況に関するツァンク(Zank, W.)、工業生産についてのマトシュケ(Matschke, W.)などの研究が、現在でも信頼のおけるデータを提供してくれている[49]。

一九九一年に、公式統計の大幅な修正によってＤＤＲの国内総生産を推計したのがメルケルとヴァール(Merkel, W./Wahl, S.)である[50]。ＤＤＲの公式統計では、建国から一九八九年までにＤＤＲの経済規模(国民所得)は九倍に拡大したとされているが、メルケルとヴァールによれば、国内総生産の伸びはわずか二・五倍にすぎなかったとされる。DDR経済のマクロ的動向を見るさいには、このメルケル／ヴァールの推計がしばしば利用されるが、リッチル(Ritschl, A.O.)のように、この推計をやや悲観的にすぎると見る研究者もある。[51] ドイツ統一後には、新資料内からDDR時代は秘密とされていたと思われるデータが発見されはじめており、今後産業・企業レベルのデータが積み上げられることによって、マクロ的データの改善が進んでいくことが期待される。[52] 本書でも、造船業に関するいくつかのデータを提示している。そうしたなかで二〇〇四年に出版されたシュタイナー(Steiner, A.)の著作は、初のDDR経済史の概説書となった。[53] 同書は、それまでの経済史研究から得られた成果や発見されたデータを総合しつつ、六つの時期に分けて、そのマクロ経済動向に関してまとまった像を提示してくれる。統一後の経済史研究の中間的な総括をなしたものといえる。

(2) 対ソ賠償

一九五〇年代前半までのDDR経済を検討するにあたり、対ソ賠償の占めた影響力は無視できない。本書の内容を一部先取りすれば、造船業が本書の対象時期に急激な成長をとげた要因の一つが、対ソ賠償による需要であった。そのDDR経済に与えた影響の重要性から、賠償は、ドイツ統一後のDDR経済史研究において、一つの中心をなす対象となっている。

対ソ賠償については、カルシュ(Karlsch, R.)の研究によってその全体像が明らかにされた。[54] カルシュによれば、一九四五―五三年までのDDRの対ソ賠償額は、総計三七一億三四〇〇万マルクであり、五〇年代前半には毎年対ソ賠償額が国民所得の約一割を占め続けていた。賠償は、その負担額の大きさから、もちろんDDRの戦後復興を阻害する要因であった。だが他方で、賠償は生産開始にとって一種の起爆剤となったり、特定の産業への多大な需要を創出する役割を果たすなど、DDR経済に対してある程度肯定的な意義も有していた。賠償は、生産設備の解体・撤去(Demontage)、ドイツ企業のソ連所有株式会社(Sowjetische Aktiengesellschaft、以下SAG)化などさまざまな形をとって果たされたが、なかでも賠償の最大部分をなしたのが「現行の生産からの製品納入」(Lieferungen aus der laufenden Produktion)であった。その「現行の生産からの製品納入」のなかで、本書の対象とする造船業は、全体の約二〇％を占めていた。それは、ソ連軍・KGBによって監視・隔離されていたウラン鉱山という特殊部門を除けば、全産業部門中で最も高い割合を示すものであった。

その造船業の賠償に関しては、シュトローベルとダーメ(Strobel, D./Dame, G.)が、新資料を用いて、賠償用に建造された船舶数・造船業の賠償用生産総額などを推計しており、本書もその数値に依拠する部分は大きい[55]。だが、「ソ連の賠償要求により最も顕著に構造的影響を受けた産業」とされる造船業が[56]、賠償から受けた経済的影響に関しては、彼らの研究では明らかにされていない。このほかクラメール(Kramer, R.)も、代表的な造船所であるネプトゥーン(Schiffswerft Neptun Rostock)における生産設備の解体の状況や、対ソ賠償用として生産した船舶の数・型・トン数などを明らかにしているが[57]、上記の論点にはやはり応えていない。カルシュがあるシンポジウムで、「賠償の経済的影響、産業別の賠償実態の研究が今後必要とされる」と発言しているように[58]、ここでも各地域・産業レベルでの研究が要請されており、地域ごと産業ごとの詳しい賠償の実態やその影響を明らかにする作業が続けられている[59]。

(3) 技術問題

「社会主義」諸国の工業の技術水準が、西側諸国のそれと比べかなり低かったということは、一般に指摘されてきた事実である。製品技術に関していえば、たとえばブフハイム(Buchheim, Ch.)は、「社会主義諸国で製造された工業製品が、西側製品の水準に対して格差を有していたことは確か」とし、体制も末期の一九八五年には、

DDR製機械のEC市場における価格は、平均価格の三三%にすぎなかったとする。[60]他方、工程における生産技術の格差の指標として、生産性比較の数値を挙げれば、リッチルは、DDRの工業生産性水準が、五〇年代には西ドイツのそれの四四%、六〇年代以降は三〇%前後であったという評価を下している。[61]

こうした全般的な状態は指摘されてきているものの、技術は個別産業ごとに特徴をもつものであり、各産業の個別研究により、それぞれの部門ごとの実態を具体的に見ていく必要は残されているだろう。ある時期のある産業における西側との技術格差はどの程度のものだったのか、あるいはなぜ格差が生まれてしまったのかといった事実を、厳密な実証に基づいて明らかにすることによって、「社会主義」経済の具体像を一つずつ蓄積していくことが、「社会主義」経済とはいかなるものだったのかを問い直すための予備的作業となるはずである。そしてこの点からも、「社会主義」企業研究の必要性を指摘できると思われる。

実際、ドイツでは、DDRにおける個別産業ごとの技術問題を、歴史的に検討する研究が現れてきている。その代表的なものとして、前掲したベール／ペッツィーナによる編著を挙げることができる。[62]この研究では、主に一九六〇年代以降の鉄鋼、化学、電機、工作機械といった諸産業に関して、それぞれの産業での技術導入の実態を追跡している。そして、西ドイツとの比較を行うことによって、DDRの技術的遅れがなにゆえ生じたのかを明らかにしようとしている。同書では、DDRの技術進歩に否定的影響をもたらした要因として、若干の部門へ集中されかつ計画性を欠く投資、長期的な研究開発推進への刺激の欠如、コメコンへの加入による世界市場からの隔離、高品質な材料・部品入手の困難性と財の売り手市場的状態、の四点が指摘されている。また、同書で扱われなかった自動車産業については、バウアー(Bauer, R.)が、主に七〇年代の製品開発・改良能力の低さについて、やはり計画経済の問題性と絡めながら分析している。[63]

だが、これら従来の研究に不足している点として、導入された技術が生産現場において満足に使用されていたか否かに関する分析が不十分であることを指摘できる。ある産業を生産技術の面から検討する場合、次のような三つの局面に分けて考察する必要があると思われる。①技術開発そのもの、②開発されたあるいは外国から輸入された技術の生産工程への導入、③導入された技術の生産工程での使用実態、の三つである。[64] これまでの研究では、この③についての分析が不十分であった。それゆえ、たとえばベール／ペッツィーナの編著では、一般的に一九五〇年代にはＤＤＲの生産技術は西ドイツにさほど遅れをとっていなかったが、一九六〇年以降、前述した四要因から、導入される生産技術に差が広がり、技術格差が生じていったと結論づけている。[65] だが、上記の③の局面を見ると、生産技術そのものには差のなかった五〇年代にも、「社会主義」計画経済のシステム的諸特徴が存在したために、すでに東西格差を生む重要な理由が存在していたことを確認できるのであり、③に関する分析が不十分であることによって、この点が見落とされてしまっているのである。本書では、造船業における技術の使用実態について、第四章二節において分析していくこととする。

また、これは技術問題の研究に限ったことではなく、一般に従来のＤＤＲ産業研究は、西ドイツの当該産業との比較は行っても、その産業の世界での競争力についてまでは検討を加えてきていない。本書では第七章二・三節において、資料の許す範囲で、ＤＤＲの造船業が、世界の建造量の大部分を占める西欧・日本（＝西側の代表的造船国）に対して、いかなる力量にあったのかを考察することとする。かかる作業を通じて、ＤＤＲ造船業の西側との格差を知ると同時に、「社会主義の優等生」と呼ばれたＤＤＲの工業が、実際のところどの程度の力量にあったのかを明らかにするための具体材料の提供としたいと考えている。

⑷ 労働問題

一九九〇年以前も以後も、労働問題はＤＤＲ史において研究が多い分野の一つである。本書と重なる時期に関していえば、九〇年以前には、エヴァース(Ewers, K.)による工業労働者の賃金制度や、「模範労働者運動」に関する研究、ブスト゠バルテルス(Bust-Bartels, A.)による政府の労働政策に対する労働者の抵抗に関する研究などがあり、わが国でも正亀芳造氏による賃金制度に関する一連の論考が存在する。[66] ドイツ統一後には、資料状況の改善によって労働問題研究は飛躍的に進展し、一九七〇年までの賃金や労働時間等に関する労働政策とそれへの労働者の反応を扱ったヒュブナー(Hübner, P.)、作業班についてのロエスラーなどの個別著作や、[67] 労働者問題を扱う編著も発表され続けている。[68] つい最近では、クレスマンによる『「労働者国家」DDRにおける労働者』という大著が発表された。[69] 同書は七〇年代初頭までの時期に関するこれまでの労働問題研究を総括して中間決算がなされたといえる内容となっており、現時点における研究の到達点を示すものである。

わが国では、ソ連の労働問題に関する研究が数多く発表されてきた。とくに企業現場の実態について検討しているのが、塩川伸明氏、大津定美氏、あるいは「社会主義」国の労働過程が「リズムなきテイラー主義」であったと規定するレギュラシオン学派の研究である。[70] なかでもスターリン期の企業における労働者統轄問題を扱った塩川伸明氏の研究に対して、本書は方法的に多くの影響を受けている。内容的にも、「社会主義」諸国における労働者の企業間流動の激しさなど、塩川氏・大津氏がソ連について実証したことを本書でDDRについて再確認する部分もある。だが、個々の国には、独自の歴史的経緯や経済状況があり、本書第五章で検討する職業訓練制度や職長制、賃金制度に見られるようにドイツ的伝統の影響が強い部分も存在する。

そして、これら労働問題研究全体についていえることは、第一に、労働現場の問題点の指摘だけに留まらず、その現場の問題点と計画経済のシステム的諸特徴との関連性を明らかにする作業までは踏み込まれていないことである。とくに、重要な問題であった原材料・部品供給の遅れとその質の悪さについては各研究で指摘されてはいるものの、さらに一歩踏み込んで、そうした状況が発生した原因についての実証的検討は未だ果たされていないない（本書では第四章二節で検討する）。また、従来の労働問題研究における問題関心はまちまちであり、ここで挙げた諸研究は、企業現場における労働生産性向上の問題を分析の中心に据えたものではない。いずれにせよ、公開された一次資料に基づいて、各時期ごとのＤＤＲ労働問題研究が、さまざまな視点から具体的かつ詳細に進められるべき段階にきているといえる。

⑸造船業

造船業については、同国の重要産業の一つであったことから、ＤＤＲ時代にもある程度の文献が残されている。代表的なものとしては、それぞれの時期における造船業の状況について概観した『ＤＤＲの海洋経済』（全三巻）、ポセケル（Poßekel, K.）やラバーン（Labahn, K.）による造船労働者に関する研究、コルンプロスト（Kornprost, R.）による造船業成長過程の検討などが挙げられる。[71] これらは当時の状況について断片的に有益な事実を提供してくれるものの、賠償や現場の実態に関してはほとんど触れておらず、造船業の成長に関する記述も粉飾気味である。

ドイツ統一後には、前記のシュトローベルとダーメによる著作が出版され、造船業に関する事実の解明が飛躍的に進展した。[72] 元造船技師であるこの二人の著作は、生産技術や建造された船舶種類に関する叙述は非常に詳しく、本書でもそれらを参照している。しかしそこでも、造船業の成長過程の歴史的検討や現場の実態分析は果たされないままである。また、ＤＤＲ造船業の世界での競争力に関する客観的な分析を欠き、研究開発・設計作業の問題点に関しても検討は見られない。さらに生産技術の使用実態については、ここでも分析対象とされていない。

以上のような研究の現状からすれば、今後は、産業・企業というミクロの部分における事実の解明を積み上げていくことによって、ここで取り上げた個別問題や、ＤＤＲ経済、さらには「社会主義」経済の、それぞれの全貌を明らかにしていく作業が進められるべき段階にあるといえよう。そして、そうした作業を可能としてくれるのが、ドイツ統一後公開された新資料ということになるが、次に本書で利用する資料について説明しておこう。

四　資　料

前述のように、ＤＤＲに関しては、国家が消滅したことによって、企業現場の実態を明らかにしうる資料が全面的に公開され、またその資料は、現在では系統的に整理された形で利用が可能である。この点は、他の旧「社会主義」諸国と比べても、ＤＤＲを研究対象とすることの大きな利点といえる。本書が主に依拠しているのは、旧ポツダム(現ベルリン在)ドイツ連邦文書館(Bundesarchiv, Abteilung Potsdam, BAP)所蔵の、国家計画委員会(資料分類 DE1)、機械製造省(Ministerium für Maschinenbau; DG3)、重工業省(Ministerium für Schwerindustrie; DG2)、賠償局(Amt für Reparationen; DC2)、ソ連軍政部命令(SMAD-Befehl; DX1)など造船業関連諸機関の資料である。これら資料の与えてくれる情報は、時系列的な分析を必ずしも可能としてくれるものではないが、一九五〇年代の企業現場の実態を解明するという課題の検討のためには、十分な情報を提供してくれるものである。また、フォアポンメルン州文書館・グライフスヴァルト(Vorpommersches Landesarchiv, Greifswald, VLAG)所蔵の資料(Ökonomik des Schiffbaus)や、ＤＤＲ時代に出された造船関係のパンフレット(未刊行のものも含む)、旧社会主義統一党文書館(Stiftung Archiv der Parteien und Massenorganisationen der DDR im Bundesarchiv, SAPMO-BA)所蔵の資料も一部利用している。

このほか、とくに第二章では、ＳＥＤ議事録(*Dokumente der SED*)・機関紙(*Neues Deutschland*)、ＤＤＲ官報(*Gesetzblatt der DDR*)といった刊行資料や、『東ドイツの国内事情に関するアメリカ国務省文書』(*Records of U.S. Dept. of State relating to the Internal Affairs of East Germany*)などを利用している。

五　本書の構成

本書は、以下のような構成で叙述が進められる。

初めに第一章では、第二次世界大戦直前から一九五〇年代初頭に至る時期のＤＤＲ地域の経済が、マクロ的に分析される。ここでは、計画経済システムに伴う問題の検討はなされず、一九五〇年代に計画経済が実行されていく、その前提となるべき諸条件を包括的に捉えることが目指される。ＤＤＲ経済がよって立つ独自の事情の分析といえる。

第二章から第七章にかけては、本書の第一の課題である労働生産性低迷の実態と理由の検討を通じて、主としてＤＤＲ経済の崩壊につながる要因が考察されていくことになる。ただし、先に述べたように、第二の検討課題である体制の存続要因とそれにつながる労働者の自律性についても、労働者の「自由」に関しては、第四・五章において登場してくる。また直接的には第八章で扱う「人のつながり」も、第七章までに現れてくる企業現場の非効率や労働者の「自由」を前提条件として生まれ保持されることとなる。そのほかコメコン諸国からの需要の存在や世界市場からの隔離など、第七章までの内容にも体制存続へとつながる要素が確認されるのであって、崩壊・存続要因は純然と区分して考察できるものではないことには注意が必要である(それらを総合しての考察は、終章において試みられる)。

第二章においては、第二次世界大戦直後から一九五〇年代半ばまでの時期に企業において導入された労働生産性向上のための政策の内容とそれに対する労働者の反応、さらにその反応からうかがえる政策の限界が検討される。この章では、造船業に焦点は絞られず、DDR工業全体が対象とされる。その理由は、第一に、政府の労働生産性向上政策は、全産業対象に導入されたものであり、政策とマクロ的な経済動向の関連も含めて、工業全体について、まず概観しておきたいこと、第二に、労働者の政策への反応を見るにあたって、造船業のみでは資料的に十分な分析がなしえないという事情も存在するが、政策への労働者の反応は、概してどの産業でも基本的に差異はなく、DDR全体の動向を追っておけば十分であること、第三に、当該期においてその検討は避けられない一九五三年六月一七日労働者蜂起の原因・意味に関して、DDR全体の労働者の動向から分析することを第二章の課題の一つとしていること、とくに六月一七日蜂起のさいの政府に対する労働者の要求事項から、労働生産性向上政策の限界を浮き彫りにしうること、といった点にある。

第三章以降では、対象を造船業に限定し、企業レベルの実態をより掘り下げて検討していく。第三章では、当該期の造船業において、労働生産性向上のための前提となる生産能力(具体的には設備能力と労働力)の成長が、どの程度のものであったのかについて検討する。そして、造船業の成長過程とその成長を生んだ要因を追跡することによって、五〇年代のDDR経済が、全体としてある程度の成長をみせた理由(の一部)も明らかにしていきたい。また、造船業の量的な成長にもかかわらず、それが十分な質(労働生産性)的発展を伴うものではなかった事実も、ここで確認される。

では、なにゆえ造船業の労働生産性向上が不十分であったのか。第四章と第五章は、その理由について企業現場の実態から探っていくことを課題としている。(73) まず第四章では、生産性を規定する要素のうち、とくに設備能力の利用度に注目しつつ、計画経済の柱となるべき生産計画自体がいかなる問題を有したか、「社会主義」計画経済において恒常的に問題とされた原材料・部品供給の遅れ・質の悪さとはどのような実態にあり、いかなる原因から発生したのか、当該期の造船業で導入された研究開発組織や新技術が十分生かされなかったのはなぜなのか、この三点に関して検討していく。

続いて第五章では、生産性を規定する要素のうち労働力の面から、生産性向上が低迷した理由について分析を進める。はじめに労働者の質に関して、職業訓練と企業からの労働者流出の実態から、次に労働者の管理に関して、管理組織の問題点と労働生産性向上へ向けての管理諸政策の実施の実状から検討していくこととする。また第四・五章では、労働者の「自由」の状態についても確認されることになる。

その次に位置する第六章は、計画の作成と達成度評価の実態に関して、一九五二年の造船所の事例を提示し、やはりそこでも非効率が支配していたことを分析している。生産性の低迷と直接関わる実態を扱う内容ではないが、現場の非効率の根本的原因の一つといえる計画作成の不可能性という問題についてここで詳しく考察しており、本書の分析において、また欠くことのできない部分をなしている。

第七章では、まず初めに、それまでの章で検討した労働生産性の低迷へとつながる現場の諸問題が生じた原因を総括しておく。そこでは、計画経済のシステム的諸特徴を中心に、そのほか諸問題間の相互作用、産業・時代に独自の事情といった点にも注目しつつ考察する。続いて、そうした原因から現場の諸問題が生じていた結果、DDR造船業の国際競争力は、実際のところどの程度であったと考えられるのかについて、西側造船国との比較によって、具体的なデータを用いながら分析していく。

以上の分析を踏まえつつ、第八章では、労働者の「人のつながり」の基盤となった組織である作業班の実態を検討の対象として、DDRという国家が四〇年の長きにわたって存続したのはなにゆえであったのかという視点から考察を試みる。そして、作業班が、体制維持にとって、経済的にも社会的にも重要な意味を有していた事実を明らかにしていきたい。なお第八章では、資料的な事情から、造船業のみではなく再び全工業が分析の対象となっている。

終章では、本書全体に登場するさまざまな要素の総合を図りながら、ＤＤＲひいては「社会主義」計画経済システムの崩壊要因・存続要因について考察を試みる。さらには、「社会主義」が残したものとは何だったのかという点に関しても、最後に若干の私見を提示しておきたい。

なお、終章の後、補論が加えられている。同部分はＤＤＲ社会の実態を明らかにするにあたってまた欠くことのできない秘密警察の影響力を分析するものである。秘密警察が国民に対して実際のところどの程度の影響力をもつ存在だったのかという視点から、企業における秘密警察の実態を検討しているが、資料的な事情から考察時期を一九七〇―八〇年代に設定せざるをえなかった。本書対象時期の五〇年代については若干の言及に留められているため、補論として加えておくこととした。とはいえ、補論の分析を通じて、ＤＤＲ社会を理解するための一つの試論的概念(「禁断の木の実」のある社会)を追加することができたのではないかと考えている。

(1)　渓内謙『現代史を学ぶ』岩波書店、一九九五年、二頁。
(2)　藤瀬浩司氏は、二〇世紀資本主義の全体構造を把握するにあたり、「社会主義」は「二〇世紀資本主義の鬼子といえる」とする。藤瀬浩司『改訂新版　欧米経済史』放送大学教育振興会、二〇〇四年、二六八頁。つまり二〇世紀資本主義から生まれたその一部であるが、親とはまた違った性格をもつものが「社会主義」であった。
(3)　塩川伸明『社会主義とは何だったか』勁草書房、一九九四年、ii頁。なお序章に関しては、同書と渓内、前掲書の両書から多くを学んだ。とくに、渓内、一一七、一四六、一五一、一七四頁など、塩川、一〇―二〇頁などを参照した。
(4)　代表的ソ連研究者の一人である和田春樹氏も、「社会主義」について、「党と国家と社会団体が一体となった公的主体が政治と経済の全体を一元的に管理する体制である。この体制は、いわゆる全体主義とよばれる体制より以上に、全的に一元化されたシステムであった」とし、本書で対象とする企業についても、「企業は生産現場にすぎず、すべては中央で決定される」といった評価を下している(和田春樹『歴史としての社会主義』岩波書店、一九九二年、一〇〇、一〇二頁)。だが、これは現場の実態を正確に把握していない一面的な理解といわざるをえない。すでに和田氏のこの「国家社会主義論」に対しては、塩川伸明氏によって、「全体的掌握」が完全に実現されたものではなかったこと、スターリン死後とくに東欧諸国では国家権力の統制外にある部分が相対的に増大したことなど、批判がなされているが(塩川伸明『終焉の中のソ連史』朝日新聞社、一九九三年、九四頁)、本書でも検討するように、企業は完全に中央の意図通りに活動していたわけではなく、重要な社会団体であった労働組合さえ、企業の下部レベルのメンバーは党中央と一枚岩的存在ではなかった。体制が「一元化」の傾向にあったことは確かだろうが、それだけではすべてを説明できないのである。こうした一面的・表層的把握だけでは追えない複雑な諸要素までを検討してこそ、「社会主義」の現実に関する深い理解に達しうるといえる。

(5)　岩田昌征「ユーゴスラヴィアの自主管理社会主義—歴史的条件・模索・終焉」和田春樹・小森田秋夫・近藤邦康編『〈社会主義〉それぞれの苦悩と模索』日本評論社、一九九二年、一八二頁。

(6)　少なくとも、生産力・経済効率が重視される現在の社会において、資本主義体制に全面的にとって代わろうとする体制としての社会主義(伝統的マルクス主義)の「価値」は、「社会主義」国の歴史的経験からして、衰退したといいうるのではないだろうか。塩川伸明『社会主義とは何だったか』六八、一一九頁。これとは別に、資本主義を打倒せず、それを補完・改良するものとしての「より広い意味での社会主義」(今日的な社会民主主義)の理念は、「価値」としての可能性を、なお失ったとはいえないであろう。それはさておき、学問的価値とは、そうした「価値」とはとりあえず別に存在するものと思われる。たとえば、「社会主義」国の現実を詳細に、構造的に明らかにしたうえで、マルクス・レーニンの理念と、ともかくもそれを基礎に成立した「社会主義」国との関係を究明すること、もしくはそれらを媒介した社会主義運動の役割を分析することなど、伝統的マルクス主義的な社会主義に関しても、再検討されるべき課題は多いと思われる。マルクスの理論と現存した経済体制との関連を考察しようとした研究として、たとえば、青木國彦『体制転換』有斐閣、一九九二年、第二部。

(7)　ドイツ統一時に、時の西ドイツ首相コール(Kohl, H.)は、一〇年で東西ドイツの経済水準を同じにすると宣言したが、今日に至っても東西ドイツの経済格差は存在したままである。コールの発言は、政治的意図や統計の不整備による把握の難しさはあったにせよ、DDR地域の経済実態を十分に理解したうえでのものではなかったことは明白であろう。同様に、一九九三年以降の統一ドイツの経済不況に関して、旧西ドイツ側が「経済的に劣った」DDR地域を抱えることによって生じた財政負担の大きさがしばしば原因として指摘される(石井聡「現代ドイツにおける『社会的市場経済』の変容—二〇〇三年閉店時間法改正論議を手がかりに」廣田功編『現代ヨーロッパの社会経済政策—その形成と展開』日本経済評論社、二〇〇六年、三〇一頁)。この場合も、どのようにどの程度「劣った」のかの分析が十分になされての財政支出であったのかに疑問が残る。これらはいずれも、旧体制下におけるその歴史的起源まで遡って現在の状況が発生したメカニズムを分析するという作業を欠いていたがゆえに生じた事態といえるであろう。

(8) 二〇〇四年一〇月に調印された欧州憲法条約に、社会的市場経済との語が加えられたが、この言葉にはヨーロッパにおける社会面の重視、市場の自由と社会的安全とのバランスといった意味が込められていた。石井聡「ＥＵ憲法における『連合の目標』としての社会的市場経済」『大原社会問題研究所雑誌』五七七号(二〇〇六年)。

(9) 「社会主義」計画経済においても、各国ごとの差異、また指令的性格がとくに強かった時期(一九五〇年代)、市場的要素を取り入れていこうとした時期(一九六〇年代以降)の差異があり、計画経済といえども諸タイプが存在した。資本主義経済においても、諸タイプが存在するのと同様である。ただ、「社会主義」計画経済の諸タイプの基本的な特徴をなし、かつ資本主義経済とを決定的に区分させるのは、計画で経済が制御されていたという点であろう。その意味で、我々がいかなるタイプの市場経済体制に生きていようとも、「社会主義」計画経済という異質な体制からは、異質な現象を認識することができる。

(10) バウアーケンパーは、従来のＤＤＲ社会史研究を総括した著作のなかで、ＤＤＲにおける企業は、生産・仕事の場であるだけでなく、住宅や休暇施設・幼稚園・託児所などのサービス供給に関わる場であり、また余暇活動に関わる場でもあって、党や労働組合も企業における活動に集中していたとして、企業は「国家の支店」だったとしている。Bauerkämper, Arnd, *Die Sozialgeschichte der DDR*, München 2005, S.13.

(11) たとえば、中村靖『計画経済のミクロ分析』日本評論社、一九九二年、コルナイ・Ｊ(盛田常夫訳)『「不足」の政治経済学』岩波書店、一九八四年、ブルス・Ｗ/ラスキ・Ｋ(佐藤経明/西村可明訳)『マルクスから市場へ』岩波書店、一九九五年、盛田常夫『体制転換の経済学』新世社、一九九四年など。ＤＤＲについては、Buchheim, Christoph, Die Wirtschaftsordnung als Barriere des gesamtwirtschaftlichen Wachstums in der DDR, in: *Virteljahrschrift für Sozial- und Wirtschaftsgeschichte*, 2/1995; Steiner, André, Wirtschaftliche Lenkungsverfahren in der Industrie der DDR Mitte der fünfziger Jahre. Resultate und Alternativen, in: Buchheim, Ch.(Hrsg.), *Wirtschaftliche Folgelasten des Krieges in der SBZ/DDR*, Baden-Baden 1995 など。

（12）その意味で本書は、従来の社会主義経済研究が提示してきた理論について、より多くの実証例をもって補強するものであるともいえる。

（13）厳密な理解がなされていなかったからこそ、註7で指摘したような事態が生じたのである。「社会主義」に対しては、「失敗して終わったもの」といった理解がなされがちなせいで、厳密な検証など必要ないといった態度すら存在するように感じられるが、こうした態度に対する批判は、塩川伸明『現存した社会主義―リヴァイアサンの素顔』勁草書房、一九九九年、i、一―七頁など。「計画経済の非効率性は当たり前なのであるから、何を今さら効率性について検討の必要があるのか」といった見解に対しても、同様の反論が可能であろう。

（14）白川欽哉「東ドイツにおけるコンビナート改革（一九七六―八五年）―工業組織改革の構想と問題点」『土地制度史学』一五二号（一九九六年）、同「東ドイツにおける工業企業の国家的管理（一九四五―七九年）」『経済学研究（北海道大学）』四三巻二号（一九九三年）、北村喜義『旧東独の企業システムと鉄鋼業：体制の崩壊と再建の政治経済過程』御茶の水書房、二〇〇〇年。

（15）たとえば、Fischer, W.(Hrsg.), *Wirtschaft im geteilten Berlin 1945-1990*, Berlin 1993 内のいくつかの経営史研究など。

（16）Heimann, Christian, *Systembedingte Ursachen des Niedergangs der DDR-Wirtschaft. Das Beispiel der Textil- und Bekleidungsindustrie 1945-1989*, Frankfurt/Main 1997. 逆にマクロ経済動向を検討し、その成長度が西ドイツに比べて低いことを検証したブフハイムの論文では、その理由としてやはりシステム的要因を列挙しているが、その説明は抽象的になってしまっている。Buchheim, Ch., a.a.O. なお、わが国では他の「社会主義」国経済に関する多くの研究が存在する。一九九〇年代以降の代表的なものとしては、上垣彰『ルーマニア経済体制の研究一九四四―一九八九』東京大学出版会、一九九五年、盛田常夫『ハンガリー改革史』日本評論社、一九九〇年、家本博一『ポーランド「脱社会主義」への道』名古屋大学出版会、一九九四年、ソ連機械産業に関する、溝端佐登史『ロシア経済・経営システム研究―ソ連邦・ロシア企業・産業分析』法律文化社、一九九六年、第Ⅲ部、大津定美「転換期ロシアの機械工業」『社会科学研究（東京大学社会科学研究所）』第四三巻三号（一九九六年）など。本書はこれら研究から多くを学んでいるが、いずれも企業現場に焦点を当てて分析したものではない。

（17）Bähr, J./Petzina, D.(Hrsg.), *Innovationsverhalten und Entscheidungsstrukturen: Vergleichende Studien zur wirtschaftlichen Entwicklung im geteilten Deutschland 1945-1990*, Berlin 1996.

（18）斎藤哲『消費生活と女性―ドイツ社会史（一九二〇―七〇年）の一側面』日本経済評論社、二〇〇七年。同書に対する書評において、星乃治彦氏は、その内容を高く評価しつつも、「東ドイツでは、労働規律の乱れに代表される労働の組織化に失敗したからこそ、生産が消費を支えられなかったのではなかろうか、という疑問も沸く」とし、「本書を踏まえながら、もう一度『生産』の分野に帰るということが必要なのではないか」という課題を指摘している。『社会経済史学』第七四巻四号(二〇〇九年)、九三頁。本書は、直接消費に関わる産業の生産現場を対象とするものではないが、「社会主義」経済において生産現場一般が非効率であったメカニズムを解明することで、間接的に消費を支えた生産の問題性を示唆しようとするものであるといえる。

(19) 山田徹『東ドイツ・体制崩壊の政治過程』日本評論社、一九九四年、たとえば八八頁、北村喜義、前掲書、たとえば四、五七、八〇頁など。

(20) 山田徹、前掲書、八八頁。また、北村氏の著書に対する拙評(『経営史学』第三七巻二号(二〇〇二年)、七六―七九頁)も参照されたい。

(21) 体制の崩壊に主要な関心が向けられてきたことは、たとえば山田氏、北村氏の旧東独に関する代表的著作の表題からも明らかであろう。

(22) DDRの体制の分析にあたり抑圧組織を重視している研究として、東中野修道『東ドイツ社会主義体制の研究』南窓社、一九九六年。国家を「刑務所」(一七一頁)と理解する研究は、かつての体制に親和的すぎる研究とは反対の立場ながら、抑圧のみを重視するというまた一方の極端な理解であり、体制の実態を客観的に明らかにできていない。

(23) 「社会主義」国における人々の自律的な活動に注目した研究としては、塩川伸明『「社会主義国家」と労働者階級』岩波書店、一九八四年、斎藤哲「DDRの崩壊と一つのドイツの形成―統一ドイツとその課題」木村靖二編『ドイツの歴史』有斐閣、二〇〇〇年、同『消費生活と女性』第六章、石川晃弘『くらしのなかの社会主義』青木書店、一九七七年、松井康浩「スターリン体制下の個人と親密圏」『思想』九五二号(二〇〇三年)、同「スターリン体制下の公共性とジェンダー」『思想』九八七号(二〇〇六年)などがある。これら研究については、詳しくは第八章で触れる。

(24) これらの語の含意については後述する。

(25) 中村靖、前掲書、三頁。計画経済下の企業は、市場経済下の企業とは、別のルールに従って意志決定していた。その点は、「社会主義」企業研究がもつ意義の一つといえよう。その別のルールについては、本書の第七章一節においてまとめて説明している。

(26)　ブルス／ラスキ、前掲書、四四―四七頁。

(27)　*Records of U.S. Dept. of State relating to the Internal Affairs of East Germany, 1950-1954*, 1987［以下、*Records of U.S.*］, 1951.9.10, 862B.00/9-1051.

(28)　Karlsch, Rainer, Die Reparationsleistungen der SBZ/DDR im Spiegel deutscher und russischer Quellen, in: Eckart, K./Roesler, J.(Hrsg.), *Die Wirtschaft im geteilten und vereinten Deutschland*, Berlin 1999, S.12.

(29)　*Dokumente der SED*, Band III, Berlin(DDR) 1952, S.131ff.

(30)　Ulbricht, Walter, *Zur Geschichte der Deutschen Arbeiterbewegung*, Band III, Berlin(DDR) 1953, S.240. これは当時の最高指導者ウルブリヒトの講演集である。「社会主義諸国において、特定企業、産業、国民経済など各レベルでの労働生産性の測定・分析は、たいへん重要な問題となっている。それは労働生産性が、合理的な経済活動の基礎をなしているからである」(ダンロップ・J・T／ディアチェンコ・W・P『労働生産性の理論と政策』日本生産性本部、一九六八年、二七頁)とされるように、とくに一九五〇年代には、資本主義企業と違って「社会主義」国営企業では、利潤極大ではなく生産性向上が企業の効率化の目標であったことに注意すべきであろう。

(31)　たとえば、「最重点産業」とされた石炭業における生産性低下の例は本書第二章三節、一九五〇年代前半に他産業にない投資を受けた造船業における生産性の不十分な向上の例は第三章の小括を参照。

(32)　Conrad, Gisela, Der Außenhandel der sowjetischen Besatzungszone Deutschlands als Bestandteil des Ostblockaußenhandels, in: *Vierteljahrshefte zur Wirtschaftsforschung*, 1955, S.261; Mohr, Axel, Der Außenhandel der Sowjetzone, in: *SBZ-Archiv*, 11/1954, S.171.

(33)　このドイツ的といえる州権力強化の動きと「社会主義」的といえる中央集権化の動きの対抗、および後者による前者の弱体化の過程は、先に述べたドイツ的文化と「社会主義体制という文化」の交錯の事例として興味深い検討課題となろう。のちに第二章でみる経営協議会の解体と党下部組織としての労働組合の強化という過程も、ドイツ的な経営協議会と「社会主義」的な労働組合の交錯の例として捉えることができよう。また、第五章で検討するように、職業訓練や賃金制度など、戦前ドイツや戦後の西ドイツと制度的には同じであったものの、「社会主義」的特徴の存在によりその実態が異なっていくという制度も、その交錯を考えるための一つの事例といえると思われる。さらに工業だけに限らず、農業における、(東部)ドイツ的なユンカー経営と「社会主義」的な集団化の交錯など、ドイツ的文化と「社会主義」的文化の交錯の実態については、詳しく検討されるべき重要な課題は多い。農業については、さしあたりソ連占領軍の影響下で行われた土地改革とその農業への影響を分析した研究として、Bauerkämper, Arnd, Problemdruck und Ressourcenverbrauch. Wirtschaftliche Auswirkungen der Bodenreform in der SBZ/DDR 1945-1952, in: Buchheim, Ch.(Hrsg.), a.a.O; ders(Hrsg.), "*Junkerland in Bauernhand"? Durchführung, Auswirkungen und Stellenwert der Bodenreform in der Sowjetischen Besatzungszone*, Stuttgart 1996. また足立芳宏氏による「戦後東ドイツ農村の『社会主義』―農業集団化のミクロ史分析」『歴史学研究』八二〇号(二〇〇六年)をはじめとする一連の研究も参照。

(34) Holzwarth, Klaus, Die Anfänge der zentralen Wirtschaftsplanung in der SBZ, in: Buchheim, Ch.(Hrsg.), a.a.O., S.257-262. 盛田常夫『ハンガリー改革史』四六―四八頁。*Statistisches Jahrbuch der DDR*, 1955, S.7.

(35) Kornprost, Rudolf, Zur Geschichte des Schiffbaus der DDR, in: *Jahrbuch für Wirtschaftsgeschichte*, 1989/Sonderband, S.260.

(36) 一九五五年までに造船所の建設はほぼ完了した。また五五年には造船業の従業員数はＤＤＲ時代を通じて最大の四万五千人に達し、さらにはそれまで増加を続けていた生産額も五六年には一旦減少していることから、五五年までを一応の成長の区切りとみなしうる。Vorpommersches Landesarchiv, Greifswald［以下、VLAG］, Ökonomik des Schiffbaus.

(37) Weber, Hermann, *Die DDR 1945-1990*, München 1993, S.46. 邦訳(斎藤哲・星乃治彦訳)『ドイツ民主共和国史』(一九八八年度版)日本経済評論社、一九九一年、八六頁。

(38) 伊丹敬之＋伊丹研究室『日本の造船業　世界の王座をいつまで守れるか』ＮＴＴ出版、一九九二年、一〇頁。

(39) 「代表的事例」といえるからといって、ＤＤＲの造船業の事例を、他の「社会主義」国を理解するうえで安易に一般化することはもちろん避けられねばならない。ただ、そうした他と比べ経済的に有利な条件にあったと思われる箇所においてすら計画経済システムに伴う諸問題が生じていたとすれば、より不利な条件にあった箇所においては、少なくとも同程度の問題は発生していたと推測することが可能であろう。

(40) たとえば、中村靖、前掲書、盛田常夫『体制転換の経済学』など。なお塩川伸明『現存した社会主義』、とくに一〇九―一三〇頁なども計画経済のシステム的問題について詳しく検討している。同書は、氏のソ連に関する実証分析の成果を踏まえたものであること、体制の存続要因についても十分な分析が加えられていることなどから、理論経済学者の研究とは一線を画すものである。本書は、塩川氏の同書の成果を随所で参照しつつ、ＤＤＲにおいてそうしたシステム的問題がどう具体的に現れたのかを検証し、同時にＤＤＲの企業や労働者がドイツ的伝統の影響をも受けつつどう行動したのかを解明しようとするものといえる。

(41)　この二パターンへの分類は、谷江幸雄『ソ連経済の神話』法律文化社、一九九七年、一一〇―一一五頁を参考にした。ただし、本書でみる後者の議論のうち、高技術化・情報化を崩壊原因と考える谷江氏は、これを他の要因と分離して考察している。だが、本書では、この高技術化・情報化も、「社会主義」計画経済システム自体から生じたのではなく、システムの外からきた要因であることに変わりないと考えるため、後者に一括して扱っている。

(42)　高技術化・情報化以外の要因について主なもののみ挙げれば、ソ連の石油枯渇は、伊藤誠「ロシア・東欧経済―集権的経済計画の解体」経済学教育学会編『経済学ハンドブック』大月書店、一九九八年、一〇三頁。耐久消費財への民衆の要求増大は、星乃治彦『社会主義と民衆』大月書店、一九九八年、二二一―二二三頁などで指摘される。

(43)　塩川伸明『「社会主義国家」と労働者階級』五四二頁。その「自由」の結果、「社会主義」計画経済下の企業現場では、一種の「労働者天国」的状態が生じていたのであるが、具体的内容は本書第四章以下で検討する。

(44)　著者は、二〇〇七年度歴史学研究会大会現代史部会『戦後』形成期における社会的結合」において報告を担当したさい、この「人のつながり」を意味するにあたって、「社会的結合」という語をあてたことがある。社会的結合(ソシアビリテ)は、わが国では二宮宏之氏を中心として歴史学で広まり、定義も多様ではあるが、主として中・近世ヨーロッパを対象に、多様な社会的紐帯をもとに社会の特質を捉えようという意図を有し、その中・長期的な変容に着目する概念である。そこでは、「心性」や「身体性」まで踏み込んだ分析も追求される。それゆえ、現代史の分野でなおかつせいぜい十数年の時期を対象とする報告において、また「心性」や「身体性」といった面までは十分分析が及び得ていない段階で、この語を使用することの是非については、大会当日の議論においても問われたところであった。著者は、そうした点を承知しつつも、アトム化した個々人が抑圧され体制が存続していたという「全体主義」的な理解がなされがちの東ドイツにも、濃密な「人と人との結びつき」が存在していた事実を強調したいがため、とりあえず「社会的結合」の語を、二宮氏による「人と人との結びあうかたち」という「ゆるやかな枠組み」(二宮宏之『結びあうかたち　ソシアビリテ論の射程』山川出版社、一九九五年、三頁)で捉えつつ使用したのである(石井聡「東ドイツにおける工業労働者の『社会的結合』」『歴史学研究』八三三号(二〇〇七年)、一四三、一五一頁)。だが、本書においては、全体が社会的結合を解明しようとする意図をもつものではなく、かつ意図するところをより明確に表現するために、「人のつながり」という言葉を用いている。

(45) 一九六五年、全就労者のうち、徒弟を含む「労働者階級」は七八・四%であり、八〇年にはそれは八九・四%となっていた。そのうち工業労働者は、一九五〇年に四三%だったものの、八〇年には五二%となっていた。ただし、DDRの統計では、生産労働者だけでなく事務員などの職員層も「労働者階級」に含まれていた。本書の対象は、主として生産労働者となるが、職員層の状況についても関連する限りで言及していくこととする。Bauerkämper, A., *Die Sozialgeschichte der DDR*, S.27f.

(46) Meuschel, Sigrid, Überlegungen zu einer Herrschafts- und Gesellschaftsgeschichte der DDR, in: *Geschichte und Gesellschaft*, 19(1993), S.6.

(47) 本書で扱う問題のうち、一九五三年六月一七日蜂起に関する研究史は、ここでは触れない。それは、第二章の冒頭である程度まとめていること、すでに、星乃治彦『社会主義国における民衆の歴史―一九五三年六月一七日東ドイツの情景』法律文化社、一九九四年、八―一〇頁に詳しい研究史整理があることといった理由による。また同様に作業班に関する研究史も、問題意識と絡めながら第八章のはじめに検討する。なおDDR史全体についての研究史の整理は以下を参照。Eppelmann, R./Faulenbach, B./Mählert, U.(Hrsg.), *Bilanz und Perspektiven der DDR-Forschung*, Paderborn 2003.

(48) Bartel, Horst, *Die wirtschaftlichen Ausgangsbedingungen der DDR*, Berlin(DDR) 1979; Roesler, Jörg, *Die Herausbildung der sozialistischen Planwirtschaft in der DDR*, Berlin(DDR) 1978.

(49) ドイツ経済研究所による代表的な研究として、Melzer, Manfred, *Anlagevermögen, Produktion und Beschäftigung der Industrie im Gebiet der DDR von 1936 bis 1978 sowie Schätzung des kräftigen Angebotspotentials*, Berlin 1980. このほか、*Vierteljahreshefte zur Wirtschaftsforschung* などに数多くのモノグラフがある。また西ドイツの公式統計(*Statistisches Jahrbuch für die Bundesrepublik Deutschland*)のDDRに関する統計も、同研究所による数値である。Stolper, Wolfgang F., *The Structure of the East German Economy*, London, 1960; Zank, Wolfgang, *Wirtschaft und Arbeit in Ostdeutschland 1945-1949*, München 1987; Matschke, Werner, *Die industrielle Entwicklung in der Sowjetischen Besatzungszone Deutschlands(SBZ) 1945 bis 1948*, Berlin 1988.

(50) Merkel, Wilma/Wahl, Stefanie, *Das geplünderte Deutschland. Die wirtschaftliche Entwicklung im östlichen Teil Deutschlands von 1949 bis 1989*, Bonn-Bad Godesberg 1991.

(51) Ritschl, Albrecht O., An exercise in futility: East German economic growth and decline, 1945-89, in: Crafts, N./Toniolo, G.(eds.), *Economic Growth in Europe since 1945*, Cambridge University Press, 1996.

(52) たとえば、Buchheim, Ch.(Hrsg.), a.a.O. 内の諸論文ですでにいくつかの新しいデータが提示されている。

(53) Steiner, André, *Von Plan zu Plan. Eine Wirtschaftsgeschichte der DDR*, München 2004. 同書については白川欽哉氏による紹介がある。「東ドイツにおける計画経済の盛衰―アンドレ・シュタイナーの著作の紹介と解説(一)」『経済論集(秋田経済法科大学)』創刊号(二〇〇六年)。

(54) Karlsch, R., *Allein bezahlt? Die Reparationsleistungen der SBZ/DDR 1945-53*, Berlin 1993; ders., Umfang und Struktur der Reparationsentnahmen aus der SBZ/DDR 1945-1953. Stand und Probleme der Forschungen, in: Buchheim, Ch.(Hrsg.), a.a.O; ders., Die Reparationsleistungen.

(55) Strobel, Dietrich/Dame, Günter, *Schiffbau zwischen Elbe und Oder*, Herford 1993.

(56) Karlsch, R., *Allein Bezahlt?*, S.183.

(57) Kramer, Reinhard, Reparationsleistungen für die UdSSR, in: *140 Jahre Eisenschiffbau in Rostock*, Berlin 1991, S.87.

(58) Scherstjanoi, E.(Hrsg.), *"Provisorium für längstens ein jahr". Die Gründung der DDR*, Berlin 1993, S.230.

(59) たとえば、Karlsch, R./Laufer, J.(Hrsg.), *Sowjetische Demontagen in Deutschland 1944-1949*, Berlin 2002.

(60) Buchheim, Christoph, Wirtschaftliche Folgen der Integration der DDR in den RWG, in: Buchheim, Ch.(Hrsg.), a.a.O., S.359f.

(61) Ritschl, A. O., *op. cit.*, p.503 にドイツ統一後に行われた各種の生産性評価についてまとめられている。

(62) Bähr, J./ Petzina, D.(Hrsg.), a.a.O.

(63) Bauer, Reinhold, *Pkw-Bau in der DDR. Zur Innovationsschwäche von Zentralverwaltungswirtschaften*, Frankfurt/Main 1999; また Stokes, Raymond G., *Constructing Socialism. Technology and Change in East Germany, 1945-1990*, Baltimore/London, 2000. はＤＤＲの全般的な科学技術発展・政策を扱っているが、造船業および生産技術の使用実態は考察の中心としていない。

(64) この点については、市川浩『科学技術大国ソ連の興亡』勁草書房、一九九六年、九頁などから示唆を受けたが、同書でも③の視点は欠けている。なお一九三〇年代初頭のソ連については、塩川伸明『「社会主義国家」と労働者階級』第三章が、現場に視野をおいて技術問題を検討している。

(65) Bähr, J./ Petzina, D.(Hrsg.), a.a.O., S.13f.

（66） Ewers, Klaus, Einführung der Leistungsentlohnung und verdeckter Lohnkampf in den volkseigenen Betrieben der SBZ（1947-1949）, in: *Deutschland Archiv*, 6/1980; ders., Aktivisten in Aktion, in: ebenda, 9/1981; Bust-Bartels, Axel, *Herrschaft und Widerstand in den DDR-Betrieben*, Frankfurt/Main 1980. 正亀芳造「社会主義企業の賃金制度」笹川儀一郎・海道進・林昭編『社会主義企業の構造』ミネルヴァ書房、一九八五年、所収、同「ドイツ民主共和国（ＤＤＲ）における国家の賃金政策と経営レベルの賃金決定―一九五〇年代を中心に「賃金ギャップ」との関連で」『富大経済論集』第二七巻二号（一九八二年）。このほか、ベンディクス・Ｒ（大東英祐・鈴木良隆訳）『産業における労働と権限』東洋経済新報社、一九八〇年など。

（67） Hübner, Peter, *Konsens, Konflikt und Kompromiß. Soziale Arbeiterinteressen und Sozialpolitik in der SBZ/DDR 1945-1970*, Berlin 1995; Roesler, Jörg, *Inszenierung oder Selbstgestaltungswille? Zur Geschichte der Brigadebewegung in der DDR während der 50er Jahre*, Berlin 1994. そのほか、Lüdtke, Alf, “Helden der Arbeit” - Mühen beim Arbeiten. Zur mißmutigen Loyalität von Industriearbeiten in der DDR, in: Kaelble, H./Kocka, J./Zwahr, H.（Hrsg.）, *Sozialgeschichte der DDR*, Stuttgart 1994; Hübner, P., Balance des Ungleichgewichtes. Zum Verhältnis von Arbeiterinteressen und SED-Herrschaft, in: *Geschichte und Gesellschaft*, 1/1993; Badstübner-Peters, Evemarie, Arbeiteralltag und Arbeiterpolitik. Überlegungen zur Herausbildung DDR-typischer Konfliktmuster, in: Scherstjanoi, E.（Hrsg.）, a.a.O. など。

（68） Hübner, P./Tenfelde, K.（Hrsg.）, *Arbeiter in der SBZ-DDR*, Essen 1999; Hübner, P./Kleßmann, Ch./Tenfelde, K.（Hrsg.）, *Arbeiter im Staatssozialismus*, Köln 2005.

（69） Kleßmann, Christoph, *Arbeiter im »Arbeiterstaat« DDR*, Bonn 2007.

（70） 塩川伸明『「社会主義国家」と労働者階級』、同『スターリン体制下の労働者階級』東京大学出版会、一九八五年、大津定美『現代ソ連の労働市場』日本評論社、一九八八年、ＵＲＧＥＮＳＥ「中央計画経済におけるリズムなきテイラー主義」ロベール・ボワイエ／山田鋭夫共同編集『転換　社会主義』藤原書店、一九九三年、所収、村上範明「現代ソ連の労働力問題」『労働問題研究』四（一九八三年）など。

（71） *Die Seewirtschaft der Deutschen Demokratischen Republik*, Band I, 1945-1960, Berlin 1963; Poßekel, Kurt, Zur Hilfe der UdSSR beim Aufbau der Seewirtschaft der DDR in den ersten Nachkriegsjahren（1945-1949）, in:

Wissenschaftliche Zeitschrift der Universität Rostock, 5/1972; ders., An der Küste Mecklenburgs entstanden neue Bastionen der Arbeiterklasse. Ein Beitrag zur Geschichte der Seewirtschaft der DDR, in: ebenda., 6/1973; Labahn, Karin, *Die Herausbildung der Zweiggruppen der Arbeiterklasse in den Ostseewerften auf den Territorium der späteren Deutschen Demokratischen Republik 1945-1952*, Diss., Rostock 1979; Kornprost, R., a.a.O.

(72)　Strobel/Dame, a.a.O.

(73)　一九六一年の国際経済学会主催の労働生産性会議では、「労働生産性をいっそう有効に分析するためには、生産性に影響を及ぼす諸要因、とくに機械化とオートメーションを含めての技術進歩、労働と生産の組織、生産に役立つ人間の訓練について、さらに十分に研究することが必要である」（ダンロップ／ディアチェンコ、前掲書、viii頁）ことが会議全体の総括の一つとして提起された。本書では、設備・技術(設備能力)の導入とその利用度、労働者の質、労働と生産の管理などの実態の検討から、労働生産性について考察することを目指している。

第一章　出発点の経済状況

――対外関係、工業生産および労働力についてのマクロ的分析

はじめに

本章では、第二次世界大戦前から一九五〇年代初頭までのＤＤＲ地域の工業を中心とする経済状況を、主としてドイツ統一後の新データを用いつつ統計的に把握することを目指す。時期を五〇年代初頭で区切るのは、それまでに戦後経済を規定するファクターが出そろったと考えるためである。そして、五〇年代から本格的に開始される計画経済システム下での工業生産は、いかなる前提条件のうえに成り立ったのかを明らかにすることが本章の課題である。(1) このような前提条件は、初期の工業化過程に看過すべきでない影響を残しているがゆえに、計画経済システムに伴う諸問題の検討に先立って、ＤＤＲの独自の事情として検討しておくべき事柄であるように思われる。(2)

統一後のドイツにおける研究は、ＤＤＲの公式統計が、ＤＤＲ経済の時系列指数としては、ある程度有効性をもつことを示している。(3) しかし、工業生産の絶対額などについては、「社会主義」国に共通する粉飾傾向・方法的欠陥のために、ほとんど信頼を置けないものといってよい。(4) そうした問題点は、現在進行中の各工業部門・企業別研究により、修正が進むものと期待されるが、本章は、現時点で使用可能な新資料、ドイツでの研究成果を取り入れて、初期ＤＤＲのマクロ経済状況を把握しておくことを目標としている。本章では、まず、戦前から戦争直後の時期に関しては、主にドイツ統一後公開された一次資料に基づき、(5) それ以降の時期については、最新の研究成果や統計を批判的に修正してきた西側での推計データに主に依拠する。具体的には、ベルリンのドイツ経済研究所による各種の推計、(6) 五〇年代までの経済を概観したシュトルパー、一九四五—四九年のソ連占領期における労働力の状況に関するツァンク、工業生産についてのマトシュケ、対ソ賠償に関するカルシュ、戦争の事後負担と題された研究書におけるブフハイムを中心とする研究者、ＤＤＲ経済史初の概説書の著者シュタイナーなどによる各種データであり[7]、それらは現在ドイツのＤＤＲ経済研究において信頼の置かれているデータである。

本章は、以下の順に考察を進めていく。まず一節では、戦前・戦中期の状況を概観する。それは、のちのＤＤＲ地域が戦前から抱えていた特徴が、戦後、経済の構造的欠陥となり、それが産業構造の転換を導くことを明らかにするためである。次に、二節から四節では、一九五〇年代初頭までの戦後の状況に関して分析する。二節では、戦災・貿易・賠償・軍拡など、対外関係からの影響を検討し、部門別の工業生産状況を対象とする三節では、産業構造の転換過程を明らかにする。さらに四節では、労働力の回復と流出の経過を分析する。なお、本章では、ＤＤＲ統治下に属する地域（東ベルリンを含む）を、戦前・戦中期、ソ連占領期（一九四五年六月―四九年一〇月）、ＤＤＲ時代（一九四九年一〇月以降）を通じて、「ＤＤＲ地域」という名称で統一して叙述する。また、戦前・戦中期のデータは、この地域に従って計算し直したものである。

一　戦前・戦中期の状況

ＤＤＲ地域は、面積が約一〇万七千㎢、一九三九年の人口は約一五一六万人であり、そのドイツ帝国内に占める割合は、面積で二二・八％、人口で二一・九％であった。ところが、ＤＤＲ地域が、一九三九年のドイツ帝国の工業総生産額に占めていた割合は、それよりも大きく二六・一％であった[8]。また、ドイツ帝国内各地域の工業化水準の一つの目安として、全就業者のなかで工業部門の就業者の占める割合を表１－１により見ると、最も割合が高いのは、ザクセンであり、ほかにもアンハルト、チューリンゲンといったＤＤＲ地域内の地域が上位を占めていることが分かる。全就業者のなかで工業部門の就業者の占める割合は、ドイツ帝国の平均四一・五％に

表1－1　全就業者中工業部門の就業者の占める割合(1939年)

州・地域	割合%
1. ザクセン	58.2
2. ヴェストファーレン	52.6
3. アンハルト	51.6
4. チューリンゲン	50.1
5. ラインラント	49.6
6. ベルリン	48.4
7. ブレーメン	46.9
8. ブラウンシュバイク	46.2
9. ヴュルテンベルク	44.5
10. プロヴィンツ・ザクセン(のちのザクセン・アンハルトの一部)	44.2
ブランデンブルク	38.4
メクレンブルク	27.3
ポンメルン	24.3
オルデンブルク	24.0

(出所)SAPMO-BA, ZPA, NL113/16, Bl.212.

対して、DDR地域は四五・〇%と高かった。[9]また、住民一人当たりの国民総生産額(一九三六年)も、DDR地域は五四六マルクであり、ルール地方を抱えるのちのイギリス占領地区(五九六マルク)には及ばないものの、アメリカ占領地区(四二七マルク)やフランス占領地区(四一七マルク)を大幅に上回っていた。[10] DDR地域の工業化水準は、相対的にのちの西ドイツ地域よりも高いものだったのである。そのほか、交通網や銀行・サービス部門の整備度でも、DDR地域はドイツ帝国の平均を下回るものではなかった。[11]

ただし注意すべきは、DDR地域内でも工業化水準に格差が存在した点である。表1－1によれば、DDR地域内のブランデンブルク、メクレンブルクの工業部門就業者の割合は、ドイツ帝国の平均を大きく下回っていた。また、一九三六年のDDR地域内全工業製品売上高において、ザクセンが全体の四〇・一%を占めていたのに対して、メクレンブルクは二・四%にすぎず、[12]ドイツ帝国

表1－2　ＤＤＲ地域における戦前の各工業部門の生産額とその成長
（100万ライヒスマルク；ベルリンを含む）

部門/年	1936		1943		
	生産額	全工業に占める割合%	生産額	全工業に占める割合%	対1936比(1936=100)
鉱山	694	4.7	975	4.3	140
ガス・電気	681	4.6	1,351	5.9	198
金属	918	6.2	1,251	5.5	136
機械製造	1,204	8.0	3,948	17.3	328
乗り物	632	4.2	761	3.3	120
電気工学	543	3.6	1,021	4.5	188
光学・精密	160	1.1	483	2.1	302
鉄・金属製品	868	5.8	1,988	8.7	229
化学	1,279	8.6	2,721	11.9	213
鉱油	291	2.0	330	1.4	113
ゴム・石綿・合成物資	108	0.7	359	1.6	332
土石・ガラス・陶磁器	656	4.4	744	3.3	113
木材	531	3.6	909	4.0	171
製紙	406	2.7	448	2.0	110
繊維	2,202	14.8	1,980	8.7	90
革製品・衣服	1,048	7.0	1,052	4.6	100
食料・嗜好品	2,690	18.0	2,480	10.9	92
計	14,911	100	22,801	100	153

（出所）BAP, DE2, Nr.542, Bl.15.

内で最も高度に工業化されたザクセンと、全就業者のうち農業従事者が四割を越える農業地域のメクレンブルクの格差は、とくに大きかった[13]。

こうした状況を確認したうえで、一九三六年から四三年にかけてのＤＤＲ地域における部門ごとの工業生産の発展を、表１－２により見てみよう。まず、一九三六年の工業生産は、繊維、革製品・衣服、食料・嗜好品の三部門だけで全体の約四〇％を占める消費財部門中心の構造であった。ところが、三六年から四三年にかけて、戦時下での軍需の増大を主要因として、機械製造、光学・精密、鉄・金属製

表1－3　全ドイツ工業総生産にＤＤＲ地域の占める割合(％)

年	全工業部門	鉱山・原料部門	建設・生産財部門	消費財部門
1933	27.6	22.8	24.8	31.6
1936	26.2	22.8	25.9	28.8
1939	28.1	24.9	27.6	30.9
1944	28.6	25.2	28.9	31.6

(注)ここで全ドイツとは，オーデル川以東を除く後の東西ドイツ部分のみを指す。
(出所)Matschke, W., a.a.O., S.59.

品、化学といった重工業部門での生産の拡大が顕著である。また、これらの部門は、全工業生産額に占める割合も増加させ、とくに機械製造では、一九四三年には全工業生産に占める割合が全部門中最も高くなり、一七・三％と全体の五分の一を占めるまでとなった。逆に繊維、食料・嗜好品といった三六年には中心であった部門が、なお値は大きいとはいえ生産額をやや減少させ、全工業生産額に占める比率も三六年の半分近くまで落としていることが分かる。この結果、生産財生産部門は、一九三三年にはＤＤＲ地域の全工業生産額の五〇％を占めるにすぎなかったが、四四年には七四％を占めるまでとなっていた。[14]

表１－２の通り、工業全体では、八年間で五三％の成長を見せていたが、これは、他のドイツ地域に比べても高い成長率であった。次の表１－３によれば、ＤＤＲ地域は、一九三三年から四四年にかけて、全ドイツの全工業部門の生産額に占める割合を一％増加させているが、これが鉱山・原料部門では二・四％、建設・生産財部門では四・一％の増加をみせている。それに対して、消費財部門は、一九三三年も四四年もその割合は同じであった。つまり、この時期のＤＤＲ地域は、重工業部門を中心に、西ドイツ地域に比べてより速いテンポで工業生産を成長させていたのである。ただし、依然として消費財部門の占める割合そのものは、重工業部門より高い数値を示していた。地域内の農産物需給関係における農業生産の過剰とともに、バランスのとれた食料工業を抱えていたという事実は、他の地域に対するＤＤＲ地域経済の利点であった。[15]

表1－4　主な鉱物・製品生産にDDR地域の占める割合(1944年)
(ドイツ帝国＝100%)

石炭	2.1%
コークス	4.3%
褐炭	68.1%
銑鉄	1.3%
粗鋼	6.6%
アルミニウム	33.4%
炭化カルシウム	40.8%
工作機械	20.0%
製紙機械	60.0%
繊維機械	63.0%

(出所)BAP, DG2, Nr.13573, Bl.138; BAP, DG2, Nr.1311, Bl.94; *Records of U.S.*, 1951.9.1,862B.00/9-1051.

しかし、DDR地域の工業生産は非常に不均等な構造を抱えていた点に注意を払っておく必要がある。DDR地域の主な鉱物・工業製品の生産割合を示す表1－4を見ると、褐炭を除く原料・素材の生産がきわめて少なく、全ドイツ内での石炭のシェアはわずか二・一%、銑鉄は一・三%、粗鋼も六・六%にすぎなかった。[16] それに対して、製紙機械、繊維機械などの機械類の生産は、高い割合を占めていた。つまり、概してDDR地域の工業は、原料・素材を他から輸入して、加工・完成させるという形態をとっており、原料・素材を他から輸入しないと成り立たない構造を抱えていたのである。

一九三六年のDDR地域は、その原料・素材の八五%を、外国からではなく、ドイツの他の地域からの買入に依存していた。また、製品の販売先でも、八〇%をドイツの他の地域が占めており、DDR地域は、外国貿易への依存度がきわめて低かったのである。それに対して、同じ年の西ドイツ地域は、四〇%強が外国との取引であった。[17] 戦前のDDR地域は、全ドイツ的な地域間の経済結合に非常に強く依存した地域であった。こうした傾向は、戦時期にいっそう強化された。一九三六年から四四年にかけて、ドイツ帝国全体では、外国への輸出量を増加させていたにもかかわらず、DDR地域の外国への工業輸出額は、三六年の一〇億マルクから、四四年の七億四二〇〇万マルクへと逆に減少していたのである。[18] 戦前から戦時期のDDR地域の工業は、他のドイツ地域(とくに西ドイツ側)からの原料・素材の調達と、そこへの製品の供給によって成り立っていたといえよう。

二　対外関係からの影響

(1)戦災と解体

旧DDR国内での研究においては、戦災により約四〇%の工業生産能力が失われたと評価されていた。[19] だが、こうした評価は、現在では「ソ連による生産設備の解体・撤去の影響をカモフラージュするためのものであった」とされている。[20] 実際のところ、統一後閲覧が可能になった資料によれば、戦災による生産設備の損失は、いわれていたよりもかなり少なかったことが確認できる。表1－5のa欄は、各工業部門の戦災による生産能力の損害度を示したものである。それによれば、五〇%もの損害を受けた既製服を唯一の例外とすれば、機械製造、乗り物、電気、木材といった部門で、他に比べてやや高い生産能力の減少があったものの、それでもその損害度は二〇%強にすぎず、その他の部門はいずれも五―一五%以内で収まっていた。また、戦災による損害を西ドイツ側と比較しても、西ドイツ側が生産能力の一五・〇%を失ったとされているのに対して、DDR地域では一一・九%の損失にとどまったとされている。[21] 一部の機械の破損により、工場設備全体が機能しなくなる場合もあるため、こうした数値が実際の生産高に与えた影響はもう少し高く見積もる必要があろう。しかし、それを考慮するとしても、DDR地域の戦災による生産設備の減少は、旧DDR国内での研究でいわれていたよりもかなり

表1－5　戦災と解体による生産設備の損害度(%)
(1948年8月時点)

工業部門	a 戦災	b 解体	c 残存生産能力
金属	10	64	26
製鉄所・圧延工場	－	80	20
アルミ・マグネシウム精錬所	－	100	0
機械製造	24	53	23
乗り物	21	54	25
電気	20	60	20
精密・光学	15	63	22
化学			
ソーダ	－	80	20
苛性ソーダ	－	60	40
硫酸	－	30	70
マグネシウム酸化物	－	100	0
タイヤ	－	95	5
セメント	10	40	50
木材	20	15	65
合板	－	100	0
陶磁器	15	35	50
化学繊維	5	30	65
繊維	10	15	75
衣服			
編物工場	10	10	80
既製服	50	－	50
革製品	8	25	67
セルロース・紙	15	45	40

(出所)BAP, DG2, Nr.1311, Bl.90f.

低く、また西ドイツ側と比べても、不利だとはいえなかった。

他方で、「全く狂気の沙汰」[22]とされたソ連による生産設備の解体・撤去の被害は甚大であった。解体は、戦争終結前の一九四五年四月から四八年四月までの三年間にわたって、二〇〇〇から二四〇〇の企業で実行され、そのうちの半分が工場の全解体であったといわれる。解体の中心となったのは、最新の機械設備をもつ工場であった。[23]工業部門別では、前掲表1－5のb欄によると、金属、機械製造、化学といった重工業部門に集中しており、とくに製鉄所・圧延工場、アルミ・マグネシウム製錬所、ソーダ、マグネシウム酸化物、タイヤなどは、生産能力のすべてか、それに近い損害を受けている。その他の部門でも、木材、既製服を除けばいずれも戦災よりも高い能力の損失を被っている。

工場設備の解体と並んで、鉄道のレールなど交通網の解体・撤去による損害も無視できない。鉄道のレールは、複線部分の片側を中心に、四六年秋までに早くもDDR地域全鉄道網の三分の一が解体・撤去され、すべての解体が終わった一九四八年には、鉄道網は一九三八年の四八％にまで減少していた。[24]その他の運送業部門や内陸水運が被った被害とも相まって、四六年のDDR地域の輸送能力は、一九三六年の約四分の一にすぎず、それは五〇年になっても戦前の半分ほどまでしか回復していなかった。[25]ちなみに、一九五〇年の西ドイツの貨物輸送量は、すでに戦前の八〇％まで回復していたのである。[26]

いずれにせよ、これらの解体の影響で、「戦争直後の困難な生産状況が、よりいっそう困難になった」ことは間違いないと思われる。[27]ただし、解体が生産の停滞に与えた短期的な影響を、過大視しすぎてはならない。というのは、一九四〇年代末までの生産量は、工場設備の量以外の生産要素、とくに原材料の供給如何に主に左右されており、当時多くの企業には、戦時中からの在庫原料がかなり豊富に残存していたためである。[28]カルシュは、表1－6のように、戦災と解体の影響に加え、純然たる機械の磨損、設備の新設を考慮に入れて、一九四八年時

表１－６　ＤＤＲ地域の工業設備の生産能力（1936年＝100）

1936年の生産能力		100
1936-45年の成長分＋	75.3	
1936-45年の消耗分－	37.2	
戦災－	15.0	
1945年の生産能力		123.1
1946-48年の成長分＋	8.7	
1946-48年の消耗分－	11.5	
解体－	46.0	
1948年の生産能力		74.3

（出所）Karlsch, R., Die Reparationsleistungen, S.12.

点の工業設備の生産能力を算出している。それによれば、ＤＤＲ地域の四八年の生産能力は、対一九三六年比で七四・三％であった。四八年のＤＤＲ地域の工業生産指数は、三六年の六〇％とされており[29]、設備の減少が、生産量増大のより決定的な障害となるのは、生産が一定の回復をしたのちの五〇年代初頭のことであった。

(2)両ドイツ間取引・外国貿易

戦前のＤＤＲ地域は、重要な原料・素材を、主に他のドイツ地域から調達していたが、戦後の東西分断により、ＤＤＲ地域と西ドイツ側との取引関係は大きく後退した。たとえば、一九四六年の第Ⅰ―第Ⅲ四半期の間に、ＤＤＲ地域は、西ドイツ側に対して三二万トンの圧延材料を発注したが、そのうち、九月一日現在で、わずか二万五千トンしか入手できなかった[30]。東西ドイツ間の貿易額は、一九四六年の一億七七〇〇万マルクから、ピークとなった五〇年の六億七千万マルクへと次第に増加はしたが[31]、この五〇年の取引額でも、戦前の取引の一〇％にも満たない額であった[32]。こうした伝統的な地域間取引の停止の影響は、一九四七年までは、戦時中からの在庫原材料などの使用によりしのぎ得ていた。だが、四八年頃からは、金属産業での過酷な生産設備の解体とも相まって、ＤＤＲ地域は、銑鉄、粗鋼といった素材を

表1－7　貿易における「社会主義」諸国の割合(％)
(1950-52年は両ドイツ間取引含む)

1947年		1948年		1949年	
輸入	輸出	輸入	輸出	輸入	輸出
55.8	18.5	78.0	75.0	78.7	75.8
1950年		1951年		1952年	
輸入	輸出	輸入	輸出	輸入	輸出
73.7	68.8	75.0	75.9	74.2	73.3

(出所)Buchheim, Ch.(Hrsg.), a.a.O., S.346, 351.

ほとんど入手できなくなり、それらを必要とする金属加工業での生産が苦境に陥る。DDR地域では、西側からの輸入停止を補填すべく、自前の金属産業を創出することが焦眉の課題となるのである(本章三節参照)。

他方で、DDR地域は、原材料の輸入などにおいて、ソ連をはじめとする「社会主義」諸国との貿易関係を急速に拡大させる。表1－7によれば、DDR地域の「社会主義」諸国との貿易は、一九四七年には輸入で全体の半分強、輸出では一八・五％にすぎなかったが、翌四八年からは輸出入とも八〇％近くを占めるようになり、以後は多少の増減はあるもののおおむね七五％前後を維持している(コメコン加入は一九五〇年九月)。なかでも、ソ連との取引額は増大し、五〇年のソ連との貿易額は、全体の約四〇％を占める一四億六千万マルクに及び[33]、西ドイツ地域との貿易額の倍以上に達していた。一九三六／三八年のソ連と旧ドイツ帝国との貿易は、全体のわずか二・九％にすぎなかったから[34]、DDR地域とソ連との取引関係がいかに急速に拡大されたかが読み取れよう。一九五四年には、DDRは、「社会主義」諸国からの輸入に、石炭・コークスの九二－一〇〇％、鉄鉱石の九九％、銅の一〇〇％など、原料のほとんどすべてを依存するようになっていた[35]。逆にこれらの国々に対する輸出では、機械、化学製品などが中心であり、DDR地域は、戦前とは取引相手をまったく変えてしまったものの、原材料を輸入して、工業製品を輸出するという構造自体は変わることがなかった。

だが、こうした取引相手の変化は、ＤＤＲ地域にとって再び市場と原料調達先を得たという好条件のみを生んだわけではなかった。とくにソ連との取引は、ソ連による貿易の一方的な管理のため、ＤＤＲ地域にとっては極めて不利な取引となっていた。すなわち、ＤＤＲ地域がソ連へ輸出する場合、通常、生産価格の七五―九〇％、造船業に至っては五〇％以下の価格で実際の取引がなされた。このため、一九四七―五六年にかけて、ＤＤＲ地域は対ソ貿易において、受け取るべき約一〇億マルクを失ったとされている。[36]

(3)賠償・軍拡

対ソ賠償は、工場設備・運輸手段の解体・撤去のほか、「現行の生産からの製品納入」、ドイツ企業のソ連所有株式会社(ＳＡＧ)化といった手段により果たされた。[37] まず、ＳＡＧについては、一九四六年六月、大部分が近代的である二〇〇以上の大企業が、ＳＡＧ化された。ＳＡＧは、四七年の工業生産額の一四・八％を占め、[38] とくに重工業のキーとなる部分、化学、褐炭、エネルギー、金属、機械製造、ゴム、アルミ、ベンジンなどでは生産額に大きな割合を占めていた。また、「現行の生産からの製品納入」は、一九四五年秋、生産設備の解体と平行して開始され、主に、機械・重機械、造船といった部門での賠償履行額が大きかった。だが、冷戦・西側諸国との競争が進展するなかで、ソ連が、ＤＤＲ地域の経済状態を衰弱させることが得策でないとの判断を下した結果、賠償額は、五〇年以降徐々に減少してゆくこととなる。ＳＡＧは、四七年初頭に七四企業、五〇年春に二三、五二年夏に六六企業と三回にわたり、段階的にＤＤＲ地域へ返還された(最終的には五三年末ですべてが返還)。また、「現行の生産からの製品納入」に関しても、ソ連は、五〇年五月に、当時要求していた賠償額六三億四千万ドルの半分を放棄した。最終的に、ソ連は、五三年六月一七日蜂起後のＤＤＲ国内状勢を考慮して、同年末で賠償受け取りを停止する。しかし、これらの賠償負担は極めて大きく、表１‐８の通り、その総額は、三七一億三

表1－8　賠償額と軍事支出(100万マルク)

年/項目	賠償額[1)]	軍事支出[2)]	計	国民所得	国民所得に占める割合(%)
1945	3,100	500	3,600		
1946	7,196	1,500	8,696		
1947	6,113	2,000	8,113		
1948	2,927	2,200	5,127		
1949	3,053	2,410	5,463		
1950	3,861	2,690	6,551	30,662	21
1951	3,964	2,745	6,709	36,513	18
1952	3,595	3,319	6,914	39,745	17
1953	3,325	3,400	6,725	41,521	16
計	37,134	20,764	57,898		

1)1945-48年は工場設備の解体・撤去を，1946-53年は外国貿易による損失も含む。
2)1945-48年はソ連占領軍占領費のみ。1949年以降占領費は毎年ほぼ210,000万マルク。
(出所)Thoß, B., *Volksarmee schaffen - ohne Geschrei!*, München 1994, S.329; Karlsch, R., *Allein bezahlt?*, S.230.

四〇〇万マルクにも達した。賠償がDDR経済に及ぼした影響は、こうした負担額の大きさにより経済成長が阻害されたという直接的影響に留まらない。ソ連の需要のみに立脚した賠償課題の設定は、元来DDR地域では弱かったウラン鉱山、造船といった新たな部門の創出を強制し、これらの部門への高い投資を余儀なくした一方、その工業化を促進もしたのである。

賠償額が、五二、五三年と減少傾向にあったのに対して、軍事支出は、一九四五年以来、絶えず増加傾向にあった。DDR地域では、一九四〇年代後半からすでに極秘裏に人民警察の武装化が進められていたが、五〇年代初頭の朝鮮戦争の勃発後は、ソ連の圧力もあって、更に軍拡が押し進められる。五二年七月の社会主義統一党(SED)第二回協議会においては、初めて公に武装戦力の必要性が認められ[39]、表1－8に見られる通り、一九五〇年以降、ソ連占領軍占領費を除く軍事支出部分が次第に増加した。この軍事支出の増加は、賠償額の軽減を相殺しさらに上回るものであり、賠償額・軍事支出の合計は、五二年にピークを迎える[40]。

この合計額は、一九五〇―五三年にかけて毎年国民所得の二〇％前後を占めており、DDR国内向けの一般生産に向けられる投資額は、大きな制約を受けていたことになる。

三　工業における産業構造の転換

まず、戦後間もなくの工業生産の状況を概観しておこう。一九四七年の工業生産額を示す表1－9によると、工業全体では、四七年には戦前の五〇％の生産額まで減少していることが分かる。各工業部門別に見ると、ガス・電気を除くすべての部門で戦前よりも生産が減少しており、とくに、金属、機械製造、乗り物、電気工学、鉱油、ゴム・石綿・合成物資といった重工業部門で減少している。これに対して、軽工業では比較的生産の減少度が少なく、製紙、木材、食料・嗜好品といった部門では、ほぼ戦前並の生産額を維持している。こうした軽工業での生産回復の早さは、戦後の食料不足のなかで、ソ連占領軍が住民への食料供給を考慮して、食料部門の工場を生産再開の重点に位置づけ、軽工業では、労働力の回復度合が比較的良好であった結果と考えられる。[41]

また、各州別の生産においても、一九四六年から四七年にかけて、ブランデンブルク、メクレンブルクといった元来軽工業優位の地域は、ザクセン、ザクセン・アンハルト、チューリンゲンと比べて生産の成長度がかなり高かった。[42] ただし、ブランデンブルク、メクレンブルクは、戦後「近代化が比較的スムーズにいった」地域ともされ、[43] 両州の四六―四七年の成長度の高さは、こののち全DDR地域で促進される重工業を中心とする工業化の萌芽と見ることもできる。

実際、SED・政府は、工業生産において、極度に重工業を重視した政策を押し進めていく。まず、DDR地域においては最初の全区域、全経済分野にわたる経済計画であった二カ年計画(一九四九―五〇年)では、鉄

表1－9 1947年の工業生産額(100万ライヒスマルク；ベルリンを含む)

部門/年	1936	1947	
	生産額	生産額	対1936比 (1936=100)
鉱山	694	531	77
ガス・電気	681	690	101
金属	918	181	20
機械製造	1,204	404	34
乗り物	632	160	25
電気工学	543	174	32
光学・精密	160	64	40
鉄・金属製品	868	298	34
化学	1,279	640	50
鉱油	291	55	19
ゴム・石綿・合成物資	108	16	15
土石・ガラス・陶磁器	656	179	27
木材	531	499	94
製紙	406	101	98
繊維	2,202	919	25
革製品・衣服	1,048	347	45
食料・嗜好品	2,690	2,225	92
計	14,911	7,483	50

(出所)BAP, DE2, Nr.542, Bl.15.

鋼、石炭鉱山、エネルギー部門での生産拡大が重視される。(44) 続いて決議された一九五一—五五年の第一次五カ年計画は、「工業に現存する不均等の克服」を第一の課題とし、具体的には、エネルギー・燃料部門の復旧とさらなる成長、銑鉄や圧延鋼など金属部門生産の再建と発展、機械製造部門の再建と全能力の利用を最重要とした。(45) この第一次五カ年計画実行中である五二年七月のSED第二回協議会では、「社会主義の経済的基盤の創出」のスローガンの下、いっそうの重工業優先策が決議され、製錬工場、鉱山、重機械製造、エネルギー分野で

表1－10　工業部門別設備投資額(100万マルク)

部門/年	1950	1951	1952	1953
エネルギー	85	150	210	370
鉱山	160	250	500	580
金属	185	360	400	410
化学	95	180	260	330
建設資材	20	30	40	40
金属加工	280	420	440	440
軽工業	90	75	190	190
食料・嗜好品	110	95	90	90
計	1,025	1,560	2,040	2,450

(出所) *Wochenbericht des DIW*, 3/1962, S.10.

の再建と欠陥の排除が叫ばれたのである[46]。これらの決議に見られる通り、DDR地域での重工業重視は、第一に、西ドイツ側との分断・ソ連による工場解体から生じた原料・素材、とりわけ鉄鋼製品の不足への不可避の対処であり、第二に、「社会主義の建設」を目指してソ連の伝統的重工業優先策を模倣した結果でもあった。

表1－10は、一九五〇年代初頭の工業部門別設備投資額を表したものであるが、鉱山、金属、金属加工といった重工業部門への投資額が極めて高いことが分かる。これに対して、食料・嗜好品や軽工業への投資は限られ、たとえば五二年の食料・嗜好品部門への投資は、全体のわずか四％程度にすぎなかった。このことは、実際の生産の発展にも反映された。表1－11によれば、五二年までに鉱山、電気、鉄鋼、光学・精密、化学といった部門で生産が戦前水準を凌駕しており、なかでも銑鉄は五二年には戦前の三・二七倍の生産量を達成していた[47]。他方で、五二年の段階では食料・嗜好品、製紙、繊維などは戦前を大きく下回っている。とくに食料・嗜好品部門は、前掲表1－9にみられる通り、戦争直後にはすでに戦前の九二％水準にあったものが、五〇年代初頭にはさらなる後退すら見せている。五二年のDDRの総輸入額の三分の一は、農産物を含めた食料であった。前述したように、戦前

表1－11　主な工業部門の生産の発展（1936年＝100）

部門／年	1950	1951	1952	1953
鉱山	131.2	146.2	150.3	160.1
電気	130.8	144.2	155.7	162.9
鉄鋼	88.8	99.1	132.1	148.4
非鉄金属	24.9	27.9	33.4	37.8
機械製造	73.0	79.5	89.2	117.4
鉄・金属製品	53.9	64.0	71.2	95.5
光学・精密	100.8	112.6	116.0	146.0
化学	116.9	133.2	138.7	163.7
製紙	27.7	30.9	36.0	37.7
繊維	49.7	61.7	65.4	69.8
靴・革製品	57.6	72.5	86.5	102.8
食料・嗜好品	63.3	78.5	83.6	93.5
全工業	75.3	85.3	95.3	109.5

（出所）Stolper, W.F., *op. cit.*, p.93ff.

には地域内農産物需給関係において過剰農産物を抱えていたDDRであったが、この時期には、自国の農業独力では食料需要を満たし得なかったとされている[48]。なお、非鉄金属の生産回復の遅れは、ソ連によるアルミ・マグネシウム製錬所の一〇〇％の解体の結果であり、またそれが機械製造、鉄・金属製品といった金属加工業での回復の遅れにもつながったと考えられる。戦災・解体による機械製造部門自体の生産能力損失も著しく、戦前・戦中期からのこの部門の伝統（生産設備・熟練労働力の存在、立地条件など）と投資の高さは、この時期には十分活用しえないものとなっていた。さらに加えて、工業製品の質の問題も留保しておく必要がある。政府によるその重要視にもかかわらず、この時期の鉄鋼製品の約三分の一は粗悪品だったといわれる[49]。同様に消費財製品は、西ドイツ側のものよりも「二割方質が落ちる」とする報告も残されている[50]。

表1－12　DDR地域の労働可能な人口(1,000人)

	労働可能な人口	1939年＝100	全人口に占める割合%
1939年	11,244	100	67.1
1946年	10,865	96.6	60.1
1950年	11,376	101.2	61.9

(出所)Zank, W., *Wirtschaft und Arbeit*, S.33.

四　労働力の回復と流出

表1－12は、一九三九年、四六年、五〇年の時点における全人口に占める労働可能な人口(Arbeitsfähige Bevölkerung)の割合を示したものである。これによると、まず戦後間もなくの一九四六年には、戦前の三九年に比べて全人口に占める労働可能な人口の割合が七％減少していることが目を引く。この減少は、すべての占領地区で多かれ少なかれ見られたことであったが、DDR地域で問題なのは、なかでも就労可能年齢人口(Wirtschaftlicher Tragkörper)の男性が大幅に減少していることである。[51]次頁の表1－13によれば、一九四六年の就労可能な男性人口は、一九三六年に対して一七％も減少している。これは、同じ時期の西ドイツ地域での男性労働力の減少が七・四％であったことを鑑みれば相当な減少といえよう。[52]このなかでも、とくに減少度の著しいのが、二〇代、三〇代の若年層であった。[53]これに対して、一九四六年の就労可能年齢の女性人口は、戦前比で二一％増加していた(表1－13参照)。概して、戦後すぐのDDR地域では、とくに若年層を中心とする男性労働力の減少を、女性労働力で補うという形で復興が開始されたのである。この変化は、女性労働力の多くが、十分な職業訓練を受けていなかったという理由から、とくに一九四六年までの熟練労働力不足という状況を生んだ。[54]

しかし、表1－12によれば、一九五〇年までには、DDR地域の労働可能な人口は、

表1－13　DDR地域の就労可能年齢人口(1,000人)

性別／年	1939	1946		1950	
	人口	人口	1939年＝100	人口	1946年＝100
男性	5,710	4,737	83	5,185	109
女性	5,602	6,760	121	6,461	96

(出所)Zank, W., *Wirtschaft und Arbeit*, S.35.

戦前水準を回復し、さらにそれを上回るに至った。そして、その回復は、男性労働力の回復に依存していることが、表1－13により示されている。この労働力人口の回復の理由は、四六年以降、軍へ徴集されていた若年男性労働力が、再び生産過程へ戻り始めたことがまず挙げられる。また、戦後、ソ連やポーランドの領土となった、シュレージェンなど旧ドイツ帝国の東方諸地域から追放されたドイツ人労働力の、DDR地域への大量流入も大きな要因となった。その移民数は、五〇年までで、約四〇〇万人とされる[55]。逆に、一九四四年にDDR地域の全従業員の一九%を占めていたといわれる、質の低い外国人労働力が、四五年以降DDR地域を後にした。こうして、DDR地域の労働力は、軍や旧ドイツ帝国東方諸地域から流入した労働力の多くが高い熟練度を有していたために、五〇年には、量的に戦前を凌駕したばかりでなく、質的にも戦前に劣らないところまで回復していたといわれる[56]。工業全従業員数は、一九三六年の一九七万三千人に対して、五〇年には二二三万八千人まで増加し[57]、五〇年代初頭までのDDR地域の工業生産の発展は、こうした質・量ともの労働力の回復とその意欲・動員に依るところが非常に大きかった[58]。

だが、きわめて質の高い労働力部分、たとえば化学者や技師などの数は、戦後かなり減少した。その原因の一つが、連合国による技術者、研究者の強制連行であった。当初、チューリンゲン、ザクセン・アンハルトを占領した米・英軍は、フィルム工場アグファ・ヴォルフェン(Agfa Wolfen)やイエナのツァイス(Zeiss)社などから、数百名に及ぶ技術者や指導的職員を強制的に連行した[59]。その後占領を開始したソ連軍は、それ

表1－14　DDRから西ドイツへの逃亡者

年	逃亡者数(人)	全人口中の割合%	全就労者中の割合%
1949	129,245		
1950	197,788		
1951	165,648	0.7	0.9
1952	182,393	0.9	1.0
1953	331,390	1.4	1.6
1954	184,198	0.8	0.9
1955	252,870	1.3	1.4
1956	179,189	1.6	1.7
1957	261,622	1.5	1.6
1958	204,092	0.9	0.9
1959	143,917	0.4	0.4
1960	199,188	0.9	1.1
1961	207,026	1.1	1.1
計	2,738,566	11.1 1)	13.4 1)

1)1950年の人口または就労者数に対する割合。
(出所)Steiner, A., *Von Plan zu Plan*, S.105.

をはるかに上回る規模での強制連行を実施した。一九四五年から四七年にかけて、原子物理学者、軍需産業の専門家、化学技師などを中心に、五千人以上が流出し、ソ連での労働に従事した(60)。こうした強制連行、あるいはその他の技術者・研究者が自発的に西側へ逃亡したことの結果として、DDRは、一九六〇年代の初めまで、戦前の研究・開発水準を回復することはできなかったといわれている(61)。

これら技術者・研究者も含めたDDR住民の西側への逃亡数は、一九五〇年以降次第に増加した。表1－14のように、五〇年代初頭には毎年一六－二〇万人が西側へ流出している。とくに、五二年秋以降、深刻な食料・製品の供給不足が生じ、五三年初頭にそれがいっそう悪化すると、逃亡者数は増加した。一九四九－五三年の総逃亡者数は、一〇〇万人を超える。とくに問題なのは、こうした逃亡者のうち、五三・四%が労働者層、三三・三%が職員層であり、さらにこれらのうち約五〇%が若者や熟練労働者層であったとされる点である[62]。こうして、上述したように、五〇年までに質・量ともに回復していた労働力は、民衆の自発的な西側への逃亡により、再び質・量ともに低下し、このことは一九六一年のベルリンの壁構築までDDRの深刻な社会問題となる。表1－14にみられるように、最終的には人口の一一%、就労者の一三%が損失されたのであった。

小括

本章では、一九五〇年代の工業生産の前提となるべき諸条件を包括的に捉えることを目指してきたが、それらを要約すると以下の通りである。戦後経済のスタート時点において、DDR地域は、工業化水準の高さ、戦時中の機械製造部門を中心とする重工業化の進展(軍需の拡大を背景にしてではあるにせよ)、農産物需給関係における生産過剰地域としての性格、戦災の規模といった点で、少なくとも西ドイツ側よりは好条件下でのスタートとなった。だが、他方で、DDR地域は、金属を中心とする原料・素材を欠くという不均等な特徴も抱えていた。一九四五―四八年にかけての、ソ連による工場設備の解体・撤去、西ドイツ側との取引の分断は、金属部門での生産能力の壊滅的な減退と金属素材の西からの調達の停止とを生み、この不均等な特徴を顕在化させた。SED・政府は、二カ年計画および第一次五カ年計画において金属をはじめ鉱山、エネルギー、化学といった原材料生産部門に投資の重点を向ける。こうした重点設定は、当時の状況からしてやむをえない面もあり、五〇年代初頭には、これらの部門の生産は一応戦前水準を回復する。ただその結果、戦争直後から早い生産の回復度を示していた食料部門など消費財産業への投資が制限されたため、食料部門では生産をむしろ後退させた。また、金属加工業では、投資された額は大きかったものの、金属素材不足、鉄鋼製品の質の悪さ、機械製造をはじめとする金属加工業部門自体の解体被害の甚大さなどの結果、生産が早急には回復しなかった。こうして、戦前から強かった食料や繊維、戦中期に能力を飛躍させた機械製造といった部門の生産は、五〇年代初頭には、戦前・戦中期からの伝統を十分に生かし切れない状態に置かれていた。

ソ連による設備の解体・撤去の影響は、比較的軽度であった戦災での工場設備の損害を大きく上回り、交通網・輸送手段にも被害を及ぼした。一九五〇年の輸送能力が戦前の半分にすぎなかったという事実は、原料・素材等の輸送、完成品の流通の阻害要因となったといえよう。ソ連は、このほかSAG、「現行の生産からの製品納入」、あるいは貿易における安価な買付けなどの形で、五三年までに総額三七一億三四〇〇万マルクに及ぶ賠償を受け取った。それに加えて、DDR地域は、毎年二〇億マルクほどのソ連占領軍占領費を支出し、五〇年以降は、自らの軍備への支出も増大させ、それらは五三年までに総額二〇七億六四〇〇万マルクとなった。この結果、DDR国内向け一般生産への投資は限られたものとなった(前掲表1－8、1－10より一九五〇年の設備投資額は、国民所得の三・三%にすぎない。同年の西ドイツは国民総生産の九・七%であった)[63]。また賠償は、ウラン鉱山、造船といった部門のまったく新たな工業化を促進させた。これら強制的ともいえる新産業の創出が、個別部門ごとに具体的にどのような結果を生んだのかに関しては、第三章で造船業の事例に則して検討する。

一九五〇年代初頭の工業生産は、重工業への集中的な投資、「社会主義」諸国との貿易の増大などの条件にも支えられていたが、加えて労働力の質・量ともの回復(言い換えれば、工業化水準の高かった戦前レベルへの回復)、その動員に依るところも大であった。しかし、五〇年以降、労働力の西ドイツ側への流出が増大した。総逃亡者数は、一九四九―五三年の期間に約一〇〇万人であったが、圧倒的部分が労働者・職員層であり、そのなかでも若者と熟練労働者の割合が過半にも及んだ。さらに、こうした逃亡とソ連による強制連行の結果、技術者・研究者の数が減少したことは、研究・開発水準の低下をも生じさせた。このことは、工場設備の解体・撤去とともに、一九五三年の「生産の技術的基礎が多くの経営で旧く不十分なもの[64]」と公に認められる要因となったといえよう。

ＤＤＲの一九五〇年代の計画経済システム下での工業生産は、こうした前提条件のうえに成り立った。そして、これらの条件は、戦後経済のスタート時点では優位な状況下にあったＤＤＲ地域の経済成長が、その後西ドイツに対して遅れをとっていくことになる一因であることも確かであろう[65]。しかし、これらの条件のみに、その遅れの要因を帰すことはできない。ＤＤＲ経済を全般的に評価するためには、計画経済システムの独自性にかかわる問題の検討が不可欠であると考えられる。たとえば、本書第二章以降で確認するように、五〇年代初頭にも、すでに生産管理・労働力管理・計画伝達の不徹底など計画経済の非効率に関する事実が確認される。以下の章では、そうした計画経済の独自性に関わる問題の具体的様相を検討していくこととしたい。

（1）　厳密にいえば、計画経済は一九四九年から開始されており、また本章では、計画下での投資方針等についても検討している。だが、そうした点は、計画経済の独自性とは関わりのない問題であり、本章での考察対象も、そうした論点に限定される。

（2）　同じ時期の経済状況を検討した邦語文献として、白川欽哉「ソ連占領期の東ドイツにおける労働力事情」『経済学部紀要（秋田経済法科大学）』第三八号（二〇〇三年）、同「ソ連占領下の東ドイツの経済構造―解体と賠償の影響」同上誌、第三九号（二〇〇四年）、加藤浩平「ドイツ分割と東西ドイツの経済関係」『専修経済学論集』第二七巻一号（一九九二年）、出水宏一『戦後ドイツ経済史』東洋経済新報社、一九七八年、補章「東ドイツの経済発展」など。ただし、これらはいずれもドイツ統一後の資料・研究を十分利用したものではない。

（3）　Buchheim, Ch., Die Wirtschaftsordnung als Barriere, S.194-210.

（4）　ＤＤＲ公式統計の問題点については、Ebenda, S.196; Merkel, W./Wahl, S. a.a.O., S.39ff; 山田徹、前掲書、一六〇頁。

（5）　たとえば、ドイツ統一後初の本格的な経済史関係の著作といえる、Karlsch, R., *Allein bezahlt?* でも、この時期については、ポツダムのドイツ連邦文書館や旧社会主義統一党文書館の資料が用いられている。

（6）たとえば、Melzer, M., a.a.O. その他、*Vierteljahrshefte zur Wirtschaftsforschung* や *Wochenbericht des DIW* の多くのモノグラフなど。

（7）Stolper, W. F., *op. cit.*; Zank, W., a.a.O.; Matschke, W., a.a.O.; Karlsch, R., *Allein bezahlt?*; Buchheim, Ch.(Hrsg.), a.a.O.

（8）Bundesarchiv, Abteilung Potsdam(以下、BAP), DG2, Nr.13573, Wagenführ, Rolf, Die Industrie der sowjetischen Besatzungszone, (Manuskript) Berlin, Juni 1946, Bl.12, 78.

（9）Stiftung Archiv der Parteien und Massenorganisationen der DDR im Bundesarchiv(以下、SAPMO-BA), ZPA, NL 113/16, Bl.212.

（10）*Wirtschaftsatlas Neue Bundesländer*, Gotha 1994, S.36.

（11）Karlsch, R., *Allein bezahlt?*, S.35.

（12）BAP, DE2, Nr.542, Bl.20.

（13）SAPMO-BA, ZPA, NL 113/16, Bl.212.

（14）BAP, DG2, Nr.13573, Bl.140.

（15）*Records of U.S*, 1951.9.10, 862B.00/9-1051.

（16）原料・素材では、褐炭とカリだけが自給可能であった。*Ibid.*

（17）Hardach, Karl, *Wirtschaftsgeschichte Deutschlands im 20. Jahrhundert*, Göttingen 1976, S.133.

（18）BAP, DG2, Nr.13573, Bl.89, 93.

（19）たとえば、Barthel, H., a.a.O., S.44; Müller, Hans/Reißig, Karl, *Wirtschaftswunder DDR*, Berlin(DDR) 1968, S.15.

（20）Karlsch, R., *Allein bezahlt?*, S.46.

（21）Ebenda, S.44.

（22）「東ドイツ労働者・農民の動向―AFP（フランスの通信社）特派員ベンノ・サレルの報告」『世界週報』三三巻四号（一九五二年四月）、二六頁。

（23）Buchheim, Ch.(Hrsg.), a.a.O., S.52.

(24) BAP, DG2, Nr.1311, Bl.103; Dube, Martin, Die Entwicklung des Schienenfahrzeugbaus in der DDR von 1945 bis 1970, in: *Jahrbuch für Wirtschaftsgeschichte*, 1988/Sonderband, S.111.
(25) たとえば、貨車の数は一九三六年の一五・五万台に対して、一九五〇年は七・七万台、貨物船も一九三八年の二八〇〇隻に対して、五〇年は一二六一隻にすぎなかった。*Statistisches Jahrbuch für die Bundesrepublik Deutschland*, 1959, Stuttgart/Mainz 1959, S.522.
(26) Ebenda, 1952, S.274.
(27) BAP, DG2, Nr.1311, Bl.90.
(28) Zank, W., Wirtschaftsplanung und Bewirtschaftung in der Sowjetischen Besatzungszone - Besonderheiten und Parallelen im Vergleich zum westlichen Besatzungsgebiet, 1945-1949, in: *Vierteljahrschrift für Sozial- und Wirtschaftsgeschichte*, 4/1984, S.487.
(29) Zank, W., *Wirtschaft und Arbeit*, S.193.
(30) BAP, DG2, Nr.1311, Bl.105.
(31) Federau, Fritz, Der Interzonenhandel Deutschlands von 1946 bis Mitte 1953, in: *Vierteljahrshefte zur Wirtschaftsforschung*, 1953, S.402, 404. 東西ドイツ取引は一九五〇年をピークに、以後五一年には二億七千万マルク、五二年には二億二五〇〇万マルクへと徐々に減少した。
(32) Barthel, H., a.a.O., S.83.
(33) Lentz, Manfred, *Die Wirtschaftsbeziehungen DDR-Sowjetunion 1945-1961. Eine politologische Analyse*, Opladen 1979, S.162f.
(34) Conrad, G., a.a.O., S.261.
(35) Ebenda, S.260.
(36) Lentz, M., a.a.O., S.88; Karlsch, R., *Allein bezahlt?*, S.202f. こうした価格が設定された経緯については、造船業を例に第六章二節において検討を加えている。
(37) 以下の記述は主に、Ebenda, S.110ff, 167ff を参照。
(38) BAP, DE2, Nr.542, Bl.124, 126.

(39) *Protokoll der II. Parteikonferenz der Sozialistischen Einheitspartei Deutschlands*, Berlin(DDR) 1952, S.492.

(40) この事実が、一九五三年六月一七日蜂起の一要因となる、五二年末からの食料危機・工業生産危機の原因となったことは想像に難くない。第二章三節を参照。

(41) BAP, DG2, Nr.13573, Bl.169; Melzer, M., a.a.O., S.58. たとえば、一九四七年の食料・嗜好品部門の従業員数は、一九四四年の一・五倍であった。

(42) BAP, DE2, Nr.542, Bl.39, 50. 成長度は、ブランデンブルク三八%、メクレンブルク四〇%に対し、ザクセン二%、ザクセン・アンハルト一三%、チューリンゲン四%であった。

(43) Weber, H., a.a.O., S.37. 邦訳、六九頁

(44) Ulbricht, W., a.a.O., S.238. こうした計画の前提として、一九五〇年の工業部門の国有化率は、六九・一%だった。*Statistisches Jahrbuch der DDR*, 1955, Berlin(DDR) 1956, S.7.

(45) *Dokumente der SED*, Band III, S.133.

(46) *Protokoll der II. Parteikonferenz der SED*, S.493.

(47) Stolper, W.F., *op. cit.*, p.124.

(48) Mohr, A., a.a.O, S.171.

(49) Buchheim, Ch., Wirtschaftliche Hintergründe des Arbeiteraufstandes vom 17. Juni 1953 in der DDR, in: *Vierteljahrshefte zur Zeitgeschichte*, 38/1990, S.420.

(50) *Records of U.S.*, 1951.3.30, 862B.062/3-3051.

(51) ツァンクによる定義では、「就労可能年齢人口」とは、男性では一五—六四歳、女性では一五—五九歳のすべての人口であり、「労働可能な人口」とはそこから身体障害者など就労が困難な人口を除いたものである。Zank, W., *Wirtschaft und Arbeit*, S.33.

(52) Gleitze, Bruno, *Die Wirtschaftsstruktur der Sowjetzone und ihre gegenwärtigen sozial- und wirtschaftsrechtlichen Tendenzen*, Bonn 1951, S.8.

(53) Zank, W., *Wirtschaft und Arbeit*, S.35.

(54) Karlsch, R., *Allein bezahlt?*, S.38. たとえば、エンジニア・技師に占める女性の割合は三%であった。Zank, W.,

Wirtschaft und Arbeit, S.42.

(55) Benz, Wolfgang(Hrsg.), *Die Vertreibung der Deutschen aus dem Osten. Ursachen, Ereignisse, Folgen*, Frankfurt/Main 1995, S.14. 東部地域からの難民の状況については、永岑三千輝「疎開と逃避行、追放による難民化―敗戦直後の東部地域のドイツ人民衆」『経済學季報(立正大学)』第四五巻一号(一九九五年)。

(56) Zank, W., *Wirtschaft und Arbeit*, S.43.

(57) Melzer, M., a.a.O., S.58.

(58) Roesler, J., Unerwartet hohes Wirtschaftswachstum im Zweijahrplan 1949/50, in: Scherstjanoi, E.(Hrsg.), a.a.O., S.277; Karlsch, R., *Allein bezahlt?*, S.92; 本書第二章二節も参照。

(59) 星乃治彦『社会主義国家における民衆の歴史』一三六頁。

(60) ただし、なかには、自国内の研究環境の悪さとソ連での良さ、ソ連での仕事の報酬の多さなどから、むしろ自発的にソ連での研究生活に向かった者もあったという側面を忘れてはならない。Karlsch, R., *Allein bezahlt?*, S.155, 166.

(61) Ebenda, S.153ff.

(62) Černý, Jochen(Hrsg.), *Brüche, Krisen, Wendepunkte. Neubefragung von DDR-Geschichte*, Leipzig/Jena/Berlin 1990, S.122; Hübner, P., Die Zukunft war gestern: Soziale und mentale Trends in der DDR-Industriearbeiterschaft, in: Kaelble, H./Kocka, J./Zwahr, H.(Hrsg.), a.a.O., S.184. なお、近年のドイツにおいて、これら西ドイツへの逃亡者の動機が政治的なものであったのか、経済的なものであったのかについて論争が生じたが、詳しくは、青木國彦「東独脱出動機論争―独裁と経済難民・政治難民」『比較経済研究』第四三巻二号(二〇〇六年)。

(63) 出水宏一、前掲書、一二九頁。

(64) *Neues Deutschland*, 16. Mai 1953, S.5.

(65) メルケルとヴァールは、DDRの西ドイツに対する遅れの要因を、出発点の状況、ソ連・コメコンへの結合、生産性の低さ、計画経済の構造的欠陥、競争の欠如などにあるとしている。Merkel, W./Wahl, S., a.a.O., S.64ff.

第二章　労働生産性向上政策とその労使関係的限界
——一九五三年六月一七日労働者蜂起をめぐって

はじめに

本章の課題は、第二次世界大戦直後から一九五〇年代半ばまでの時期に、ＤＤＲの国営企業(「人民所有企業 Volkseigener Betrieb」)において、労働者を労働生産性の向上へ向けて統轄し動員するためにいかなる政策がとられたのかを検討することにある。同時に、政策に対する労働者の反応も見ていくことで、政策が一九五三年六月一七日労働者蜂起に与えた重要な影響を析出し、その作業を通じて、政策がいかなる本質的限界を有したのかについても考察を加えることとする。なお、本章では労働生産性向上のための政策の内容が主に検討され、その実施上の実態に関しては詳しくは第五章二節において扱われる。

一九五三年六月一七日労働者蜂起は、それを「扱うことなしにＤＤＲ史は研究されえない」と位置づけられる重要な事件である。[1] 従来の研究は、蜂起を以下のような政治的・経済的・社会的要因からなる「複合的な危機」と評価してきた。

①一九五二年七月の社会主義統一党(ＳＥＤ)第二回協議会以降の急速な「社会主義」化に伴い、農業の集団化が加速したため農民の西への逃亡が増加し、残存する商工業中小経営も危機に陥ったこと
②五三年三月のスターリン(Stalin, J.W.)の死去後、ソ連の指導部は「社会主義」建設路線の緩和を要求し、ＳＥＤ内部および民衆に動揺が広がったこと
③五二年末から食料不足、工業生産の停滞を内容とする経済危機に陥ったこと
④労働ノルマ引き上げ、賃金の低下、政治的自由の欠如などに対する労働者の反発

などである。[2] なかでも、当時の「困難な経済事情が蜂起に重要な影響を与えたことは周知の事実」とされながら、[3]

その経済的背景はなお細かく明らかにされていないのが現状である。とくに従来の研究では、企業における労働生産性の問題に焦点を当てて、蜂起前の状況を分析するという視点が欠けていた。たとえば、蜂起の経済的背景を考察したブフハイムは、賠償取り立て、軍拡要求といったソ連の影響や、世界市場に適応した価格システムの欠如、計画作成における指標設定上の矛盾といった計画経済の内在的な非効率性などに五二年末からの経済危機の要因を求めた(4)。だが彼の研究は、企業内部の実態を主要な考察対象としたものではないため、「計画の達成に決定的」な労働生産性の向上を目指すうえで、企業現場にいかなる問題が存在し、それが経済危機あるいは蜂起の発生にどのような影響を与えたのかを十分に考察していない。他方、本章で検討する労働政策に関する諸研究では、そうした諸政策を総合的に捉え、蜂起の重要な一因ともなったそれらの政策が合わせもつ重大な限界部分を明らかにしてこなかった(5)。蜂起研究における、かかる欠落部分を埋めることも、本章の目的である。

一　企業における労働者統轄——政策の基盤

第二次世界大戦直後、DDR地域の大部分の企業の所有者は、ナチの戦犯としての処罰を恐れ逃亡していた。この「捨てられた工場に集まり、給料ももらわずに、自発的に修理にとりかかった」のは労働者たちであった(6)。労働者は、自ら経営協議会(Betriebsrat)を組織した。一九四六年七月に四万四千の企業に存在した経営協議会は、工場管理者や企業指導部を任命し、工場の修理、生産の再開のための活動の中心となった。終戦直後のザクセンでは、工場管理者の約半数は労働者階級の出身者であった(7)。SED指導部も、経営協議会を「労働者や職員の保護だけでなく、生産の指導や維持にとって重要な組織」と認めていた(8)。

他方、労働組合は、一九四五年六月一〇日のソ連軍政部(SMAD)命令二号で結成が許可されていた。それに基づいて、戦前は分裂していたさまざまな傾向をもった労組が結集して、統一組合である自由ドイツ労働組合同盟(Freier Deutscher Gewerkschaftsbund、以下FDGB)が設立された。当初FDGB中央は、政治的な中立を誓っていた。ところが、四七年四月の第二回会議以降、その幹部の多数をSED党員が占めるようになり、少なくとも中央の執行部レベルではSED指導部の意向が貫徹される組織と化していった。[9]しかし、各企業レベルでは、四七年までは、経営協議会が「ほとんど唯一の労組活動の担い手」であったとされる。[10]最近の研究では、経営協議会と企業内労組組織が仕事を分担しあっていた事例なども指摘されているが、[11]いずれにせよ、企業におけるFDGBの影響力は、この時期には限られたものであった。

こうした状況は、一九四七年一〇月にSMADが命令二三四号を指令した頃から、次第に変化を迎える。この命令は、出来高給の導入や労働者間の物資配分差別化により労働者の能率を刺激し、労働生産性の向上を目指す措置であった。[12]FDGB中央指導部は、この命令を全面的に支持し、各企業に対して命令の実行を奨励した。だが、経営協議会はそれに同調しなかった。その背景には、平等主義的で、かつ時間給での賃金支払いを支持する労働者の意識があった。当時労働者にとっては、生活必需品を入手するために、仕事場に現れるよりも闇市へ買出しに出向くことのほうがしばしば重要であった。彼らは、そうした困難な条件下では、皆同じように耐えるべきとする意識をもっていたのである。[13]しかも、経営協議会は、次第に「労働者の衣食住の改善に唯一の努力を向け、工場の生産品を売って物々交換や闇取引をするのを専業」とする組織となっていった。[14]「活動の大部分は、生産ではなく、物資や食料の供給に向けられていた」。[15]FDGB指導部によれば、それは、経営協議会の活動が「多くの場合、経済の全体的発展への配慮なしに、従業員の信任を得ることに」集中していた結果であった。[16]こうした状況の下で、SED指導部は、次第に経営協議会のイニシアチブの弱化を図っていく。FDGB指導部は、四八年二月以降、企業内労組の組織拡充、経営協議会の選挙への介入・権限の制限などを通して、企業における

ＦＤＧＢの影響力を拡大させた。そして最終的には、四八年一一月二六日のＦＤＧＢ幹部会において、「企業内労組指導部が中心となり、経済計画の実行や、模範労働者運動の促進といった新たな課題が果たされるべきである」として、(17)経営協議会の解体と、企業内ＦＤＧＢによるその機能の受継ぎが決議された。

だが、この決議と同時に、ＦＤＧＢ中央の意向が、企業レベルまで完全に浸透し始めたわけではない。産業部門別ＦＤＧＢ指導部のなかには、経営協議会の解体や出来高給の導入に対して反対を唱える者もあった。労働者も一定の抵抗を示した。そのため、一部の経営協議会が一時的にそのまま存続したり、たとえ解体されても、企業内ＦＤＧＢが、「労働者の圧力で経営協議会と同じように機能した」場合があった。(18)

これに対して、ＳＥＤ・政府は、以下のような「三種類の方法」を用いて、(19)労働者の統轄を目指した。その第一は、労働者の政治的教育であった。ＳＥＤ指導部は、「人民の手にある人民所有企業」では、「労働者は自分自身のため、人民のために働く」こと、「労働生産性の向上がよりよい生活へと導く」ことを、労働者に対し終始呼びかけた。(20)同時に「ファシストの西」といった西側諸国への攻撃も繰り返した。ＦＤＧＢには労働者のイデオロギー教育のための学校が設置された。その「唯一の目的は、できるだけ多くのＦＤＧＢ構成員にボルシェビキの世界精神を教育すること」にあったとされる。(21)また企業内のＳＥＤ党組織も、労働者の政治教育に重要な役割を果たすことが求められていた。(22)

しかし、ＳＥＤ指導部の主張は、労働者にとっては、「毎日の経験と矛盾するものであった」。すでに四七年秋以来、「ＳＥＤの政治支配と労働者の間の対立の可能性は蓄積されて」いたとされ、五〇年には「約一〇％か多くても一五％だけ」といわれるＳＥＤの積極的な支持者以外は、ＳＥＤ指導部の主張に「何の関心も払わなかった」。(23)ＳＥＤ指導部は、「金銭的な刺激なしには、生産の上昇に対して労働者を動員できない」ことを認識した。(24)

そこで、第二の統轄方法である、労働者の物質的関心の喚起が重視されることとなった。これは、前述のＳＭＡ

D命令二三四号などに顕著に現れているが、具体的な検討は次節にゆずる。

第三の方法は、労働者に対する抑圧手段の行使であった。この時期、抵抗分子は、解雇や食料配給券の没収などの処分を受けたり、ソ連占領軍によって強制労働に就かされた。とくに戦後開発が進められたウラン鉱山ヴィスムート(Wismut)では、外界からまったく閉じられ、ソ連軍・KGBとドイツ警察によりガードされるなか「原始的な条件下に」、約八万人が強制的に働かされていたといわれる。(25)

この結果、FDGB指導部は、一九五〇年にはFDGBへの所属者を四五〇万人まで増大させ、同年八月の第三回会議では、FDGBにおける「SEDの指導的役割」を公認させていた。(26) 五一年までには、企業のFDGB指導部は、企業指導部と利害関心を一致させ、工場にはほとんど姿を現さず、一般組合員にはまるで知られていない存在となっていた。(27) FDGBは、企業の指導部レベルまでSEDの下部組織と化し、その活動は、出来高給の導入、「模範労働者運動」の組織化など「労働生産性向上の促進に集中」されていた。(28) それらの課題は、FDGB中央から、州・郡・市の地方労組指導部を通じて、企業内指導部へと至る命令系統によって伝達された。経営協議会の解体により、労働者は「自らの希望を民主的に表明できる唯一の組織を失っていた」のである。(29)

二　労働生産性向上政策の展開

(1) 賃金制度

SMADとSED指導部は、一九四七年以来労働生産性向上のための政策を本格的に導入し始めた。その一つが、能率給(Leistungslohn)、なかでもとりわけ出来高給(Stücklohn)の導入であった。(30) SEDの影響のもと、出来高給導入の促進は、この時期、FDGBの重要な課題の一つとされた。だが、前述の通り、戦後間もないD

DR地域では、平等主義的であり、かつ時間給の形態で賃金が支払われていた。たとえば、ザクセンの石炭産業では、熟練労働者と非熟練労働者間の賃金差が、一日わずか二八ペニヒに設定されていた。また、金属産業では、戦前は約八〇％の労働者が出来高給による賃金支払いを受けていたが、四六年に、その割合は二五％まで減少していた[31]。

これに対して、SMADとSED指導部は、平等主義の原則下では「労働者の能力の向上と労働生産性のさらなる上昇のための刺激が不十分」だとして[32]、労働者側にある平等主義を排除し始めた。一九四七年一〇月九日のSMAD命令二三四号では、同年一一月一日から主導的工業部門と運輸部門の企業内食堂に対して、毎日の温かい食事の配給量が増やされ、その企業のなかでもさらに、主導的な仕事をしている質的に高度な労働者、肉体的に過酷で健康に有害な労働に従事している労働者には、優先的に温かい食事が与えられることとされた。また、高度な労働規律・能力をもつ労働者には、優先的に食料や衣服、靴といった消費財が配分されることとなった[33]。続いて四八年九月二九日、当時ドイツ側の中央機関として活動していたドイツ経済委員会は、「人民所有企業、ソ連所有株式会社における賃金形態に関する方針」(Richtlinien vom 29. September 1948 zur Lohngestaltung in den volkseigenen und SAG-Betrieben)を公布した。このなかでは「我々の経済計画の実現と全人民の生活向上のための重要な前提条件は労働生産性の向上であり、そのためにはすべての就労者の強い協力とその創造的な力の結集が必要である」として、「生産計画の技術的・組織的改善と、その遂行、超過遂行へ向けて、能率給のいっそうの適用」が要求された[34]。そして、これらの法令では、出来高給導入を促進するための規定がいくつか定められた。それは、

①出来高給の労働ノルマを果たした場合には、賃金協約で規定されている額よりも基本賃率が高く設定される

②ノルマ以上の達成により得られた部分の賃金には給与所得税がかけられない

③出来高給は累進的な形態をとる

④多くの労働者がノルマを目標以上に達成しても、労働条件が変わらない限りノルマは引き上げられない

といった規定であった。

だが時間給を支持していた労働者は、「資本主義的な出来高システムが継続されることを恐れ[35]」、当初は、その導入に対して非常に強く抵抗した。出来高給の導入が予告されると、ロストックのネプトゥーン造船所では「出来高給は人殺しだ」と叫ばれ、当時ＤＤＲ地域で最大規模の企業であった化学産業のロイナ工場(Leunawerke)ではストが開始されるなど、多くの工場で労働が全く放棄される事態が発生した[36]。こうした抵抗に対応して、ＳＥＤ指導部は、人民のために生産する「人民所有企業」で働く労働者は、もはや資本家の利益のために労働しているのではなく、出来高給は搾取を強化するものではないと繰り返し説明した。ＦＤＧＢは、賃金委員会(Lohnausschuß)を通じて「賃金制度の確立に重要な役割を果たした[37]」。賃金委員会は、個々の企業に設置され、企業内ＦＤＧＢ指導部と企業指導者によってそれぞれ三人ずつが指名された委員から構成された。この委員会は、四八年九月二九日の法令において、労働ノルマの設定など企業内の賃金問題に関するすべての事柄を処理する組織と規定されており、企業における賃金制度の実施に影響力をもった。加えて、前述の導入促進措置により、労働者側には、一時的にせよ「出来高給のシステム下では、より高い賃金が得られるという喜び」が生まれた[38]。そうした状況のもとで、出来高給を中心とする能率給は徐々に導入されていった。表２－１の通り、能率給によって賃金支払いを受けている労働者の割合は、一九四五年の二〇％強から、五一年には六五％まで増加していた。

一九四九年三月のドイツ経済委員会総会では、出来高給導入の結果、四七年から四八年にかけて、労働者一人当たりの生産性が平均七％上昇したことが報告された。しかし他方で、一人当たり賃金は一七・三％も増加したことが問題として指摘され、その原因として、出来高給算出の基準となるべき労働ノルマの不整備があげられた[39]。

表2-1　全従業員のうち能率給で賃金を支払われている者の割合(%)

1945年	1946年	1948年	1949年	1950年	1951年
20-25	20-25	約30	約40	61.2	65以上

(出所)Matthes, H., a.a.O., S.63; 1950年のみ Bust-Bartels, A., a.a.O., S.94.

当時、企業に存在していた労働ノルマは、各企業の平均業績に合致するものであり、戦前に比べ生産量が減少していた四〇年代末の状況下では、通常、ノルマは戦前よりも低い水準に設定されていた。ＳＥＤ指導部は、こうしたノルマでは「何倍もの超過達成がなされてしまい」、「労働生産性のさらなる改善を妨害する」とした[40]。このため、「技術的に基礎づけられた労働ノルマ」(technisch begründete Arbeitsnorm、以下ＴＡＮ)の導入が開始された。

一九四九年初め、労働準備課(Arbeitsvorbereitungsbüro)の設置が、すべての企業に求められた。この労働準備課は、ＴＡＮ作成のための作業研究を行い、それに基づいてノルマを設定する機関とされた。また、同年五月には、ＴＡＮ作成のための中央機関も設けられた。だが、これらの設置は、ＴＡＮの導入を大きくは促進しなかった[41]。そこで、五二年五月二〇日には、「人民所有企業またはそれと同等な企業におけるＴＡＮの作成と採用の方針」(Richtlinien zur Ausarbeitung und Einführung technisch begründeter Arbeitsnormen in den volkseigenen und ihnen gleichgestellten Betrieben)という法令が公布された[42]。この法令では、従来のノルマは「正確な経営方針のために真の根拠を提示していない」として禁止された。そして、ＴＡＮが、企業各部責任者の指導下で、最善の労働方法、現存設備の最大限の利用に基づいて作成されるべきこと、ＴＡＮはそれぞれの計画年の終わりに点検され、次の年には新たに作成されるべきこと、などが規定された。だが、この法令は、実際には形骸化したものとなり、工業全体のＴＡＮ導入率は、五三年三月になっても三八％にすぎなかった[43]。

一九五〇年と五二年に、政府は、労働者の平等主義を排除し、出来高給の導入をよりいっそう促進するための措置をとった。五〇年八月一七日に公布された「人民所有またはそれと同等な企業における労働者・職員の賃金支払い改善に関する法令」(Verordnung über die Verbesserung der Entlohnung der Arbeiter und Angestellten in der volkseigenen und ihnen gleichgestellten Betrieben)では、[44]それまでの産業部門別の賃金協約に代え、国家が統一的に賃率を決定する賃率制度が制定され、国家による賃金の管理が進められた。この法令は、各賃金等級の賃率を最低八%引き上げ、また各賃金等級間の賃率の格差を拡大し、平等主義の撤廃と熟練への意欲の高揚を狙った。この動きは、五二年六月二八日の法令で、最重要とする九つの産業部門の、全部で八等級ある賃金等級のうち、上の四つの等級の賃率のみが引き上げられることにより、さらに加速された。[45]また、この法令では、出来高給は時間給の賃率よりも一五%上乗せした額を基準とすることも定められた。政府は、こうした措置により「労働者の能力の向上、労働生産性のさらなる上昇」が達成されるとした。

以上のように当時のDDR工業部門の賃金制度においては、二重の能率刺激策がとられていた。すなわち、第一に、労働者はその質に基づいて各賃金等級に分類され、賃金等級ごとに賃率額が差別的に定められ、第二に、その賃率をもとに賃金形態別に実収賃金が決定されるが、賃金形態としては出来高給が主であった。こうした制度は、戦前のドイツや一九五〇年代半ば頃までの西ドイツと基本的には共通したものであったといえる。ただ、DDRでは賃率額が国家により法令で決定されていた点、また出来高給の基準である労働ノルマの設定水準が、DDRにおいては原則としては最高能率と平均能率の中間とされていた点など、DDR独自の規定も導入されていた。そしてこれらの点がまた、賃金制度に対する労働者の抵抗を生んだ要因となっていたと考えられる。というのは、賃率額については、戦前のドイツにおいても、同時期の西ドイツにおいても団体交渉によって決定される仕組みとなっており、また労働ノルマの設定水準は、戦前ドイツでは平均能率に、西ドイツにおいては平均能率よりも低いレベルの正常能率(Normalleistung)にあったのである。[46]だが、前述したように、それにもかかわらず賃金制度は定着していくのであるが、その理由としては、本節で見たＳＥＤ・ＦＤＧＢの導入努力、出来高給への数々の優遇措置のほかに、賃金制度の実施にあたって労働者にとって有利な状態が発生していた事実も指摘できる。その点を含めて、賃金制度の実施上の実態に関しては、第五章二節で詳しく検討することとする。

(2)「模範労働者運動」

「模範労働者運動」(Aktivisten-Bewegung)は、社会主義的競争(sozialistische Wettbewerb)の一形態であり、かつ当該期には最も重視された形態であった。社会主義的競争は、労働ノルマ、生産計画、資材の節約、製品の質向上などについて、労働者、作業班、企業ごとにその達成度の高さを競うものであり、それにより「たえざる生産と生産性の成長」を成し遂げることが目標とされていた。そのうち「模範労働者運動」は、一九四七年以来、出来高給の導入促進と平行して展開された。それは、この運動が、出来高給を柱とする賃金制度と相互関係をもったためであった。つまり、「模範労働者運動」は、出来高給システム下で、労働ノルマの引き上げを目指す運動であり、他方、「模範労働者」(Aktivist)によって成し遂げられた業績は、ノルマ設定の際の重要な基準とされることになっていたのである。運動は、「労働生産性上昇のために意義ある措置」とされ、その目的は、「よりよい労働組織、一秒たりとも無駄にしないこと、生産の質の向上を目指すための労働の入念さ、それらによってＴＡＮを超過すること」にあった[47]。この運動は、当初は労働者の政治意識への訴えによる拡大が目指されたが、次第に労働者への物質的刺激による拡大へ重点が移されていった[48]。

なかでも最も有名な「模範労働者」は、ツビッカウ近郊の鉱山で働く鉱夫ヘンネッケ(Hennecke, A.)であった。彼は、一九四八年一〇月一三日に、一日のノルマの三八七％を達成した労働英雄として、次の日の新聞に写真入りのトップ記事で報道された。これ以降、「ヘンネッケ運動」(Hennecke-Bewegung)が他の工業部門にも

表2-2　DDRの工業生産指数(1936年=100)

年	1946	1947	1948	1949	1950	1951	1952	1953	1954	1955
DDR公式統計	42.1	53.7	71.4	87.2	110.6	135.6	157.4	176.5	194.6	209.6
西ドイツによる推計	42			70	85	97	109			
シュトルパーの推計		50注)			75.3	85.3	95.3	109.5	119.7	127.1

(出所)*Statistisches Jahrbuch der DDR*, 1955, S.154; *Statistisches Jahrbuch für die Bundesrepublik Deutschland*, 1955, S.533; Stolper, W. F., *op, cit.*, p.242; 注)のみ, BAP, DE2, Nr.542, Bl.15.

急速に拡げられ、ヘンネッケの報道から六週間後には、すでに八一五人の「ヘンネッケ模範労働者」が存在し、表彰を受けていた[49]。

「模範労働者運動」拡大のために活動したのが、企業内のFDGB指導部とSED党組織であった。彼らは、「物質的疲労や労働者の生命の危険にかかわらず、可能な限り高い生産の達成を労働者に強く迫」ったとされる[50]。「模範労働者運動」は、一部の労働者の共鳴も得た。共鳴者の主な層は、戦後になって初めて企業に入ってきた女性労働者や若年労働者であった。いわば「新参者」の彼らにとって、運動への参加は、地位や収入向上のための好機となった。「模範労働者」は、基本賃金の五倍ほどを受け取ることも可能であったし、そのほか、靴やたばこ、食料配給券を特別に支給され、休暇施設の優先的使用などが認められたのである。結果的には、こうした物質的な刺激が、運動の拡大のために「軽視すべからざる意味をもった」といわれている[51]。公式統計によれば、一九四九年から五〇年の二カ年計画の間だけで一五万人近くが、五六年までにはさらに六八万人が「模範労働者」の称号を受けた[52]。

こうした運動の拡がりは、質はともかく「少なくとも量的には、工業生産を急速に、そしてかなりの程度増大させた」といわれる[53]。表2-2のように、DDRの統計は、一九五〇年に早くも工業生産が戦前水準を回復したとしており、また西ドイツ側の推計は五〇年には戦前の八五%まで、最も厳しい評価のシュトルパーも七五%まで回復したとしている。アメリカ国務省の報告では、五〇年はDDR経済に

表2－3　ＤＤＲの主な工業製品生産指数（西ドイツ側の推計による。1936年＝100）

製品／年	1946	1950	1951	1952	1953	1954	1955
褐炭	107	136	152	157	171	180	198
電気	82	139	145	166	173	186	205
銑鉄	61	167	200	327	534	653	752
硫酸	29	81	97	100	121	144	160
綿布		45		92	102	119	121
小麦	97	98		105	110	103	107
バター	64	71		113	113	128	144

（出所）*Statistisches Jahrbuch für die Bundesrepublik Deutschland*, 1957, S.591f; 1951年のみ，Ebenda, 1955, S.533.

とって比較的成功の年だったとされ[54]、「労働者がどうにか飢えないでもすむようになった」のも五〇年頃であった[55]。この理由としては、以下のような点が考えられるであろう。第一に、この頃には、質・量ともに戦前水準を凌駕する労働力が存在していたことである。第一章で検討したように、ＤＤＲ地域では、終戦直後、就労可能年齢人口の男性の大幅減が生じていたが、五〇年には、軍へ徴集されていた若年層の復帰と戦後ソ連やポーランドの領土となった旧ドイツ帝国地域から追放されたドイツ人労働力の大量流入（約四〇〇万人とされる）により、労働可能な人口はむしろ戦前よりも増加した。また、軍や東方諸地域からの労働者の多くは、高い熟練度を有しており、質的にも戦前に劣らないレベルを回復したのである[56]。第二に、一九四九―五〇年の二カ年計画により希少な資材が集中的に投下され、エネルギー、鉄鋼を中心に生産が増加したことである。ＤＤＲ地域全域、全経済分野にわたる最初の経済計画であった二カ年計画では、鉄鋼、鉱山、エネルギー部門などの基幹産業へ重点的に投資・資材が向けられ[57]、実際表２－３にみられるように、それら部門での生産の拡大を可能とした。第三に、これも第一章で見た点であるが、四八年から東側諸国との貿易額が増加していた。ＤＤＲ地域の「社会主義」諸国との貿易は、すでに四八年から輸出入とも全体の八〇％近くを占めるようになっており、以後もその水準が維持された(コメコン加盟は五〇年九月)。DDR地域は戦後の西ドイツとの分断により戦前・戦中期の最重要の原料調達先を失っていたが、五〇年頃にはソ連をはじめとする東欧諸国からの鉄鉱石、銅、コークスなどの輸入により、それを量的には回復できたのである。その結果、原材料を輸入して、工業製品を輸出するという戦前からの構造を変えることなく維持できたのであった。[58] これらに加えて、第四に、「賞与制度、ヘンネッケ運動が、生産を増強したことは争えない」と思われる。[59] 前掲の表2－1から分かる通り、能率給で賃金支払いを受ける労働者の割合は、五〇年に大きく伸びており、また上述のように、二カ年計画の間に「模範労働者」の数は一五万人近くまで達していた。「模範労働者運動」の開始後、ノルマを一二五%以上達成する労働者が増加したことも報告されている。[60] 労働生産性向上を目指す政府の政策が、制度上は導入を見て、労働者の生産への動員にともかくも一定の成果を収めていたのが一九五〇年だったのである。

しかし、こうした成果の反面、「模範労働者運動」に対しても労働者の抵抗は存在していた。戦前からの大部分の労働者は、運動に対して強い抵抗を見せていた。企業での運動に関する議論では、「俺たちはお互いをけしかけるようなまねはしない」、「これ以上働いても健康を保てるというのか」、「俺たちはスタハーノフ(ソ連の模範労働者)じゃないぞ」といった罵声がとんだといわれている。フェレ(Fälle)化学工場など多くの場所では、組織的な労働拒絶と指導部への抵抗があった。この結果、「模範労働者運動」の開始と同時に、運動への抵抗感から自分のノルマを果たさなくなった労働者もかなり増加したといわれ、[61] この労働者側の抵抗感が、労働生産性向上に負の影響を及ぼしたこともまた確かであろう。五〇年頃の一応の生産回復の反面で、これらの労働者の抵抗やTAN導入の遅れなど、企業現場には、政府にとって憂慮すべき問題が存在していたことも看過できない。

⑶企業団体協約

一九五一年の第一次五カ年計画の開始とともに、企業団体協約(Betriebskollektivvertrag)の導入が検討された。これは、SEDによれば、「さらなる労働生産性の向上とDDR就労者の生活改善のための偉大なる措置」であり、「国家経済計画実行のための最も重要な手段」であった。[62] この協約は、ソ連の模範に従って作成され、経済計画や「模範労働者運動」への協力を義務として内容に含むなど、ドイツに戦前から存在した労働協約とは性格を異にするものだった。その目的は、法的強制力をもって、労働者をさらに強固に、賃金制度や「模範労働者運動」、経済計画といった「制度に結びつける」ことにあった。[63]

団体協約は、三つのレベルに分けて段階的に締結される仕組みになっていた。まず、FDGB中央指導部によって、団体協約模範概則(Muster eines Rahmenkollektivvertrag)が作成される。それに基づいて内閣・各省と一八の産業別FDGB中央との間で、団体協約概則が締結される。そしてこの概則に基づいて、企業指導部と企業内FDGB指導部の間で、各企業協約が締結されることになっていた。そのため、個々の企業協約の内容は、団体協約模範概則の内容からの逸脱がほとんど不可能なものであった。

協約の内容は、具体的には二つの部分に分けられた。その第一は、各企業・各労働者などに対する義務の規定であった。労働者には、生産高の何%、生産性の何%の上昇といった具体的な課題が配分されることになっていた。また、出来高給の採用、TANの導入、「模範労働者」計画への協力なども義務として明記された。[64] さらに、以下のような労働者の「自発的誓約」も内容に含まれた。たとえば、マグデブルクのある機械工場において、「A・イメンロース同志は、継続的に設備の世話を任され、それに油を注したり、チェックしたり、監視したり、障害を即座に克服したり、修理を最小限に抑え、費用を節約することを誓約する」。「作業班『進歩』と『再建』の班長は、即座にソ連の現代的労働方法に適応すること、新しいタイプの班長を創出しうるべき方法で班の競争を発展させることに着手すると誓約する」といったものである。[65] 労働者には、これらの義務への署名が要求された。

協約の内容の第二の部分は、賃金を中心とする労働条件の規定であった。ここで規定された労働条件とは、残業や夜間労働、日曜労働に対する特別手当の減額をはじめとして、どんな理由にせよ生産が滞った場合には、出来高システム下で働く労働者は、時間賃金の九〇％のみを受け取るといった内容を含んでいた。これは、「すべての労働者が理解できるような、労働条件の明らかな悪化をもたらす」ものだった。[66]

だが、この団体協約の導入に際して、労働者にとってより決定的な点は、「労働者の組織と企業家の共同の討論によって決定されていた労働協約が排除」され、「ドイツ労働者階級が何十年もの闘争を経て獲得した、同等の権利をもつ社会参加構成員としての立場が失われた」ことであった。[67] 企業協約の一方の当事者である企業内FDGB指導部は、ほかの何よりも優先して生産計画の実行を考えねばならず、この時期には「企業指導者の手足となって」働く存在といってよかった。労働者にとって、「FDGB幹部は、もはや共通の関心をもたない特権官僚のようであった」。[68] 協約の締結に対しては、とくに戦前の労働運動の中心地において、「一九四五年以来のどんなときよりもはっきりと激しい」労働者の抵抗が発生した。[69] ロイナ工場では、協約についての理解を得るために、SED書記長ウルブリヒト(Ulbricht, W.)が出向いたが、労働者を説得するどころか暴動が発生し、逮捕者を出すに至ってようやく事態が収拾した。[70] このため、各企業協約の締結は、予定より大幅に遅れた。当初、六月までに七三〇〇の企業での締結が予定されたが、実際には一九六企業でしか締結がなされなかった。「労働者の憤りは、『生産手段の社会的所有』や、計画上予定されている実質賃金の上昇といった理論では、ほとんど緩和されなかった」のである。[71]

こうした状況のなかで、政府は、圧力と譲歩の二つの方策を用いて、協約の締結を進めた。まず、本来協約締結のために指導的役割を果たすとされたＦＤＧＢが再編された。ＦＤＧＢ議長代行シュタルク(Starck, A.)が七月に解任されたのをはじめとして、低・中レベルでも多くの幹部が更迭された。企業内では、いくつかの作業班からなる労働者「教化グループ」が作られ、反抗的な労働者はウラン鉱山へ強制的に移動させられた。当局と異なった見解をもつことは反逆罪とみなされ、団体協約に反対する者は「西の戦争煽動者の共謀者」呼ばわりされた。こうした結果、五一年の協約は、夏過ぎには次第に締結が実現していった。翌五二年の団体協約の導入にあたっては、譲歩的な措置がとられた。政府は、前年の経験から労働条件を協約とは別個に法令で規定し、その内容も「多くの物議をかもした点で、緩和や改善がなされた」[72]。そのため、計画上の義務が中心となった団体協約の締結には、前年ほどは問題が表面化しなかった。そしてこれ以降、団体協約は毎年初めにその締結が期されてゆくこととなった。

しかし、労働者をさらに「制度へ結びつける」ための団体協約の導入後も、労働者の「企業側に対する立場は旧来と変わることがなかった」といわれる[73]。逆に、その導入にあたっては、上述の通り、「一九四五年以来のどんなときよりも激しい」労働者の抵抗が発生したのであった。こうしたことから、結果的には、団体協約は、労働生産性上昇に対してさしたる効力をもちえなかったと考えられる。

三　一九五二／五三年経済危機と六月一七日蜂起

一九五二年秋から、ＤＤＲは食料や工業製品の深刻な供給危機に陥った。一一月二七日、東ベルリン当局は、食料や工業製品の西ベルリンへの持ち込みを禁止した。一二月一五日には危機の責任を問われた商業供給大臣とその次官が解任、逮捕された。食料については、肉や砂糖、脂肪が依然として配給品であるうえ、じゃがいもも再び配給品となった。大部分の住民にとって、配給量は少なすぎた。不足分は、国営商店や農家から購入せざるをえなかった。また、入手できる食料の質にも問題があった。マーガリンはほとんど食用に適さず、ラードは魚の油の臭いがした。(74) 五三年になると、食料不足は「戦争直後に匹敵する」ほどとなったともいわれる。(75) 四月末に発表された五三年第Ⅰ四半期の経済計画達成率に関する報告は、「五カ年計画開始以来最も悲観的な報告」で、工業生産計画の達成率が一〇〇％を割ったことを、初めて政府が認めたものだった。(76) このなかでは、電気エネルギー、石炭、褐炭、鉄鉱石、銑鉄、ソーダ、綿布、バターといった重要製品で、計画が達成されなかったことが報告されている。

こうした危機のうち、食料不足の原因としては、五二年七月の第二回党協議会以降、農民の西への逃亡が増加し、天候の不順も加わって農業が不作であったこと、重工業への重点投資により消費財の欠乏を招いたこと(五二年の食料・嗜好品産業への投資は全工業投資の四％にすぎなかった)、五二年、ソ連の影響下で、軍備への投資が上昇し、軍への食料供給も増大したこと(軍事支出は五二年には三三億一九〇〇万マルクで国民所得の八・四％を占め、前年の二七億四五〇〇万マルク、国民所得の七・五％から大幅な増加を示していた)、などが挙げられる。(77) また、工業生産の停滞は、直接的には軍拡や食料不足、五二年以来の労働者の西への逃亡増大などが原因となったといえるが、(78) 根本的には、企業現場に存在する欠陥が大きく影響したと考えられる。以下本章では、主に党議事録・機関紙等に現れる範囲で、工業全体の企業現場の諸問題について見ておくこととするが、造船業に対象を絞ってのより詳しい現場の検討は、次章以降にゆずることとする。

一九五三年二月三日、ＳＥＤ中央委員会は「強力な倹約キャンペーン」(Feldzug für strenge Sparsamkeit)と題する決議を発表した。(79) そこでは「社会主義的所有物や労働力のどんな浪費も我々全人民の損失である」が、「倹約体制に対しては、なお無関心が支配的である」として、企業現場における「不経済と浪費の顕著な例」が列挙された。それらの諸点に即しつつ、当時労働生産性向上を目指すうえで現場が抱えていた問題点を分析すると、以下のようになる。

⑴労働ノルマの問題

五二年五月のTANに関する法令の公布以降も、実際にはTANの導入は進展していなかった。五三年初め、旋盤機械製造企業「一〇月七日」(7. Oktober)における導入率はわずか一%にすぎず[80]、重点産業と位置づけられていた石炭産業でも、一六%にすぎなかった。その結果、ノルマ達成率が一五〇—一八〇%となる鉱山もまれではなかったが、五二年の各鉱山の生産計画は、平均で八二%しか達成されなかった[81]。前述したように、工業全体のTAN導入率は、五三年三月に三八%であった。こうした事態の発生は、一つには「労働ノルマの確定が特定の方針に従わずになされ、しばしば恣意的に設定される」点に原因があった。そのため「TANとはまったく呼べない」ノルマが作成されたり、鉱山マルチンフープ(Martinhoop)のように、TANは本来五・二㎥であるべきところが、三・六㎥に変更されている場合があった[82]。さらに当時のDDRでは、基幹産業である鉄鋼産業の製品の三分の一が粗悪品だったといわれ[83]、安定したノルマ設定のための前提となるべき資材や部品の規格化が完全ではなかった。TAN導入が進まない理由は、個々の企業における「労働者の潜在的抵抗」にもあった[84]。前述の通り、企業の平均業績に設定された従来のノルマに対し、TANは平均業績と「模範労働者」などの最高業績の中間に設定されると定義されていた。このため、TANの採用は事実上のノルマ引き上げとなり、実収賃金低下につながるTANの導入は根強い抵抗にあっていた[85]。

⑵出来高給実施のための前提条件の欠如

五三年までに出来高給の導入率自体は七五％以上となっていた。[86] しかし、企業では、生産条件が安定的に確保されないため、労働者の手待ち時間(Wartezeit)が相当程度存在し、出来高給の正確な算出の障害となっていた。たとえば、ブランデンブルク鉄・圧延工場では、「二、三の炉が突然停止し、大量の鉄が製造されなかった」り、発電機製造企業ベルクマン・ボルジヒ(Bergmann-Borsig)では、「重要な機械が五日間も故障したままである」など、機械の停止時間が多かった。[87] また、「ある企業で、価値ある半製品がストックされ、他の企業ではそれらの半製品が不足しているために、生産が制約される場合が多く」あった。[88] さらに五二年秋に電力不足が深刻化すると、ある織物工場では、午後二時に電力がストップし、四五分間待った後労働者が帰宅すると、三時一〇分に電力が戻り、労働者は仕事に呼び戻されたものの、四時一五分に再度電力供給が停止した。あるいは、五〇年、ツビッカウ石炭管理部の管轄下では、七〇〇万マルクもの原料が使用されず、貯蔵されていた、など、エネルギー・原材料の供給も不安定であった。[89] これらの事実は、上述のノルマ設定の「非科学性」とともに、実際に労働者が受け取る賃金額に対して、国家のコントロールが及ばなくなっているという事態を発生させた。たとえば、前掲ベルクマン・ボルジヒでは、五二年の従業員に対する賃金総額が、国家の計画よりも四五〇万マルクも超過していた。また鉱山マルチンフープでは、約一〇〇〇人の労働者がその質や働きに比べて高すぎる賃金等級にランクされていた。[90]

⑶生産・労働力管理上の欠陥

五二年に四〇〇人もの職員が計画より多く雇用されていた石炭産業の管理機関では、人員が膨張し、組織が十分に機能していなかった。そのため、企業への計画の伝達が遅れるばかりか、電話による口頭での伝達がなされたり、部分的にしか伝達されないなどの問題を抱えていた。[91] ベルクマン・ボルジヒでは、「企業指導者が生産の進展や個々の部に存在する困難に関して情報を得ていない。それゆえ生産がよどみなく組織されず、生産部は長い時間その能力を十分に発揮せず、数多くの作業が停滞してしまう」。石炭産業では、多くの労働日に労働者の三分の一が仕事場に現れない。[92] ある銅山労働者によれば、「作業班の仲間全員が、五三年の団体協約のコピーに一度も目を通さなかった」という。[93] これらは、第四、五章でも指摘する労働者の「自由」の事例だといえるだろう。

ＳＥＤ中央委員会は、二月三日の決議において、これらの結果、「人民経済は重大な損失を与えられている」として、こうした「不経済と浪費」の改善を強く求めた。

この決議の背景には、労働生産性の伸び悩みという事態のあったことが、直接的・間接的に確認できる。まず五二年、石炭産業において「労働生産性が低下し、国家は重大な損失を与えられた」ことが報告されている。[94] また、上述した五三年第Ⅰ四半期の計画達成に関する報告は、その前後のすべての時期に必ず報告されている労働生産性の上昇率について、何ら触れていなかった。以前にも凶作だった五二年の収穫成果に関して、「国家計画委員会の報告が農業について一言も触れなかった」前例があり、[95] これは労働生産性が低下したために、政府がそれについて明言するのを避けたものと推測される。表２－４およびそれを図にした図２－１を見ると、重点投資により大規模な製鉄コンビナートなどの新設備が建設された金属部門を除けば、五二―五三年にかけては、エネルギー部門で労働生産性が低下しているのをはじめ、鉱山部門でもほとんど伸びがなく、化学、機械製造、そして全工業で見ても労働生産性の伸び率は減少していることが、粉飾傾向のあるＤＤＲの公式統計によってすら確認できる。この直接の原因としては、軍への投資の増大、食料不足による労働者の労働意欲の低下、労働者の逃

表2-4　「社会主義企業」における労働生産性の成長(1950年＝100)

部門/年	1951	1952	1953	1954	1955
全工業	112.0	124.5	135.9	143.9	154.4
エネルギー	104.2	111.8	107.7	115.6	120.0
鉱山	110.7	114.1	114.7	119.7	129.4
金属	117.2	136.7	169.8	183.7	201.0
化学	115.7	126.7	135.9	146.8	162.7
機械製造	113.4	129.4	141.3	152.5	158.2

「社会主義企業」とは，「人民所有企業」に協同組合を足したもの。

(出所)*Statistisches Jahrbuch der DDR*, 1955, S.119.

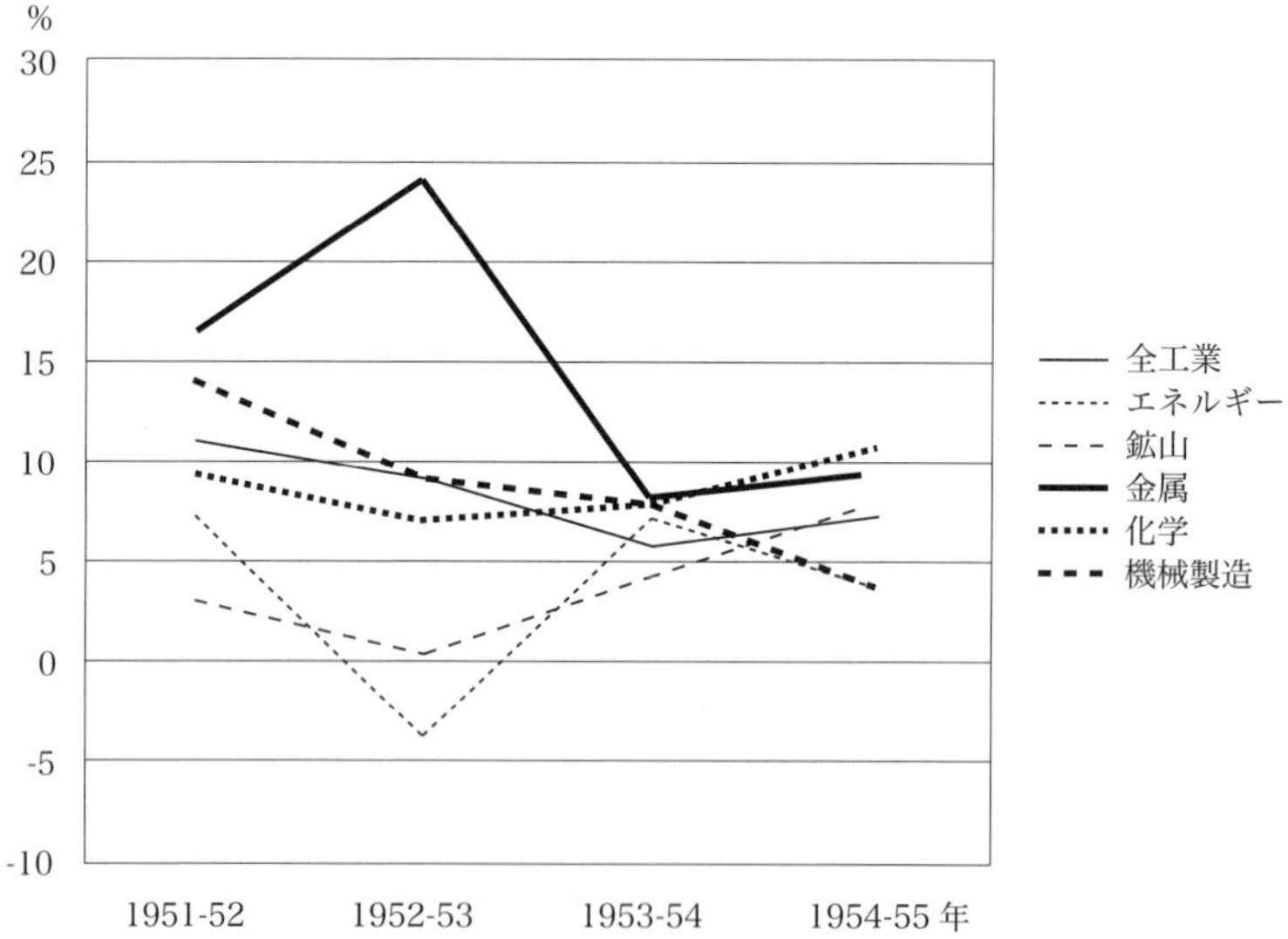

図2-1　各工業部門の労働生産性の伸び
(出所)表2-4に同じ。

亡増大による企業の人員の減少などが挙げられようが、根本的には上述した諸問題が作用した結果だと考えられる。労働の強化による向上を追求してきた労働生産性向上政策は、ここで一つの行きづまりをみせたのである。[96]

こうした労働生産性向上の失敗を繕うために政府がとった措置は、「上から」のノルマ引き上げであった。まず五三年初頭、「自発的ノルマ引き上げキャンペーン」が展開された。あくまで労働者の自発性によるものと喧伝されたこのキャンペーンは、内実はノルマ引き上げに同意しない者に対する強硬手段を伴ったものだった。[97] 五月一四日になると、SED中央委員会が「労働ノルマの最低平均一〇％の引き上げ命令」を決議し、これは同二九日に閣僚評議会の決議として発表された。[98]「社会主義工業の強化は、不断の労働生産性向上を要求する」が、「現存するノルマは、経済・社会的な発展の重要な障害となっている」とするこの決議は、一九四九年一〇月七日のDDR建国以来初めて、明確に「上から」ノルマ引き上げが命令されたものだった。この命令は、のちに第五章二節でも見るように、労働ノルマが低すぎる水準に設定される傾向にあったという当時の現場の状況を考慮すれば、一概に不合理な政策だとはいえないが、労働者にとっては、この命令の実行は賃金の大幅な低下を意味するにすぎなかった。たとえば建設業の熟練労働者では、賃金が週一六八マルクから七二マルクに低下することとなった。[99]

六月九日、ソ連の影響下で、SED政治局は、急速な農業集団化、残存中小私企業への攻撃、重工業の優先といった従来路線の転換を決議した。だが、そのさいに、労働ノルマ引き上げ命令のみは何ら撤回されなかった。その直後から、多くの地域の企業では、命令の撤回を要求する労働者の集会が開かれていた。ところが、一六日発行のFDGB機関誌に、「ノルマの引き上げ決議は完全に正しい」とする論文が掲載された。それが「発火点」となり、一六日、東ベルリンの建設労働者が、「一〇％のノルマ引き上げ粉砕」というスローガンを掲げ、デモを開始した。このデモが、翌一七日には、全国三一三カ所での職場放棄、一二九カ所でのデモ、最終的には暴動へと発展した。職場放棄の参加者は、マグデブルクと東ベルリンを除いて一七万一二〇人、デモの参加者は、東ベルリンを除いて三三万九四五〇人とされる。一七日の運動は、ソ連軍出動により沈静化したが、各地の企業では、七月初めまでストライキの続いた場所もあった[100]。

蜂起の中心となったのは、鉱山・化学・製鉄・機械製造など、経済建設のために政府から重視され、賃金でも優遇を受けていた部門の労働者であった。このことは、労働者の怒りの原因が、単にノルマの引き上げや賃金に関する不満だけではなかったことを示している。六月一七日を中心とする一連の事件において、労働者が政府に対して掲げた要求事項は、以下のような三種類に整理できる[101]。

第一は、ノルマ引き下げ、賃金引き上げ、生活改善といった経済的な要求であった。一六日の東ベルリンのデモでは、「ノルマ撤廃」、「国営商店の四〇％の価格引き下げ」が、翌一七日にも、「ノルマの上げ下げをやめろ」、「我々はパンを欲する」などがスローガンとされた。ドレスデン、エアフルト、マグデブルクなどのデモでも、「国営商店の価格引き下げ」、ライプツィヒでは、「大砲の代わりにバターを」と叫ばれた。蜂起が最も活発だった企業の一つであり、光学器機で世界的に有名なイエナのツァイス南工場では、「マグデブルクの鋳物工と同水準の給料」が要求された[102]。

要求の第二は、政治的なものであった。一六日の東ベルリンのデモでは、すでに「自由選挙」、「政府打倒」が叫ばれていた。ドレスデンでは、「政府のリコール」、ラーデボイルでは、「犯罪者の政府を倒せ」、「政治犯を釈放せよ」、エアフルト、ハルバーシュタットでも、「政府打倒」がスローガンであった[103]。

第三の要求は、企業レベルで労働者の意向を反映しうる体制の創出である。これは、上の二つの要求のように、必ずしも全国各地でデモのスローガンとなったわけではない。しかし、当時のＤＤＲで主導的であった多くの企業で問題とされ、六月一七日以降も各地の企業で議論の対象となった要求であった[104]。たとえば、六月一七日、上述のツァイス南工場では、「企業団体協約の廃止」、「全国指導部に至るまでの全労働組合指導部の退陣」、同じイエナのガラス製造工場ショット(Schott)商会でも、「団体協約の廃止」が要求された。東ベルリンのデモでは、「我らは自由な労働者でいたい」、マグデブルクでは、「党と労働組合の分離」がスローガンとされた。[105]六月二四日、当時のＤＤＲで最大規模の企業ロイナ工場では、自ら出向いたウルブリヒトを前に、一三〇〇人の労働者が以下のような要求を出した。「企業指導部、企業労組指導部は、従業員のすべての批判と提案に対して今後は強く注意を向けるべきこと」、「ＳＥＤ郡指導部と企業労組指導部は、過ちや欠陥を排除し業務を改善するために、過去の自分達の行為について釈明すべきこと」[106]。化学産業のブーナ工場(Buna-Werk)は、七月半ばまで抗議行動が継続していた企業の一つであったが、七月八日の従業員集会で、「労働組合をすべての就労者のための組織に再組織化し、偏った党の政策と切り離すこと」が決議された。[107]このように、労働者は、ノルマ引き下げや政府打倒などのほかに、労働組合の再組織化や団体協約の廃止といった、企業レベルで公に自らの意向を反映しうる体制の創出を重要な要求として掲げていたのである。

この労働者の第三の要求は、本章が明らかにしてきた以下の事柄と密接に関連する。一九四〇年代後半から、ＤＤＲの企業では、次第にＳＥＤの下部組織と化したＦＤＧＢの影響力が強化され、労働者の利害を代表した経営協議会は解体されていた。ＦＤＧＢ指導部は、出来高給の採用や「模範労働者運動」の展開のために中心となって活動していた。これらの政策の導入に対しては、労働者の抵抗が発生したが、物質的関心の喚起を主たる手段として一応は導入が進展した。だが、一九五一年、労働者をさらに強固に制度へ結びつけるため企業団体協約が導入されたさい、労働条件の悪化がもたらされると、労働者の「同等の権利をもつ社会参加構成員の立場が失われた」として、労働者の意向表明の権利の喪失が問題として表面化した。これに対し政府が翌五二年には労働条件を改善し、当面は団体協約への激しい抵抗はなかったものの、ＤＤＲは、同年末から深刻な経済危機に陥った。ＳＥＤ指導部は、「人民所有企業」におけるノルマ設定・出来高給実施・生産や労働力管理の不徹底が、経済に「重大な損失」を与えているとの認識を示し、また実際に五二―五三年にかけて労働生産性は伸び悩んでいた。その結果、政府は、労働ノルマの引き上げ命令で危機の打開を図ったが、それが直接の原因となり蜂起が勃発した。この六月一七日を中心とする一連の事件のなかで、労働者は、生活の改善や政府の退陣とともに、自らの意向を反映しうる体制の構築を要求した。

すなわち、労働生産性向上を目指すＳＥＤ・政府の政策は、企業レベルで公に労働者が意向を表明し交渉する権利も組織も保証しなかったために、真に労働者の合意を得て導入されていたわけではなく、主に労働者への一定の物質的権利の供与により、ともかくも導入されていた。それゆえ、物質的権利が取り去られたとき、その矛盾は表面化した。蜂起直前のノルマ引き上げ命令は、賃金の大幅な低下を意味したが、労働者はその不満に関して交渉できず、その不満は調整されえなかった。その結果、労働者の運動は、職場放棄やデモ、暴動へと向かい蜂起が発生した。このように、企業レベルで労働者が自らの意向を反映するための組織も権利も保証しなかった点に、本章で検討した政策の一つの重大な限界があり、その点が蜂起の発生に決定的な影響を与え、かつまたそこでの労働者の要求にも反映されていたのである。

小　括

本章のまとめとして、これまでの分析を、蜂起の「複合的要因」のなかに位置づけてみよう。

一九五〇年までの労働生産性向上政策の一応の導入により、労働者がある程度生産へ動員されたことは、経済の計画化による投資の集中、質・量両面における労働力の回復、コメコン諸国との貿易拡大という好条件のもとで、生産の回復に一定の寄与をなした。だが他方、企業現場では、ノルマ設定・出来高給実施・生産や労働力の管理において多くの「不経済と浪費の例」が存在していた。五二年末以来、軍拡や食料不足、労働者の逃亡の増大などのさまざまな要因が重なって工業生産の停滞が起こると、SED指導部は、そうした「不経済と浪費の例」も、経済に「重大な損失」を与えていることを指摘した。そして実際に、五二―五三年にかけて労働生産性は伸び悩んでいた。その結果、政府がとった方策は、労働ノルマの引き上げ命令であったが、これは蜂起の直接の原因となった。換言すれば、本章で検討してきた諸政策は、本質的には「不経済と浪費の例」を抱えつつ、ともかくも維持されてきたが、蜂起前の経済の危機的な状況のなかで労働生産性の向上に行きづまりを見せ、その行きづまりは、蜂起の直接の原因を生むこととなった。

また、重要なのは、企業レベルで公に労働者が意向を表明し交渉する組織も権利も保証しなかった点に、それらの政策の重大な限界があったことである。この問題の解決は、生活の改善や政府の退陣と並んで、蜂起における労働者の重要な要求事項であった。さらに、この限界は、ノルマ引き上げのみならず、食料不足や従来路線に関する政府の責任といった蜂起の要因となったさまざまな不満に関して、労働者の交渉を可能とせず、その不満の調整を可能としなかったという点において、蜂起のより根本的な原因となったといえるのではないだろうか。スターリン死後のSED指導部や民衆の動揺といった状況がそれに重なって、蜂起は発生したと考えられる。加えていうならば、仮に賃金や他の労働条件が労働者の満足するものであったとしても、一旦それが保証されなくなったときに、DDRの労働者には公に自らの不満に関して交渉する組織も権利もない、という事実は、DDRの経済システムの一つの看過すべからざる限界であったといえまいか[108]。

蜂起は、本章で検討した諸政策にどのような影響を及ぼしたのだろうか。最後に蜂起直後の状況を展望しておこう。政府は、ノルマの引き上げ命令を撤回し、七月には賃金等級の低位の四等級の賃率を引き上げた。国家備蓄分の切り崩しやソ連の援助による食料配給量の増加も決定するなど労働者の生活を改善するための政策を打ち出した。また、重工業への優先投資が変更され、五三、五四年には軽工業への投資が増加された。さらに、ソ連は五三年一二月三一日までで、賠償の受け取りを停止した。しかし、これらの措置によって労働者の生活が一時的に改善されても、それは本質的な変化ではなかった。改善は蜂起前に固定された制度内での表面的な改善にすぎず、制度自体は変化しなかった。賃率が引き上げられても、それは国家の法令で定められるのに変わりはなく、労働者のＦＤＧＢ再編の要求は、ファシストが労組を破壊する企てとして受け入れられなかった[109]。さらに五四年の初めには、例年と同じ性格の団体協約の締結が目指されていた。逆に、何千人もの蜂起参加者の逮捕、処罰や、企業内で労働者を「威嚇」するための組織である企業民兵隊(Betriebskampfgruppe)の設置などがなされた[110]。また、五五年からは、再び重工業が優先された[111]。こうして、本章で検討してきた蜂起前の諸制度は、蜂起後も存続していったのである。

（1） Der 17. Juni - vierzig Jahre danach. Zur Einführung von Lutz Niethammer, in: Kocka, J./Sabrow, M.(Hrsg.), *Die DDR als Geschichte*, Berlin 1994, S.40.

（2） このほか、戦前からの労働運動の経験や、「平等な社会」、「豊かな生活」といった当時の「社会主義」に対する労働者の素朴な期待などにも要因が求められてきた。Baring, Arnulf, *Der 17. Juni 1953*, Stuttgart 1983; Spittmann, I./Fricke, K.W.(Hrsg.), *17. Juni 1953*, Köln 1982; Černý, J.(Hrsg.), a.a.O.; 星乃治彦『社会主義国における民衆の歴史』。ドイツ統一後の新資料を用いた事件史的な研究として、たとえば、Mitter, Armin, Die Ereignisse im Juni und Juli 1953 in der DDR, Aus den Akten des Ministeriums für Staatssicherheit, in: *Aus Politik und Zeitgeschichte, Beilage zur Wochenzeitung "Das Parlament"*, 5/1991; Hagen, Manfred, *DDR Juni '53*, Stuttgart 1992. そのほかわが国では、小島栄一「一九五三年六月一七日事件と東ドイツ」『社会科学討究(早稲田大学)』三八巻三号(一九九三年)、清水聡「スターリン以後の権力闘争とＤＤＲ

『社会主義』」『政治学研究論集（明治大学）』第一一号（二〇〇〇年）。

（3）Buchheim, Ch., Wirtschaftliche Hintergründe, S.415.

（4）Ebenda. 世界市場に適応した価格システムの欠如とは、原料価格が一九四四年水準に設定され、価格が安すぎるために企業が浪費する傾向にあったこと、製品輸出の場合、製造コストが高すぎても、世界市場価格に合わせて輸出され、その差額に対しては国家から補助金が出ていたこと、などを指す。

（5）たとえば、Bust-Bartels, A., a.a.O.; Hübner, P., *Konsens, Konflikt und Kompromiß*; ders., Balance des Ungleichgewichtes; Ewers, K., Einführung der Leistungsentlohnung; ders., Aktivisten in Aktion; Müller, Werner, Zur Entwicklung des FDGB in der sowjetischen Besatzungszone nach 1945, in: Matthias, E./ Schönhoven, K.(Hrsg.), *Solidarität und Menschenwürde*, Bonn 1984; Lüdtke, Alf, a.a.O. 正亀芳造「社会主義企業の賃金制度」など。なお本書では、企業現場における労働生産性向上政策に焦点を当てているため、社会保障政策については扱うに至っていないが、それについては福澤直樹「西ドイツの社会給付改革と東ドイツの社会保険」廣田功編、前掲書、とくに一九七―二〇六頁に、本書と同時期の社会保険制度に関する概観がなされている。

（6）Ｂ・サレル、前掲報告、二九頁。

（7）Sarel, Benno, *Arbeiter gegen den "Kommunismus"*, Berlin 1991, S.33; Staritz, Dietrich, *Die Gründung der DDR*, München 1987, S.106. もっともこれらの人員は、一九四七年以降、ＳＥＤの圧力で交替させられてゆくことになる。

（8）Sozialpolitische Richtlinien der SED, nach dem Beschluß des Zentralsekretariats vom 30. Dezember 1946. ここでは、Suckut, Siegfried, *Die Betriebsrätsbewegung in der Sowjetisch Besetzten Zone Deutschland(1945-1948)*, Frankfurt/Main 1982, S.451 より引用。なお終戦直後に企業で活動していた労働者の組織は、労働者委員会、工場委員会、労働者評議会など各工場ごとにさまざまな名称であったが、活動内容は同様のものであり、これらが総じて経営協議会と呼ばれている。Rosenthal, Uwe/Loeding, Matthias, Stadien der Betriebsrätebewegung in der SBZ, in: *Beiträge zur Geschichte der Arbeiterbewegung*, 1/41(1999), S.35-56.

（9）一九五〇年半ば頃には、ＦＤＧＢ地方機関の幹部は九割以上が、州機関の議長はすべてが、ＦＤＧＢ連盟（ＦＤＧＢの中央組織）の指導部の重要な地位のほとんどが、ＳＥＤ党員で占められていた。*Records of U.S.*, 1950.6.21, 862B.062/6-2150.

（10）*Aus der Arbeit des Freien Deutschen Gewerkschaftsbundes 1947-1949*, Berlin(DDR) 1950, S.338. なおＦＤＧＢは、

四六年秋にはすでに人数的には三五〇万人の構成員を擁する組織であった。これは、ザクセン、チューリンゲン、ベルリンなどが伝統的に労組の影響力の強い地域であったことにもよるが、ＳＭＡＤとＳＥＤによる支援の影響も大きかった。Broszat, M./Weber, H.(Hrsg.), *SBZ-Handbuch*, München 1993(2. Auflage), S.638.

(11) Kleßmann, Ch., a.a.O., S.103.

(12) *Neues Deutschland*, 11. November 1947, S.4.

(13) Bust-Bartels, A., a.a.O., S.26; Ewers, K., Einführung der Leistungsentlohnung, S.613ff.

(14) Ｂ・サレル、前掲報告、二九頁。

(15) Kleßmann, Ch., a.a.O., S.117.

(16) Staritz, D., a.a.O., S.137.

(17) *Aus der Arbeit des FDGB*, S.348.

(18) Bust-Bartels, A., a.a.O., S.42, 49f; Ｂ・サレル、前掲報告、二九頁。

(19) Weber, H., a.a.O., S.182. 邦訳、二五九頁。

(20) Ulbricht, W. a.a.O., S.232, 387.

(21) *Records of U.S.*, 1950.6.21, 862B.062/6-2150.

(22) Ulbricht, W., a.a.O., S.497ff.

(23) Hübner, P., Balance des Ungleichgewichtes, S.21; *Records of U.S.*, 1950.7.12, 862B.00/7-1250.

(24) Buchheim, Ch., Wirtschaftliche Hintergründe, S.422.

(25) *Records of U.S.*, 1950.6.21, 862B.062/6-2150.

(26) 一九五〇年の全労働者数は約五二〇万人だった。*Records of U.S.*, 1950.8.22, 862B.062/8-2250; .Müller, W., a.a.O., S.325.

(27) *Records of U.S.*, 1952.1.25, 862B.062/1-2552.

(28) *DDR Handbuch*, Köln 1975, S.277.

(29) *Records of U.S.*, 1950.6.21, 862B.062/6-2150. ＦＤＧＢ中央の下には、産業別ＦＤＧＢが存在するが、「中央の指導部は、産業組合への配慮なしに、地方の労組組織の活動に直接干渉した」とされる。

(30) この時期、能率給のうち出来高給の占める割合がほとんどで、一九五〇年には能率給のうち出来高給が九一%で、プレミアム付き時間給が九%だった。Bust-Bartels, A., a.a.O., S.94.
(31) Matthes, H., *Das Leistungsprinzip als Grundlage der Entlohnung in der volkseigenen Wirtschaft*, Berlin (DDR) 1954, S.63, 113.
(32) *Gesetzblatt der DDR*, 1952, S.501.
(33) *Neues Deutschland*, 11. November 1947, S.4.
(34) ここでは、Matthes, H., a.a.O., S.160ff に掲載されている法令の原文を参照。
(35) Badstübner-Peters, E., a.a.O., S.202.
(36) Bust-Bartels, A., a.a.O., S.45.
(37) *Records of U.S.*, 1950.6.21, 862B.062/6-2150.
(38) *Ibid.*
(39) Ewers, K., Einführung der Leistungsentlohnung, S.629.
(40) *Dokumente der SED*, Band III, S.284, 521.
(41) Ulbricht, W., a.a.O., S.396; Bust-Bartels, A., a.a.O., S.37.
(42) *Gesetzblatt der DDR*, 1952, S.401ff.
(43) Lüdtke, A., a.a.O., S.196.
(44) *Gesetzblatt der DDR*, 1950, S.839ff.
(45) *Gesetzblatt der DDR*, 1952, S.501ff.
(46) Ulbricht, W., a.a.O., S.439. 徳永重良編著『西ドイツ自動車工業の労使関係』御茶の水書房、一九八五年、九五―一〇七頁。
(47) Ulbricht, W., a.a.O., S.240, 394.
(48) Bust-Bartels, A., a.a.O., S. 39.
(49) Ewers, K., Aktivisten in Aktion, S.949.
(50) *Records of U.S.*, 1950.6.21, 862B.062/6-2150.

(51) Ewers, K., Aktivisten in Aktion, S.961f.
(52) *Statistisches Jahrbuch der DDR*, 1956, S.191.
(53) Lüdtke, A., a.a.O., S.192.
(54) *Records of U.S.*, 1951.9.10, 862B.00/9-1051.
(55) B・サレル、前掲報告、二八頁。
(56) Zank, W., a.a.O., S.43; Benz, Wolfgang(Hrsg.), a.a.O., S.14.
(57) Ulbricht, W., a.a.O., S.238.
(58) Buchheim, Ch., Wirtschaftliche Folgen der Integration der DDR in den RGW, in: Buchheim, Ch.(Hrsg.), a.a.O., S.346, 351; Lenz, M., a.a.O., S.162f; Roesler, J., Unerwartet hohes Wirtschaftswachstum, S.276ff; *Records of U.S.*, 1951.9.10, 862B.00/9-1051.
(59) B・サレル、前掲報告、二九頁。
(60) Lüdtke, A., a.a.O., S.193.
(61) Ewers, K., Aktivisten in Aktion, S.948, 955ff; Bust-Bartels, A., a.a.O., S.46f.; Lüdtke, A., a.a.O., S.193.
(62) *Dokumente der SED*, Band III, S.450, 648. 以下とくに断りのない限り団体協約に関しては、*Records of U.S.*, 1952.1.25, 862B. 062/1-2552 を参照している。
(63) B・サレル、前掲報告、二九頁。
(64) *Gesetzblatt der DDR*, 1952, S.203ff.
(65) *Records of U.S.*, 1952.1.25, 862B.062/1-2552.
(66) *Ibid.*
(67) *Neue Zeitung*, 19. Juni 1951. この新聞は、アメリカ占領地区で発行されていたもので、引用文は同紙の別冊で団体協約に関して出された、"Klassenkampf gegen die Arbeiter" の一部分である。ここでは、*Records of U.S.*, 1952.10.31, 862B.06/10-3151 のコピーから引用した。
(68) *Records of U.S.*, 1952.1.25, 862B.062/1-2552.
(69) *Ibid.*

（70）Fricke, K. W., *Opposition und Widerstand in der DDR*, Köln 1984, S.85.
（71）*Records of U.S.*, 1952.1.25, 862B.062/1-2552.
（72）*Records of U.S.*, 1952.6.9, 862B.06/6-952.
（73）B・サレル、前掲報告、二九頁。
（74）*Records of U.S.*, 1952.11.3, 862B.06/11-352.
（75）Buchheim, Ch., Wirtschaftliche Hintergründe, S.428.
（76）*Records of U.S.*, 1953.5.21, 862B.00/5-2153; *Neues Deutschland*, 30. April 1953, S.1. 達成率は九六・二％であった。
（77）*Wochenbericht des DIW*, 3/1962, S.10; Thoß, Bruno (Hrsg.), *Volksarmee schaffen - ohne Geschrei!*, München 1994, S.329. 第1章の表1－8、1－10を参照のこと。
（78）五二年前半の逃亡者数七万二千が、同年後半には一一万、五三年前半には二二万五千へ急増し、その半分強が労働者だったといわれる。Baring, A., a.a.O., S.35f; Černý, J. (Hrsg.), a.a.O., S.122.
（79）*Neues Deutschland*, 4. Februar 1953, S.1.
（80）*Neues Deutschland*, 15. Januar 1953, S.5.
（81）*Dokumente der SED*, Band IV, Berlin (DDR) 1954, S.255ff.
（82）*Dokumente der SED*, Band III, S.284; Band IV, S.258.
（83）鉄道のレールは部分的には半分が粗悪品だった。Buchheim, Ch., Wirtschaftliche Hintergründe, S.420.
（84）Bust-Bartels, A., a.a.O., S.38.
（85）Baring, A., a.a.O., S.34.
（86）Bust-Bartels, A., a.a.O., S.94.
（87）*Dokumente der SED*, Band III, S.373; Band IV, S.233.
（88）Ulbricht, W., a.a.O., S.390.
（89）*Records of U.S.*, 1952.11.3, 862B.06/11-352; Buchheim, Ch., Wirtschaftliche Hintergründe, S.419.
（90）*Neues Deutschland*, 4. Februar 1953, S.1; *Dokumente der SED*, Band III, S.258.
（91）*Dokumente der SED*, Band IV, S.257; *Neues Deutschland*, 15. Januar 1953, S.5.

(92) *Dokumente der SED*, Band IV, S.233, 258.
(93) *Records of U.S.*, 1954.5.24, 862B.00/5-2454.
(94) *Dokumente der SED*, Band IV, S.257.
(95) Baring, A., a.a.O., S.34.
(96) 一九五六年からの第二次五カ年計画では、「近代化、機械化、自動化」のスローガンのもと、技術水準の発展による労働生産性向上が緊急課題とされた。Weber, H., a.a.O., S.48. 邦訳、八六頁。
(97) Bust-Bartels, A., a.a.O., S.58.
(98) *Neues Deutschland*, 16. Mai 1953, S.5; 29. Mai 1953, S.1.
(99) Fricke, K.W., Der Arbeiteraufstand, in: Spittmann, I./Fricke, K.W.(Hrsg.), a.a.O., S.11.
(100) 星乃治彦『社会主義国における民衆の歴史』一六五頁。蜂起の経過については、同書、一七一―二〇一頁などを参照。
(101) Ewers, K./Quest, T., Die Kämpfe der Arbeiterschaft in den volkseigenen Betrieben während und nach dem Juni, in: Spittmann, I./Fricke, K.W.(Hrsg.), a.a.O., S.27ff.
(102) Hagen, M., a.a.O., S.60. 星乃治彦『社会主義国における民衆の歴史』五三、七四、七七頁。同「東ドイツにおける一九五三年六月一七日事件―カール・ツァイス・イエナ社の場合」『社会経済史学』五八巻六号(一九九三年)、六四頁。
(103) 星乃治彦『社会主義国における民衆の歴史』五三、七七頁。
(104) ＦＤＧＢの報告によると、蜂起の際の企業内労組の対応は三パターンに分類された。第一は、労組指導部が無視され、彼らを排したストライキ委員会が結成された例、第二は、労組指導部の不信任や解任、労組からの脱退がなされた例、第三は労組指導部がストを支持した例である。これらの具体例として、順に、九、二八、一九例が挙げられているが、ドレスデンのＲＴＦラジオ工場のように第一、第三例のどちらにも数えられている所があり、大部分の企業では労組指導部への不信が問題とされたと考えられる。同上書、一八三―一八四頁。
(105) 同上書、七四、七七、一二〇頁。同、前掲論文、六四頁。
(106) *Neues Deutschland*, 25. Juni 1953, S.1.
(107) Mitter, A., a.a.O., S.37.
(108) では、なぜこうした労働者が意向を表明し交渉する組織も権利も保証しないようなシステムが作られたのだろうか。この点に関しては、当初SEDによってその存在価値が認められていたにもかかわらず、のちに経済全体に配慮しないとして解体された経営協議会のより詳しい活動実態とその解体過程の分析によって一つのヒントが得られるように思われるが、それについては、今後究明していきたい。

(109)　ただ、ここで注意せねばならないのは、企業内の生産の末端単位である作業班レベルでは、この蜂起以降とくに、あくまで非公式ながら労働者と企業側の一定の交渉が行われるようになったことである。作業班は、本章で指摘した限界を一定程度緩和する役割を果たしたといえるのだが、その点については本書第八章で分析している。

(110)　企業民兵隊は、すでに一九五二年後半から一部企業に設けられていたが、六月一七日蜂起直後の七月二四—二六日の党中央委員会において、全国の企業や国営農場、政府組織などへ設置することが決定された。隊員となったのは基本的に党員で、党員籍のない「信頼できる者」もその後隊員とされた。男性で二五—五五歳の者に隊員資格があり、武器に関する教育を受けた。企業での主な役割は「威嚇」であって、企業内で紛争があった場合に動員されることになっていた。とくに一九五六年のハンガリー動乱や六一年のベルリンの壁建設のさいには、制服に身を包んだ民兵隊がいち早く示威的な行進などをしたとされており、秘密警察的な存在ではない。Wagner, Armin, Die Kampfgruppen der Arbeiterklasse (1954-1990), in: Dietrich, T./Ehlert, H./Wenzke, R. (Hrsg.), *Im Dienste der Partei. Handbuch der bewaffneten Organe der DDR*, Berlin 1998. ただし、この企業民兵隊が、企業内で労働者たちにどういった存在として認識されていたのかについては、これまでのところ詳しくは明らかにされていない。その点については、Kleßmann, Ch., a.a.O., S.363.

(111)　*Dokumente der SED*, Band IV, S.443, 448; Fricke, K.W., a.a.O., S.16f.

第三章　造船業における生産能力の増大と労働生産性の低迷

はじめに

本章からは、造船業へと対象を絞り、企業現場の実態をより掘り下げて検討していくこととする。本章の課題は、まず、第二次世界大戦直後から一九五五年までの時期の造船業において、そもそも労働生産性向上のための前提となる生産能力(具体的には設備能力と労働力)の増大が、どの程度のものであったのか、それによって造船業はどれほどの生産の成長をとげたのかについて検討することである。そして、造船業の成長過程とその成長を生んだ要因を追うことによって、「社会主義」諸国において特定産業が一定程度成長しえた理由も明らかにしていきたい。さらに、そうした成長の陰で、産業間・産業内発展上の歪みや、不十分な質的(生産性)成長といった問題が生じていた点を確認しておくこととする。

なお、本章から第七章までの内容で対象とする造船所は、主にメクレンブルク地方の造船所であり、その他の地方の造船所については、必要なさいに言及するに留めていることを断っておきたい。一九四八年以降メクレンブルク州に四造船所が新増設されてからは、生産の中心は内陸造船所からメクレンブルク地方の造船所に移動し、建造トン数では一九五四年にメクレンブルク地方の造船所が全体の九割を、従業員数では五五年に全体の約八割を占めていた。(1) それゆえ、メクレンブルク地方の造船所を主な対象とすることで、DDR造船業の分析は十分に果たされるといえる。なお当該期のメクレンブルク地方の造船所とは　以下の八造船所であり、一九五二年四月までにすべて国営企業(「人民所有企業」)となっていた。ヴァルネミュンデ(Warnowwerft Warnemünde)、ヴィスマール(Mathias-Thesen-Werft Wismar)、ネプトゥーン、シュトラルズント(Volkswerft Stralsund)、ヴォルガスト(Peene-Werft Wolgast)、ボイツェンブルク(Elbewerft Boizenburg)、造船・修繕造船所シュトラルズント(Schiffbau- und Reparaturwerft Stralsund: のち一九五八年一月にVolkswerftに合併。本書でシュトラルズント造船所という場合は、すべてVolkswerftの方をさす)、レフリン(Schiffswerft Rechlin)である。

一　第二次世界大戦直後の造船業

ドイツは、すでに一九世紀末から世界的な造船国であった。建造量では、イギリス(たとえば一九三五年に世界の四割)には及ばなかったものの、それに次ぐ地位(同年に一七・五%で世界第二位)にあり続けた。他方、技術的には、ドイツはまさに世界の先頭にあった。一八八〇年代末には、すでに製品・生産技術ともイギリスの水準に追いついていたとされるが、一八九八年にシュテティーンのヴルカーン造船所(Stettiner Vulcan)が建造した高速汽船は、北大西洋航路を最短所要時間で航海した船に与えられるブルーリボンを獲得し、その地位は一〇年間破られることがなかった。その後も、船の高速化・大型化が欧米列強の緊急課題であったなかで、第一次世界大戦直前にハンブルクで建造された高速汽船は当時世界最大の船であった。さらに、第二次世界大戦中のドイツの潜水艦(U-Boot)建造は、アメリカのリバティー船と並んで、世界で初めて本格的に溶接・ブロック建造法が使用された例であった(2)。

このような第二次世界大戦前ドイツ造船能力の四分の三が存在していたのが、戦後西ドイツとなる地域であった。その能力は戦災と連合国による生産設備の解体によって約五割が失われたが、造船禁止が解けた一九五一年四月の時点には、当時の需要に対して十分な生産能力を有していたとされる。西ドイツが世界の船舶輸出市場で占めるシェアは、一九四八―五〇年には造船禁止の影響で〇・三%にすぎなかったが、五一―五五年には一四・九%でイギリスに次いで二位、五五―六〇年には二〇・七%で今度は日本に次いでの二位へと回復していた。製品技術の面では、一九五三年にハンブルク・ホヴァルト造船所(Howaldtswerk)建造のタンカーが当時世界最大のタンカーであったことが示すように世界的水準を維持しており、タンカーやばら積み専用船(Bulk Carrier)といった新たに需要が拡大していた船種の建造を開始していた。また、一九五〇年代に他の造船国と並んで溶接・ブロック建造法への転換が進められ、生産技術革新の波にも乗り遅れていなかった。こうして、一九五〇年代半ばの西ドイツは、建造量的にも技術的にも世界のトップクラスの造船国であった。(3)

他方、第二次世界大戦前(一九三六年)のDDR地域の造船業は、全ドイツ帝国の造船業に占めるシェアが総生産で三%にすぎなかった。ロストックのネプトゥーンが唯一の中規模造船所で、他はいずれも小規模の造船所であった。また戦時中も、軍需生産のために従業員数こそ一九三六年の五千人から八千人まで増加したものの、新たに造船所が建設されることはなかった。(4)加えて重要な点は、圧延鋼などの重要原材料工場は、ほとんどが西ドイツ側に存在していたことであった。ただ、技術面からみれば、DDR地域の造船所も、戦間期から溶接・ブロック建造法の経験を有していた。溶接は、コスト的な理由から、一般に主要技術となるのは第二次世界大戦後のことであるが、すでに一九二〇年頃から、ドイツのすべての造船所に溶接場が設けられていた。また、第二次世界大戦中のブロック建造法による潜水艦建造には、DDR地域でも、ネプトゥーンのほか、ドレスデン造船所(Schiffswerft Dresden-Übigau)などが従事していたのである。(5)

ドイツの敗戦が確定的となった一九四五年五月一日、ソ連軍はロストック港に入港し、即座にネプトゥーン造船所を占拠した。軍艦の建造に従事していた同造船所の経営陣は、戦犯としての処罰を恐れ、すでに四月末に設計資料等を携えて西側へ逃亡していた。他の造船所でも状況は同様で、ヴァルネミュンデ造船所のもととなるボート工場でも、経営者は機械や部品とともに工場を後にしていた。(6)残された労働者は、戦災を受けた工場の瓦礫を排除し、在庫原材料を用いて設備の修理を開始するとともに、近郊の橋の修復などにも協力した。ネプトゥーンでその活動の中心にあったのが、六月中に組織されていた労働者評議会(Arbeiterrat)であった。[7]ネプトゥーンでは、一部の労働者は、五月三一日から賠償の一環として開始されたソ連軍による生産設備の解体・撤去作業にも従事した。[8]

ネプトゥーンにおける解体作業のピークは、シュベリン駐留のソ連軍戦利品部隊が、機械設備・道具・倉庫内の資材の大部分を搬出した七月一八日であった。そのほか、熟練度の高い専門工が多く、浚渫船(Bagger)等の建造に高い能力を有していたロスラウ造船所(Roßlauer Schiffswerft)は、ほとんどすべての設備が解体された。ベルリン造船所(Yachtwerft Berlin)とドレスデン造船所も部分的に解体にあった。だが、これらの解体・撤去した設備によって、ソ連に新たな造船所が建設された事実はないといわれている。[9]

ネプトゥーン造船所では、当初全設備の解体が予定されていたものの、結局一部の設備は残されたまま、一〇月一〇日に解体は終了した。これには、いくつかのソ連の国内事情が反映していた。まず、戦災を受けなかった船がないといわれるソ連船舶の状況は、それらの船の早急な修繕を必要とさせた。これに、戦後の食料不足のなか、DDR地域とソ連への食料供給のために、漁船を修繕・新造するという必要性も加わった。さらに、一九四五年秋以降、ソ連の指導部内で、最大限解体・撤去するという賠償徴収方法から、DDR地域の生産能力を利用する(＝「現行の生産からの製品納入」を重視)という方法に考え方が移行しつつあった事実も重なった。[10]とくに第二次世界大戦中のソ連の造船能力は世界の二三位でしかなく、その能力も軍需生産へ傾注していたために、戦前からの造船の伝統をもつドイツから、商船・漁船の調達を目指したのである。こうしてソ連は、造船所設備の解体を中止し、残存能力を船の修繕・新造に利用する方向へと変化した。[11]

解体による造船業の設備の損害度を測ることは資料的に難しいものの、造船を含む輸送機器産業全般では、生産設備の二一％が戦災で、五四％が解体で失われたとされている。[12]ただ造船以外の産業では、四五年秋以降も大規模な解体がなされ、最終的には四八年春まで続いた所もあったのに対して、[13]造船では四五年一〇月という早い時期に終了したことを考慮すれば、輸送機器産業の平均よりも多少解体の比率が低いと考えるのが妥当であろう。いずれにせよネプトゥーン造船所では、米軍の爆撃と撤退途中のドイツ軍の爆破により被った戦災と合わせて、戦中期の設備の約八〇%が損失したといわれる。造船業全体の従業員数も、戦時中の八千人から戦争直後には一一〇〇人にまで減少しており、[14]「一九四五年のDDR地域には、造船産業というべきほどの生産能力は存在しなかった」のである。[15]

二　造船所の建設・拡張

DDR地域のすべての造船所は、一九四五年一二月一八日のSMAD命令一七三号により、ドイツ中央管理局運輸部局の管轄下におかれた。この命令は、DDR地域の造船能力を主に賠償用生産のために利用することを事実上確定したもので、一九四五／四六年冬季だけで一七七四隻の船の修繕を命じた。そのために、造船所への優先的な資材・エネルギー・労働力の供給を規定し、ソ連からも木材二千㎥、鉄板・型鋼七〇〇トンが提供されるとした。[16]ソ連は、DDR地域の造船能力を利用することに決すると、一転して資材・設計図を提供し、生産の開始に協力したのである。

終戦直後の時期は、比較的生産能力が残存していた内陸部造船所が生産の中心であった。上記の命令一七三号で修繕命令を受けたのは、先述のベルリン、ドレスデンのほか、フュルステンベルク(Schiffswerft Fürstenberg)、マグデブルク(Staatswerft Rothensee)、ブランデンブルク(Volkswerft “Ernst Thälmann” Brandenburg)など内陸部の造船所のみであった。メクレンブルクのバルト海沿岸地域に存在するヴァルネミュンデ、ヴィスマール、シュトラルズントの各造船所が本格的に生産を再開したのは、一九四六年六月三日のSMAD長秘密命令〇一二六号以降である。この命令により、沿岸造船所では賠償用を中心とする船舶の修繕を始めるとともに、生産能力の拡大を目指して工場の新設・拡張工事が開始された[17]。

バルト海沿岸造船所の拡張が勢いを増したのは、一九四八年春、冷戦の影響でエルベ川が遮断されたのちであった。それまでは内陸造船所で建造された船を沿岸造船所まで輸送して最終的に仕上げ、ソ連に引き渡すというのが、賠償用生産の基本パターンであったが、それが不可能となったのである。対処策として、四八年六月、造船業に関するSMAD命令一〇三、一〇四、一一二号が立て続けに公布される。これらの命令では、シュトラルズントを年産百隻のラガー(Logger: 沿岸漁業用小漁船)建造工場へ、ヴァルネミュンデを年修繕額一五〇〇万マルクの修繕工場へ拡張し、ヴォルガストにも年産六八ラガー工場を新設するよう命じられた。そのためにSMADから造船所とその建設企業へ五〇〇万マルクの信用のほか、金属や燃料、トラック、労働者への追加的食料が供与されるとした[18]。このほか一九四〇年代後半期の造船業への投資額については、一九四六年春にソ連からヴィスマールへ四三八万マルクの信用が供与されている。ドイツ当局からは、シュトラルズントが四九年だけで二六四三万マルクの投資を得たのを筆頭に、一九四八—五〇年の三年間で四一一一万マルクを、ヴォルガストも同じ時期に九四四万マルクの投資を受けていた[19]。

一九五〇年以降は、全DDRの賠償生産のうちほとんど一〇〇%が、重機械、造船、輸送機器(造船を除く)産業に集中する。造船業の賠償生産計画額は、一九四九年が七六百万マルク、五〇年には一二一百万、五一年一三六百万、五二年一四七百万、五三年二二七百万マルクと、毎年次第に増加した[20]。これは、五〇年以降、冷戦下の国際情勢を考慮したソ連が、当時要求していた賠償額六三億四千万ドルの半分を放棄して、賠償額を次第に削減していった全体的な傾向とはまったく逆のものであった。ここに、DDR製の船舶に対するソ連の需要の高さが

表3－1　バルト海沿岸造船所への投資額(1,000マルク)

	第一次5カ年計画による計画額	1954年末までの実際の投資額
ヴァルネミュンデ	96,082	98,593
ヴィスマール	87,493	107,891
ネプトゥーン	15,311	26,692
シュトラルズント	54,280	67,687
ヴォルガスト	49,725	41,384

(出所)BAP, DG3, Nr.1691.

うかがわれる。また、一九四九年には「メクレンブルクの造船所は、ほとんどもっぱら賠償のために操業してい」たが[21]、五〇年七月のSED第三回党大会では、DDR自国用の遠洋漁船・貿易船団の創出とそのために必要な生産能力の拡張が叫ばれ、賠償だけでなく国内用漁船・商船建造のためにも造船業は重視される。さらに、五一年にヴォルガストが「国防企業」に指定されたことが示すように、DDR海軍の軍艦需要も発生し始めた。これは冷戦の進行と朝鮮戦争の勃発という国際環境のなかで、五〇年以降軍備が拡張された一環であった。軍艦の建造に携わったのは、ヴォルガストのほか、ネプトゥーン、ロスラウなどの造船所である。ただし、軍需生産が本格化するのは、次の五六年からの第二次五カ年計画期においてのことであった[22]。

これらの需要充足のため、造船業に対しては多大な投資がなされた。表3－1は、一九五一年から五五年までの第一次五カ年計画期における造船業への投資額を示すものである。それによれば、ヴォルガストを除く造船所で、すでに計画終了前年の五四年末の時点で、実際の投資額は計画額を上回るものであった。別の資料によれば、一九五〇―五三年にネプトゥーン、ヴァルネミュンデ、ヴィスマールの三造船所だけで二億三六五〇万マルクが投資され、「賠償生産に従事している産業で他にこれほどの投資を受けた産業はない」といわれている[23]。また、機械製造省の造船主管局は、本計画が確定される前の計画案に従って、造船所の建設のための投資を開始してもよいという特別の許可も与えられ

表3－2　1950-55年にかけての固定資産の増加（1950年＝100）

産業部門	1955年
1. 造船	193
2. 金属	159
3. 鉱山	145
4. 衣服	142
5. 輸送機器（造船を除く）	127
全工業	119

（出所）Melzer, M., a.a.O., S.175.

ていた[24]。

ただ注意すべきは、投資額の高さが、即座に造船所の生産能力の十分な拡充につながっていたわけではない点である。たとえば設備建設用の資材が不足して、建設が進まないのは頻繁に見られる状況であった[25]。また、造船業は、総生産額の約四割を部品供給産業に依存する産業であったが、部品供給産業への投資が不十分で、造船業との生産能力に不均衡が生じていた。戦前・戦中期のDDR地域の造船業は、部品の大部分を西ドイツ側から購入していたが、戦後の東西分断によってそれが十分に果たせなくなったため、自国内における調達への転換が目指されていた。ロストックに船舶用のディーゼルモーター工場が建設されるなど、造船業へ専門的に部品を供給する企業の強化も進められていたものの、五〇年代初頭にはDDR国内の生産能力では完全には需要が充たされていなかった[26]。さらに、造船所内部でも、船体建造能力が艤装能力の三倍に達して工程間で作業速度に差が生じたり、機械化されている設備と手作業しかできない設備が混在するなどして、作業が停滞することもしばしばであった[27]。

とはいえ、他の産業にはないような投資を受けた結果、一九五〇—五五年にかけて造船業の固定資産の増加度は、全産業中とび抜けたものであった（表3－2参照）。

三　技術面の発展

(1)研究開発・設計組織の整備

第二次世界大戦直後のＤＤＲ造船業における研究開発と設計作業は、ソ連の管理下で、前者はヴァルネミュンデの科学技術局(Wissenschaftlich-Technisches Büro)に、後者はベルリンの設計局(Konstruktionsbüro Berlin-Kahlshorst)によって主に担われていた。一九五〇年になって、人民所有企業である造船開発・設計局ベルリン・ケーペニック(VEB Schiffbau Projekt- und Konstruktionsbüro Berlin-Köpenick)が設立されると、この企業とヴァルネミュンデのその支局が造船業の研究開発・設計のための中央機関となった。この時期、各造船所にも設計や技術開発担当の部は存在したものの、それは一部の船のみの設計図作成など限られた意味しかもっていなかった。その理由は、全般的な経済の中央集権化の傾向に加えて、一九五〇年代前半の時期には、専門知識が豊富な造船技師・設計士の数が限られていたことにあった。五〇年五月にロストック大学に造船技術学部が創設され、そこで造船技術者の養成が開始されてはいたものの、その効果が現れるのはもう少しあとの時期のことであった。それら数少ない専門家を中央に集め、重点的な課題を設定しての研究開発、またそこで集中的に作成される設計図の各造船所への配布という形態が、最も効率的と考えられていたのである。(28)

この中央へ専門家を集中しての研究開発が、一定の成果をあげえていたことは事実であった。一九五一―五五年の五年間に、造船の開発には毎年三―四〇〇万マルクの投資がなされ、一〇七の巨細さまざまな開発課題が解決されたといわれる。なかでもＤＤＲで五〇年代に開発された「バウプラッテ(Bauplatte: 造船用鋼板の一種と思われる)」は、その品質が世界的に有名だったとされる。さらにはややのちの時期のことになるが、六〇年代初期以降、鋼板成形加工の作業能率と精度の向上を目指してＤＤＲで開発が進められた「ユニバーサル・プレス」は、世界一の造船国となっていた日本の造船業にも影響を与えているのである。[29] 設計についても、とくに戦後初期におけるソ連からの設計図供与・設計士派遣といった援助、あるいは重要産業に指定されていた造船へは他産業から設計士が回されてきたこともあって、ＤＤＲ時代の文献によれば「かなりの水準に達していた」とされる。[30] この評価を鵜呑みにはできないとしても、五〇年代前半には、一定の設計能力にはあったと考えられる。

(2)溶接・ブロック建造法への転換

次に、生産技術の導入の実態について検討していこう。ＤＤＲも、造船所の建設にあたって、第二次世界大戦後に世界の造船業がとり入れた技術を採用していったが、それを具体的に見る前に、いささか一般論となるが、当時の造船業における生産技術革新の意義について、まず触れておきたい。[31]

当時の技術革新で最も大きな意義をもったのは、従来の主要技術であった鋲接から溶接への転換であった。溶接への移行には、まず以下のような直接的な利点が存在した。

①鋲接で必要な鋼板の重なり部分が不要となることにより、また接合部の強度を増すため従来より薄板ですむことにより、鋼材使用量を約二割減でき、載貨重量も増加しうる

②溶接のほうが水密、油密が完全であり、また船体表面が滑らかになることによって水中部の摩擦抵抗を減少しうるなど、船舶の性能も向上できる

③鋲接の排除により、鋲孔開け、皿取り作業や従来船台上で行われた鋲孔の修正、填隙作業などが不要となり、また鋲接は受け手と二人必要であったが溶接は一人でできるなど、工数・労働力を節約できる

といった点である。

しかし、これら直接的な利点以上に、溶接への転換に伴って、それまで手作業中心だった造船所の機械化が進展したことが、そのより重要な意義であった。すなわち、第一に、溶接の採用によって鋼材切断作業の精密・正確化が要求された結果、内業加工（材料加工）工程において自動ガス切断が導入され、切断作業の機械化による鋼材の切断の精密化、作業の簡略化が果たされた。第二に、作業が容易な下向き溶接の部分を増やすために元来始まったブロックごとの船体組立方法から、流れ作業であるブロック建造法が確立された。従来の層状建造法が、船台の上に龍骨を据え、それに肋骨を組み、鋼板を一枚一枚鋲で打ちつけていたのに対し、ブロック建造法は、船体をいくつかのブロックに区分し、これを溶接で順次組み立てる方法である。まず加工済みの各部材を地上の溶接場に運び、小組立、中組立を経て、一定の大きさのブロックとする。それを船台周辺の組立場に移動させて、さらに大きなブロックへと大組立し、出来上がったブロックを遅速の順によりクレーンで船台上に運んで取り付けるのである。この建造法の利点としては、流れ作業化による建造時間の短縮、船台でほとんどの組立作業をしていた頃に比べると船台利用期間が短縮され生産手段の稼働率を大幅に上昇させうること、屋内での作業が増えたため天候の影響を受けづらくなること、下向き溶接の割合が大きく増えて溶接の精度が高められることなどをあげうる。

ＤＤＲ造船業においても、一九四〇年代末から五〇年代前半にかけて、溶接や自動ガス切断などが主要技術となっていった。すでに四〇年代後半には溶接の長所が一般に認められるところとなっており、ＤＤＲでの造船所の建設にあたっては、溶接に応じた設備が備えられていった。[32] 一九五一年には、サブマージアーク溶接（UP-Schweiß）が、試験を経たのちヴァルネミュンデ、ヴィスマール、シュトラルズント、ネプトゥーンの各造船所に導入された。五〇年代半ばになると、すべての造船所でサブマージアーク溶接が採用されていたが、この溶接技術は、ＤＤＲの他産業では、なおまれにしか採用されていない技術であった。炭素溶接（CO_2-Schweiß）もＤ

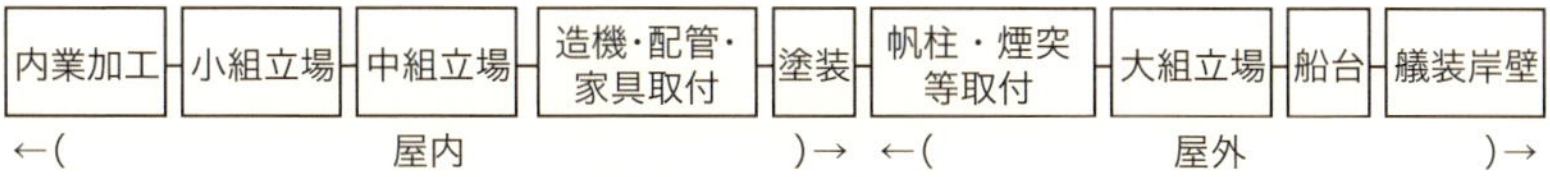

図３－１　シュトラルズント造船所におけるラガー建造過程
(出所)*Die Seewirtschaft der DDR*, S.127.

DRで初めて試験され導入されたのがシュトラルズント造船所であり、造船業はDDRの溶接技術近代化のために指導的役割を果たした。また自動ガス切断も同じ時期に導入が進められた。

流れ作業化に関しては、一九五四年秋時点で、「最も広範に流れ作業生産が導入されている」といわれていたシュトラルズント造船所を例に見てみよう。同造船所では、完全溶接船であるラガー年産百隻を目指して四八年六月から大規模な拡張工事が始まったが、四九年半ばには大部分が屋内の三つの流れ作業ラインをもつ組立場が出来上がっていた。ラインにおいて最初のラガーが完成したのは五〇年一月のことであったが、五一年には年産三六隻となり、その後五七年には年一〇六隻を建造するまでとなっていた。その建造順序は図３－１に見られる通りであるが、まず内業加工された鋼材から数百個の小さなブロックが作られていく。それらブロックはラインを進むうちにより大きなブロックとなり、最終的には七つの環状ブロック(Ringsektion)へと組み立てられる。そして環状ブロックが船台で船体へと組み立てられる。ラガーは九五%の完成度で流れ作業ラインから去り、艤装岸壁で最終的な艤装が施されることとなる。[33]

こうした技術進歩の意義については先に一般的に述べたが、とくにDDRにとっての意味について、いくつか具体的に見るならば、まず造船所の建設時期にちょうど溶接・ブロック建造法の長所が認識されていたという事実は、DDRにとって好タイミングであった。設備の建設や労働力の養成にあたって、初めからそれら技術に見合った措置をとりえたのである。溶接・ブロック建造法が、まったく新たな戦後の技術というわけではなく、戦前・戦中期からドイツ造船がそれら技術の経験をすでに有していた事実も、西側との遮断が徐々に進む状況下でのそれら技術へのスムーズな転換に寄与したと考えられる。そうしてDDRでも溶接が主要技術となっていたことは、DDR製船舶が西側のものにさして劣らない性能をもっていたという事実(詳しくは第七章二節参照)の前提であった。また、ブロック建造法の採用により作業が天候の影響を受けづらくなったことは、主要造船所の所在地がバルト海沿岸という厳寒地であったDDRにとって、冬場の作業の可能性も高めたという点でとくにその恩恵は大きかった。そして、シュトラルズント造船所では、流れ作業の進展に伴って、一九五一―五六年にかけてラガーの建造時間が約三〇%短縮されたといわれる。DDR造船業におけるこうした流れ作業方式の導入率は、国際的にも高水準だったとされる。ただし、この点は、DDRが他国に比べ先進技術を有していたためというよりも、一般に船はオーダーメイドのものが多い中で、DDRでは、ソ連をはじめとするコメコン諸国からレディメイド船への安定的かつ大量の需要があったことが大きかった。その需要の存在が、同型の船を流れ作業ラインで大量に建造しうる前提条件となっていたのである。(34)

四 労働力の調達

メクレンブルク地方の造船所は、一九五五年までの一〇年間で三万人以上という非常に多数の従業員を新たに雇用した。ここでは、雇用された労働者の質に主に注目しながら、造船所がいかなる給源から労働者を調達したのかについて検討しておきたい。

第一章で見たように、一九三九年に、メクレンブルク地方の全就業者中、工業部門の就業者の占める割合は二七・三%であり、これはDDR地域の平均値四五・〇%と比べかなり低かった。また、戦争末期のDDR地域の造船業は、前述のように従業員約八千人を擁したものの、実はこの主要部分は強制労働により編成されていた。ネプトゥーン造船所では従業員の三五％が外国人で、残りも予備役兵が主であった。これらの事情から、終戦直後のメクレンブルク地方には、造船業の労働者としてすぐに利用しうる層がわずかしか存在しなかった。ちなみに一九四三年のネプトゥーンの従業員数は約四千人であったが、四五年六月に作業が再開されたさいには、わずか二五〇人となっていた。のちにヴァルネミュンデ造船所となるボート工場には、四五年夏に二八人が、このボート工場の支社であったシュトラルズント造船所にも、一〇月に一〇六人の従業員がいたにすぎなかった。(35)

終戦直後のメクレンブルク地方の造船所はこうした状況下にあったものの、その労働者の調達は基本的にメクレンブルク内からなされることとなる。これは一つには、メクレンブルク州の人口が、一九四六年一〇月に戦前比一五〇％となったという急激な人口増加に起因した。その増加を生んだのはオーデル以東の旧ドイツ領から避難・追放されたドイツ人移民であった。メクレンブルクには一九四五／四六年の冬に約一〇〇万の移民がいたといわれ、四七年一二月の調査では、州人口の四四％が移民であった。彼らこそが造船所従業員の一つの重要な給源となり、造船所に雇用されることにより「多くの移民が、新しい仕事と故郷を見つけた」のである。(36)この移民のなかには、戦後ポーランド領となったシュテティーン、ダンツィヒなどオーデル以東の伝統的造船都市にいた専門労働者が含まれていた。ヴィスマール造船所で四六年に操業を開始したさい中心となったのは、シュテティーンのヴァルカーン造船所からの二五〇人の技師・労働者であり、四七年のヴァルネミュンデでも、ヴァルカーンからの一八六五人の労働者が雇用されている。シュテティーン・ヴァルカーンは、すでに一九世紀末からドイツの代表的造船所の一つであり、同造船所やダンツィヒの諸造船所は、第二次世界大戦中に溶接・ブロック建造法による潜水艦建造に従事した経験を有していた。もちろん、これら労働力数は、一九三六年のドイツ造船業従業員総数六万四千人からすれば、ごく少ないものであって、(37)ＤＤＲ地域の造船所は、伝統的造船国ドイツの専門労働力を一部は継承したものの、それは数的には限られたものであった。とはいえ、溶接・ブロック建造法に従事した経験をもつ労働者が少なくとも千人単位でいたという事実を考えると、戦前・戦中期からの「伝統」の意味は、さほど限られたものでもなかったと考えられる。

また、造船所の従業員となった者のうち、元造船労働者ではなかった移民のなかにも、職業訓練を受けた者が多かった。もちろんこのなかには、造船労働に即座に適応しうる訓練を受けた者ばかり含まれていたわけではないが、州労働局によるロストックの移民収容所での調査では、移民の約八割が何らかの職業訓練を受けた経験を有したとされる[38]。

このほか、比較的高い質の労働力の給源となったのは、戦前・戦時中、メクレンブルクの他産業で就業していた労働者層である。彼らのなかには、戦時中、飛行機工場で働いていた金属工、中小企業で雇用されていた旋盤工、機械工、溶接工など、造船所で利用しうる熟練層が含まれていた[39]。

しかし、労働者の調達は、熟練層ばかりを給源としたわけではなかった。大きな給源をなしたのが、とくに女性や年少者(Jugendliche)を中心とする未熟練層であった。DDR地域で見られた全般的な男性労働力不足の状況は、メクレンブルクでも同様であり、一九四六年一〇月に同州の女性人口は、男性人口より三四%も多かった。こうした男性労働力不足を補うため、女性の生産工程への進出が促進された。元来DDR地域の造船業は女性の進出が弱かった部門であり、一九四四年には全従業員中女性の占める割合は五・八%にすぎなかった[40]。ところが、戦後一九五〇年には女性比率は一四・五%へと急増し、五二年にその比率はヴァルネミュンデで二三・一%、ヴィスマールで一七・五%、シュトラルズントで一五・六%となった。さらに五四年のヴァルネミュンデでは二四・九%まで上昇した。年々、女性が給源として占める地位は高まっていったのである。だが、元来女性進出の弱かった造船業の女性労働者の大部分は未熟練工であった[41]。また、女性と重複する部分もあるものの、年少層も

表３－３　メクレンブルクの造船所の従業員数（レフリン造船所を除く）

年	人
1946	約1,500
1947	7,240
1948	11,210
1949	24,850
1950	27,010
1951	31,910
1952	34,840
1953	39,090
1954	39,920
1955	35,900

（出所）Labahn, K., a.a.O., Tabelle19.

次第に大きな給源となっていった。年少層が造船業の全従業員に占める割合を見ると、一九五〇年には八・一％であったが、五四年には一一・三％へと上昇している。五四年のヴァルネミュンデではその割合は一二・三％とされており、年少層の割合も女性と同様に拡大傾向にあった。造船業において、徒弟(Lehrling)が全従業員中に占める比率は、五〇年に一五％であったが、五二年には一九・五％まで上昇していた。五二年の造船業での新規採用者のうち、六五％が徒弟としての採用であった(うち女性が三五％)。こうして「全ＤＤＲでも、造船業でも労働者階級の数的増大は、大部分女性と年少層の流入の結果であった」といわれている[42]。さらに、一九五〇―五二年にかけて、規模は不明であるが、農業労働者からの移入が急激に増大したことも資料に指摘されている。このほか、工業労働以外の職業に従事していた男性も一つの給源であった[43]。

これまで見てきた諸給源が、それぞれどの程度の数を供給したかを具体的に示すデータを見出すことはできなかったものの、当時の造船業で専門労働者の不足が一貫して問題とされていた事実(第五章一節(1)参照)からは、移民・地元出身の熟練層が、造船所の専門労働者需要を充足し得ていなかったことをうかがい知ることができる。労働者の給源としては、移民と地元出身の熟練層を一定程度雇用したあとは、女性・年少層・農業労働者といった未熟練層へとその中心が移動していったことを一般的傾向として指摘しうると思われる。一九五五年までのメクレンブルク地方の造船所従業員数は、表3－3のように、非常に急激に増加した。

五　賠償生産の優先

生産設備を拡張し、労働者数を増加させていく一方で、重要賠償産業であった造船業の生産計画達成のためには、資材や臨時の労働力供給においてさまざまな優遇措置がとられていた。「DDR地域のすべての州が造船業の生産に協力せねばならなかった」[44]。一九四〇年代にはSMAD命令のなかで、造船所に原材料を供給する企業が細かく指定され、それらの企業は、造船所への原材料供給を「緊急の課題として扱い」、「造船所の生産を滞らせることのないよう」命じられた[45]。四六年には造船業の支払いを三〇％免除するといった規定もSMADにより命令された。四九年一〇月のDDR建国後は、DDR政府により同様な措置がとられた。労働力は、他の産業からの強制的な移動により、四九年のネプトゥーン造船所では一〇〇〇人の労働者が計画以上に投入されるなど、造船所の必要に応じて数百人規模で臨時に追加投入された[46]。「生産計画は労働力の集中的な投入によって達成されている」ともいわれていた[47]。ソ連は原材料の供給に協力し、造船のために最も重要な素材である板金の需要は、五四年にはほとんど一〇〇％がソ連により充足されていた[48]。

一九五〇年以降はDDR国内向け生産も重視され始めたとはいえ、賠償用生産が最重要課題とされることに変わりはなかった。造船業内部では、生産能力が、賠償用生産へ集中的に向けられていた。原材料・部品納入においては、「ソ連から輸入される板金は、一義的に賠償生産用のものであり、ＤＤＲ向けの漁船建造のためには分配もされない」といわれた[49]。すべての部品供給企業は、「賠償のための部品を、他のあらゆる課題に優先して、高い質で、期日を守って納入せねばならない」とされた[50]。賠償計画の達成のために、造船所間でも労働力の移動・集中投入がなされた。たとえば五一年、ヴォルガストでの賠償用ラガー建造のために、ボイツェンブルク造船所から三三五人、マグデブルク造船所から一五六人の労働者が供給されている[51]。造船所では「五二年上半期に、賠償生産のため全能力を傾注した結果、ＤＤＲ用のラガー建造が大きく遅れた」り、国内の定期航路用船舶の修繕がなされず、「このままでは運航の中止に追い込まれる」ほどであった[52]。

実際、一九五二年の人民経済計画(賠償生産、ＤＤＲ国内用生産をともに含むもの)と賠償生産計画(賠償生産のみ)の双方の達成度を比較してみると、シュトラルズント造船所では、賠償生産計画は一〇〇％達成されたが、人民経済計画はわずか四九・二％しか達成されなかった。同じくヴァルネミュンデでは、賠償生産計画は一〇一％であるのに対して、人民経済計画は八七・二％の達成度であり、他にもロスラウ、ブランデンブルク、マグデブルクの各造船所も同じ状況であった[53]。賠償の達成のためには、ＤＤＲ国内用生産をおろそかにせざるをえなかったのである。

かかる状況を生じさせたのが、造船所に対するソ連の直接的な影響力の行使であった。造船所は、賠償用生産の開始にさいして、ソ連管理委員会(Sowjetische Kontrollkommission)からとＤＤＲの賠償局からの二つの命令を受け取った。ソ連管理委員会からの命令には、建造する船舶の型から使用する原材料、納入期日などが細かく指定されており、賠償局の命令には単にソ連の命令を受けての生産額が規定されているだけであった。ソ連は、設計にも干渉し、「壁の色を赤に変更せよ」といった細かな指示まで命じた。造船所側は、ソ連のたび重なる設計の変更によって作業が遅れを被っていることを賠償局に訴えてもいる。作業の進行度合は、ソ連の建造監督局(Bauaufsicht)により点検され、月ごとに作業の進行度が算出された。[54]完成した船は、ソ連の検査委員会(Abnahmekommission)により検査され、ときには三〇〇点余りも点検し直すよう命じられた。また、賠償生産が期限通りに完了しなかった場合には、造船所指導部が更迭されたり、造船所に違約金の支払いが課された。ヴァルネミュンデ造船所は、一九五一年の賠償生産不達成のために、五九〇万マルクの違約金を課されている。[55]

ソ連は、冷戦下の国際状勢と一九五三年六月労働者蜂起後のDDR国内状況を考慮して、五三年末で賠償受け取りを停止する。だが、賠償の終結と同時に、ソ連のDDR製船舶に対する需要がなくなったわけではない。五四年以降は、賠償が貿易という形に変わっただけであった。造船業は、五〇年代半ばにも建造した船舶の八〇%をソ連を中心とするコメコン市場へ輸出した。造船業に対するソ連の最大市場としての地位は、賠償後も変化することがなかった。またソ連は、引き続き造船所に対して設計や使用原材料について命令を出せる立場に留まった。[56]

小括

DDR全体の造船業は表3－4に見られるような成長を遂げた。一九五一―五五年の第一次五カ年計画期に、造船業は、総生産額で二・三七倍(全産業中三位の上昇度)[57]、固定資産額で一・九三倍(同一位)、従業員数で一・四五倍といずれも全工業の平均を大きく上回る上昇度を示した。総生産トン数は、一九四八年の約二万トンと比べれば、五五年には約一二万八千トンまで六倍強に増加したとされ、従業員数は、終戦直後の一一〇〇人に対して、五五年には四〇倍の約四万五千人へと急増していた。[58]こうした成長を促した主因は、賠償による需要であった。DDR造船業は、五三年末までに約一一六〇隻の船の新造と四〇〇隻余の修繕を賠償用に果たした。これは

表３－４　第一次５カ年計画期における総生産額，固定資産額，従業員数，労働生産性の成長度(1950年＝100)

	総生産額	固定資産額	従業員数	労働生産性
造船	237(285)	193	145	140(184)
全工業	194(190)	119	118	154(161)

(　)内は第一次５カ年計画の目標値。
(出所)BAP, DE1, Nr.5014, Bl.160; Nr.13012, Bl.4; Steiner, A., Wirtschaftliche Lenkungsverfahren, S.285ff; Melzer, M., a.a.O., S.175.

額にすると、新造が一一億二千万マルク、修繕が九億マルクの計約二〇億マルクであった。[59] 一九四八―五三年の造船業の総生産額は二五億七八〇〇万マルクとされており、[60] 生産額が不明な四七年以前はなお生産能力が小さかったことを考慮すれば、賠償は総生産の約八割を占めていたということができる。賠償は、その負担額の大きさから、DDRの経済成長を遅らせる要因であったとされるが、[61] 造船業を取り上げてみると、賠償向けの生産を担わされたことが、かえって同産業の成長を促す主因にもなったのである。そしてまた、これらの生産を可能としたのが、述べてきたような計画経済下での投資・資材・労働力の集中であり、導入された新技術であったといえよう。DDR製船舶に対するソ連の需要は、賠償終了後にも変わりなく存在し続け、他のコメコン諸国からの注文も合わせて、DDR造船業は安定的な受注量を確保しえたのである。

ところが、特定部分への投資・資材・労働力の集中は、産業間・産業内発展上の歪みの問題を発生させた。それは第一に、投資のアンバランスによって、造船業と部品供給産業の生産能力に不均衡が生じており、また造船所内部でも工程間の拡張テンポに差があったため、作業が停滞した事実であった。第二に、賠償用生産に能力を傾注したために、DDR国内用の商船・漁船の建造・修繕がおろそかにされざるをえなかった。この点は、DDRの一九五〇年の輸送能力が戦前の五〇%ほどにすぎなかった(同年の西ドイツは八〇%まで回復)ことの一因となり、[62] また「漁船の修繕の遅れにより毎年四千トンの漁獲高が損失している」といわれる状況を発生させた[63]。

さらに重要なのは、表3－4が示すように、第一次五カ年計画期における造船業の労働生産性上昇度は、生産額、固定資産額、従業員数とは対照的に全工業の平均以下だったことである。また、労働生産性と生産の上昇度は、第一次五カ年計画での造船業自身の目標値を大幅に下回っていることにも注意せねばならない。機械製造省の資料にも、「造船業では現存する設備・技術条件に対して労働生産性の伸びがまったく不十分」なことが指摘されている[64]。この理由としては、造船業が元来労働集約的な産業である点も指摘できようが、理由はそればかりではない。他産業にないような投資を受け、先端技術を導入するなど、とび抜けて一位の生産設備の拡張を果たした造船業において、なにゆえ労働生産性の伸びが不十分であったのか。次章以降では、この点の理由について、企業現場の実態から解明していくこととする。

（1） BAP, DG3, Nr.4119, Bl.10.
（2） Albert, Götz, *Wettbewerbsfähigkeit und Krise der deutschen Schiffbauindustrie 1945-1990*, Frankfurt/Main 1998, S.45-72, 139-144. なおドイツは第二次世界大戦によって、旧領のシュテティーン、ダンツィヒ、ケーニヒスベルクの三つの造船所を失った。ただし、その労働力は戦後のドイツ造船所において雇用された部分があり、ＤＤＲ関連の部分については、本章四節で触れる。
（3） Lorenz, E. H., An Evolutionary Explanation for Competitive Decline: The British Shipbuilding Industry, 1890-1970, in: *The Journal of Economic History*, 51(4), 1991, p.917; Albert, G., a.a.O., S.72-87.
（4） Melzer, M., a.a.O., S.167f; Strobel/Dame, a.a.O., S.111.
（5） Melzer, M., a.a.O., S.167f; Albert, G., a.a.O., S.139-144; Strobel/Dame, a.a.O., S.199.
（6） BAP, DE1, Nr.14643, Bl.167; Poßekel, K., An der Küste Mecklenburgs, S.570; *140 Jahre Eisenschiffbau in Rostock*,

S.87.

(7) BAP, DE1, Nr.13012, Bl.1; Kramer, R./Stahl, J., Neubeginn durch Wiedergutmachung, in: *Deutscher Marinekalender*, 1991, S.146; *Chronik - VEB Schiffswerft Neptun Rostock*, Rostock 1979, S.26. この労働者評議会は、一〇月に最初の選挙が行われた経営協議会へと改編された。

(8) Ebenda, S.25. こうしたドイツ人の解体作業員は全ＤＤＲ地域で投入され、ソ連軍の監視の下、ソ連側から賃金を受け取って作業した。Karlsch, R., *Allein bezahlt?*, S.68.

(9) *140 Jahre Eisenschiffbau in Rostock*, S.87; Harmssen, G.-W., *Am Abend der Demontage*, Bremen 1951, S.101f.

(10) Karlsch, R., *Allein bezahlt?*, S.164.

(11) Strobel/Dame, a.a.O., S.9-12; Kramer/Stahl, a.a.O., S.149.

(12) BAP, DG2, Nr.1311, Bl.90.

(13) Karlsch, R., *Allein bezahlt?*, S.85.

(14) Kornprost, R., a.a.O., S.257.

(15) BAP, DE1, Nr.13012, Bl.1.

(16) BAP, DX1, SMAD-Befehl Nr.173, 18. Dez. 1945. 全SMAD-Befehlの一覧は、Foitzik, Jan, *Inventar der Befehle des Obersten Chefs der Sowjetischen Militäradministration in Deutschland*, München/New Providence/London/Paris 1995にある。

(17) BAP, DC2, Nr.2114.

(18) BAP, DX1, SMAD-Befehl Nr.103, 7. Juni 1948; Nr.104, 8. Juni 1948; Nr.112, 23. Juni 1948.

(19) BAP, DG3, Nr.1691; Kornprost, R., a.a.O., S.258.

(20) Karlsch, R., Umfang und Struktur, S.68. 生産コストを低く見積もるこの計画額は、実際の賠償額とは一致しない。この点については、第六章二節において詳しく検討を加えている。

(21) BAP, DC2, Nr.11390, Bl.265.

(22) Mehl, H./Schäfer, K., *Die andere deutsche Marine*, Stuttgart 1995(2. Auflage), S.8-13.

(23) BAP, DC2, Nr.17413, Bl.202.

（24） BAP, DE1, Nr.11970, Bl.25.

（25） Ebenda, Bl.1f.

（26） BAP, DE1, Nr.14643, Bl.28, 169. 一九五一年七月、機械製造大臣は「すべての部品はＤＤＲ国内で製造しうる」と主張し自給体制への強い意欲を見せていたものの、造船所指導部の間では四〇年代にはなお入手可能であった西ドイツ側の部品を取り寄せようとする傾向が強かった。BAP, DG3, Nr.4062, Bl.35.

（27） BAP, DE1, Nr.14643, Bl.29, 171.

（28） *Die Seewirtschaft der DDR*, S.81-90; Strobel/Dame, a.a.O., S.41f.

（29） *Die Seewirtschaft der DDR*, S.89-91; 竹内常善「造船業に於ける新たな技術革新の動きとそれに関する若干の問題について」『政経論叢(広島大学)』二六巻三号(一九七六年)、八八頁。

（30） *Die Seewirtschaft der DDR*, S.81f.

（31） 造船業の技術革新に関しては、*Die Seewirtschaft der DDR*, S.39, 125; 宮下武平「造船工業の発展と構造」有澤広巳編『現代日本産業講座Ⅴ』岩波書店、一九六〇年、一七二―一七五頁、東京大学社会科学研究所『造船業における技術革新と労務管理』東京大学社会科学研究所調査報告第二集、一九六〇年、二九、三四頁を参照。造船用語については、*Schiffstechnisches Wörterbuch*, Band I Deutsch-Englisch, zusammengestellt von Robert Dluhy, Hannover 1983; 日本機械学会編修『機械工学便覧　改訂第五版』日本機械学会、一九六八年、第一七編第三章等を参考にした。

（32） Strobel, D., Das Loggerbauprogramm - ein Kapitel DDR-Geschichte, in: *Marine Kalender der DDR*, 1989, S.16.

（33） BAP, DE1, Nr.14643, Bl.27; *Die Seewirtschaft der DDR*, S.125-127; Strobel/Dame, a.a.O., S.26.

（34） たとえば流れ作業で五八年までに建造されたラガー一〇八一隻のうち、一〇三九隻がソ連に納入されている。*Die Seewirtschaft der DDR*, S.123; Strobel/Dame, a.a.O., S.20, 113.

（35） BAP, DG2, Nr.13573, Bl.30, 33; SAPMO, ZPA, NL 113/16, Bl.212; Labahn, K., a.a.O., S.3, 13; Haack, Hanna, Das Arbeitermilieu in der Rostocker Neputunwerft: Inklusion und Exklusion beim Neuaufbau, in:Hübner/Tenfelde(Hrsg.), a.a.O., S.574.

（36） BAP, DE1, Nr.14643, Bl.167; Poßekel, K., a.a.O., S.570; Labahn, K., a.a.O., S.43, Tabelle 25. なお、労働者の雇用は、個人の自由意志に従うのが基本的形態であった。のちにみるように中央による指令的な労働力配分も一部行われたが、それは優先的な生産達成を目指す箇所への強制的な投入が必要とされた場合だけであり、労働者の雇用にさいしては限定的な意味しかもたなかった。BAP, DG3, Nr.3876, Bl.25. 一般にDDRおよび東欧諸国では、労働力の移動が個人の自由意志に従ったものであったことを指摘する文献として、Hübner, P., *Konsens, Konflikt und Kompromiß*, S.205. 塩川伸明『ソヴェト社会政策史研究』東京大学出版会、一九九一年、三六一―三六二頁、大津定美、前掲書、一九―二二、二六―三一頁。

（37）Kornprost, R., a.a.O., S.257; Labahn, K. a.a.O., S.56f; Albert, G., a.a.O., S.71.

（38）Labahn, K., a.a.O., S.56f; *Die Seewirtschaft der DDR*, S.69.

（39）*140 Jahre Eisenschiffbau in Rostock*, S.84f.

（40）BAP, DG2, Nr.13573, Bl.62; Labahn, K., a.a.O., S.8. この女性比率は鉱山部門に次ぐ低い比率であった。

（41）BAP, DE1, Nr.14643, Bl.184; DE1, Nr.11970, Bl.22, 24, 26.

（42）BAP, DE1, Nr.14643, Bl.184; Labahn, a.a.O., S.82-87, 157. 年少層が具体的には何歳以下を指すかに関して資料やラバーンの博士論文には定義がなされていない。ここでは、五〇年代のDDR公式統計に従って、とりあえず一八歳未満の層と理解しておきたい。*Statistisches Jahrbuch der DDR*, 1956, S.182. なお、一九五九年に、職業活動へと続く技術的基礎を子供が学ぶ一〇年生の総合技術学校が、DDRの初等学校とされた。とくに六七年以降には、九年生と一〇年生クラスにおいて、金属加工、電機産業、繊維産業、農業などの分野の技術を学ぶコースも設けられ、それら教育が造船工の養成に寄与した面もあったと思われるが、本書対象時期にはまだ制度の整備はなされていなかった。*DDR Handbuch*, S.225, 664.

（43）BAP, DE1, Nr.14643, Bl.193; *140 Jahre Eisenschiffbau in Rostock*, S.86.

（44）Karlsch, R., *Allein bezahlt?*, S.179.

（45）BAP, DX1, SMAD-Befehl Nr.104, 8. Juni 1948.

（46）BAP, DG3, Nr.4066, Bl.1; DC2, Nr.1016, Bl.90; Karlsch, R., *Allein bezahlt?*, S.179. このネプトゥーンへの追加投入は、SMADが訪問し、船橋用平底ボート(Ponton)の建造が遅れていることを確認したのち、即座に決定されたという。Haack, H., a.a.O., S.575.

（47）BAP, DG3, Nr.3821.

（48）BAP, DE1, Nr.14643, Bl.28.

（49）BAP, DE1, Nr.11897, Bl.26.

(50) BAP, DG3, Nr.3876, Bl.49.
(51) Ebenda, Bl.25.
(52) BAP, DG3, Nr.3912, Bl.1, 11.
(53) BAP, DG3, Nr.4152.
(54) BAP, DG3, Nr.4075, Bl.135,137; DG3, Nr.4062, Bl.50.
(55) BAP, DG3, Nr.3876, Bl.2, 46, 63; DE1, Nr.11970, Bl.43.
(56) BAP, DE1, Nr.14643, Bl.28; DG3, Nr.3821.
(57) 造船業が全工業の総生産に占める割合は額としては大きいとはいえない。その割合は、一九五五年に二・〇%であった。Melzer, M., a.a.O., S.183. ただ、ほぼ同じ時期一九五六年に世界の生産シェアで一位となった日本の造船業が、同年、全製造業のなかで占める地位は、付加価値額で二・二%、出荷額で二・八%であり、一般的に造船業は額でみると地位が大きくはないのである(『工業統計表　産業編』昭和三一年版、三、一九頁)。むしろ、造船業が全産業に占める地位は、額の大きさではなく、その成長のテンポや(ちなみに戦前のDDR地域で造船業が全工業の総生産額に占めた割合はわずか〇・一%にすぎなかった。Melzer, a.a.O., S.168.)、輸出に占める割合(一九六〇年、DDR造船業は対ソ輸出の一二・三%、全輸出の五・一%を占めた。*Statistisches Jahrbuch der DDR*, 1970, S.296, 308.)といった点から語りうるといえよう。
(58) Außenhandelsbetrieb Schiffscommerz (Hrsg.), DDR Schiffbau, Rostock 1978, S.6; VLAG, Ökonomik des Schiffbaus. なお一九五五年の造船業の従業員数に関しては文献・資料ごとに数値に揺れがある。DDR時代の標準的文献では約五万五千人とされ、資料的にそれを支持するものも存在する。Kornprost, R., a.a.O; BAP, DE1, Nr.5014, Bl.160. 他方、資料のなかには四万五千人程度とするものもある。VLAG, Ökonomik des Schiffbaus; BAP, DG3, Nr.4119, Bl.10. この約一万人という大きな数値の差は、統計面の不備、造船のために特化して生産する部品企業の算入の有無、季節労働者などの算入の有無、労働力流動の高さなどから生じたものかと推定されるが、ここでは後者の数値を指摘する資料(BAP, DG3, Nr.4119, Bl.10)が造船所ごとの詳細な従業員数を示しているため、後者を採用した。
(59) Strobel/Dame, a.a.O., S.92.
(60) VLAG, Ökonomik des Schiffbaus.
(61) Karlsch, R., *Allein bezahlt?*, S.240.

(62) *Statistisches Jahrbuch für die Bundesrepublik Deutschland*, 1952, S.274; 1959, S.522.
(63) BAP, DE1, Nr.11969, Bl.3.
(64) BAP, DG3, Nr.1691, Bl.28.

第四章　造船業の企業現場における設備能力の不十分な利用

はじめに

ここからは、造船業における労働生産性伸び悩みの理由について分析していくが、まず本章では、拡張された設備能力が十分に利用されていたかという観点から、生産計画、原材料・部品納入、研究開発・設計、技術使用上のそれぞれの問題点について検討していくこととする。なお本章では、現場におけるさまざまな問題点が、戦後初期(一九四五—五〇年あたり)と、本格的な経済計画が開始された第一次五カ年計画期(一九五一—五五年)とでは、やや性格に差があると思われるため、まず最初に戦後初期の状況を見ておき、その後、第一次五カ年計画期における問題点について取り上げていくこととする。

一　戦後初期の生産困難

初めに、当該期の企業現場の様相に関して、いくつか具体例を掲げておこう。

一九四七年一二月二〇日のシュベリン地方工業管理部造船部局からメクレンブルク州政府への書簡は、当時の造船所の状態を次のように記している。「造船業は、他の部門とは比較できないほどの原材料・部品を必要とするが、DDR地域には、型鋼・圧延鋼などの工場が存在しない。造船所では、それらの西からの納入を一年以上も待っている。生産は、在庫原材料や解体された別の工場からかき集めてきた資材により進展するだけである。木材も、木材産業自体の賠償納入が多すぎるので、造船のためには回されてこない。これに加えて、専門労働力も不足している」[1]。この時期は、一般的に部品供給産業が自らの賠償課題を果たすのに精一杯で、造船業のような加工産業へは部品が回らず、加工産業の生産は苦境に立たされていたのである。[2]

造船業においては、一九四六年六月五日のソ連軍政部（ＳＭＡＤ）命令一六七号以降、ネプトゥーン、フュルステンベルク、オーデルベルク(Schiffswerft Oderberg)の三造船所が、ソ連所有株式会社（ＳＡＧ）化されていた。これらはソ連直轄の造船所として、ＳＭＡＤの監督下で優先的に資材やエネルギー供給を受け、賠償生産に従事した。[3] しかし、生産の困難は、ＳＡＧでも大差なかった。「一九四九年前半期のネプトゥーンにおける賠償生産の多くは期限通りに達成されなかった。船橋用平底ボート(Ponton)は、同期に三四隻がソ連へ納入される計画であったが、実際は一隻しか納入されなかった。この原因としては、資材と専門労働力の不足が挙げられる。資材に関しては、納入された鋳造資材の質が悪い。労働力は、三月のＳＭＡＤとの交渉で一〇〇〇人が補填されたものの、これらの労働者は必要な技能を欠いている。たとえば溶接工では、完全な熟練工は一七％しかおらず、ノルマは三八％しか果たされない。また急激な労働力の増加により、職長はそれまでの二倍の人員を監視することとなり、さらにこれらの労働力の一部は、八週間だけの期間限定の労働者であるため、労働モラルが低い[4]」。

状況は、ＤＤＲ国内向け生産になるとさらに悪いものであった。「一九五〇年のマグデブルク造船所では、曳網船(Seiner)建造が計画目標に遠く及ばなかった。その理由は、①造船所指導部が計画に関して十分に検討を加えなかったこと、②計画に無理があり、それはあらゆる精神的・肉体的能力の傾注によっても達成が難しいものだったこと、③シュトラルズント造船所のラガー建造のために八〇人の専門工が引き抜かれたこと、④一九五〇年の生産用の設計図を入手できたのが三月になってからであり、また設計図が十分な検討を加えられたものでないため、たびたび変更の必要があり、それゆえ生産にも遅れが生じたこと、⑤たえず板金、型鋼、木材などの供給が遅れたこと、⑥資材の納入や造船所の建設の促進に関して責任の所在が不明確であること、などである[5]」。

以上の例を見ると、この時期には、総じて戦争直後の物資不足と産業創業期の人員不足・経験不足といった一時的な条件が主に影響して、生産に困難が生じていたように思われる。ただ、次のような事実にも注目すべきである。「一九四九年夏、シュトラルズント造船所で生産性が低下した。これは、造船所が建設中であることにも起因するが、それが唯一の理由ではなく、労働の怠慢、労働規律を欠如させるような労働組織、個々の労働者・職員の責任の欠如にも問題があった」[6]。この時期にも、労働の怠慢や現場の責任の不明確さといった次の第一次五カ年計画期に広く見られるようになる問題点がすでに指摘され始めており(上のマグデブルク造船所の事例にも同様の指摘がある)、それが生産性の面にも負の影響を及ぼし始めていたのである[7]。

二　第一次五カ年計画期の問題点

この時期は、前の時期と比べれば、計画経済システムの諸特徴にその原因を求めうる問題点が、より顕著に現れていた時期として捉えることができる。それらを検討する前に、まず、以下で述べる諸問題が全体のなかで占める位置を明確にすべく、当該期における生産の計画から実施までの過程を図4－1に従って見ておくこととしよう。

上級管理レベルである賠償局(賠償用生産の場合)もしくは国家計画委員会(賠償以外の一般生産の場合)は、ソ連あるいは社会主義統一党(SED)の生産に関する指示を受けつつ生産計画案を作成する。その計画案は、中級管理レベルである機械製造省に伝達される。機械製造省は、さらにそれを現場である造船所へと伝達する。計画案については、造船所でも検討が加えられ、何らかの提案があれば、逆に機械製造省を通じて上級管理レベルまで提出される。こうした調整を繰り返すことにより、最終的な生産計画が確定されるのであって、計画は一度上から指令されて終わりという性格のものではなかった。

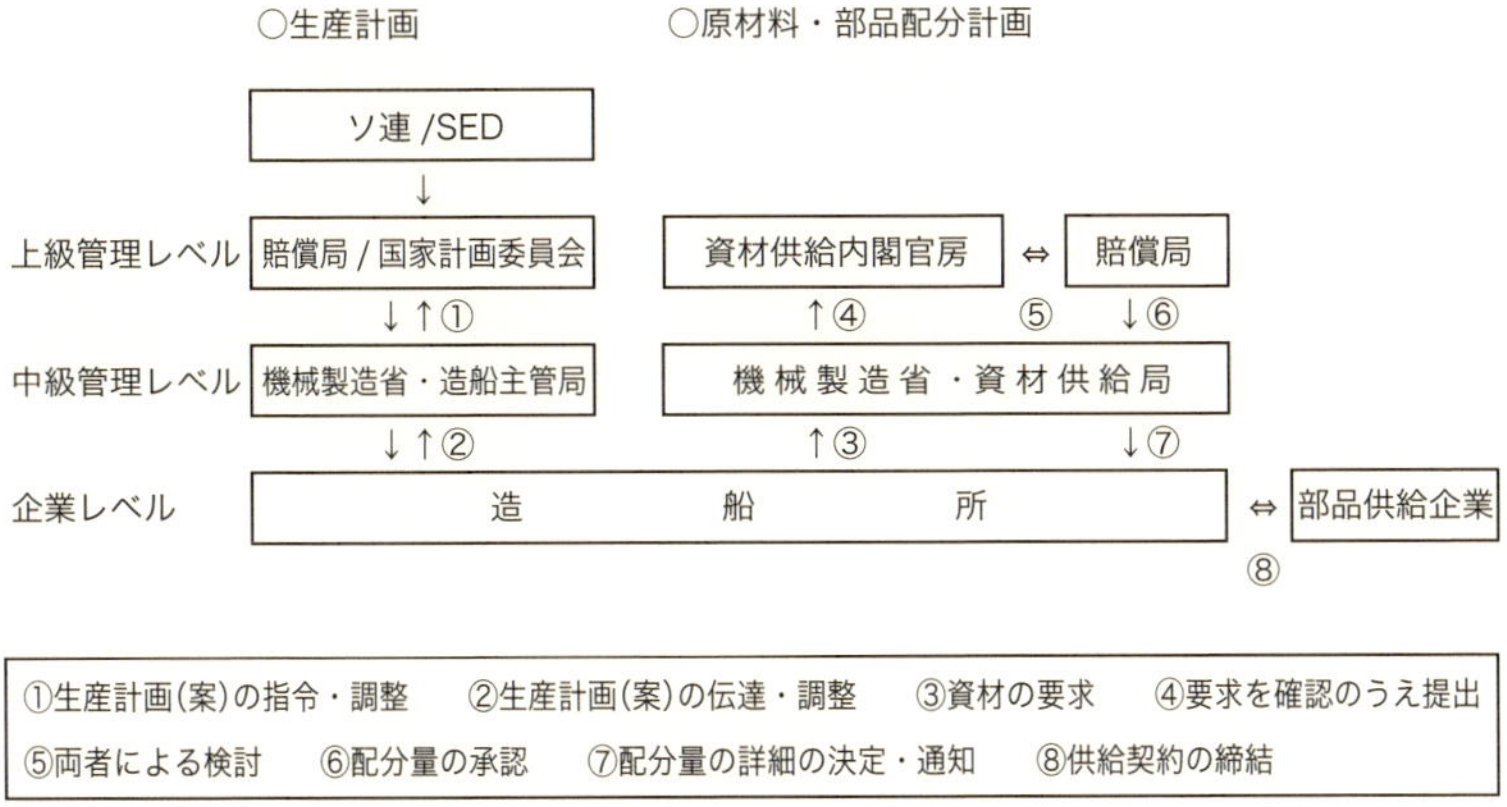

図4－1　造船業における生産計画，原材料・部品配分計画の基本構造
（1952年初頭時点）
（出所）BAP, DE1, Nr.11970, Bl.42, 46.

また、造船所では、生産計画案を受け取った時点で、その生産に必要な資材量を予測し、機械製造省の資材供給局へ必要資材を要求する。資材供給局は、要求を確認のうえ、上級管理レベルの資材供給内閣官房へ提出する。賠償用生産の場合、この官房は、賠償局と共同で要求量に関して検討し、配分量を承認する。承認された配分量は、賠償局から機械製造省へ伝えられ、省でさらに詳細に配分量が決定される。その確定配分量が造船所へ伝達される。一般生産の場合は、資材供給内閣官房が配分量を決定し、省へ通知することとなる。造船所は、確定配分量に基づいて、部品供給企業と供給に関する契約を個別に締結し、生産を実施するのである。

こうした手順を念頭に、個々の問題点に関する検討に入ろう。

(1)生産計画の問題点

生産計画についてまず問題とされるべきは、生産がそれに従って管理されるはずの生産計画自体が、造船所の現状を反映したものではなかったという点である。「シュトラルズント造船所の一九五一年の生産計画は、生産能力のすべてを必要とするものではなく、他方五二年は生産能力に対して計画が大きすぎるものである」。「漁船の修繕に従事している造船所では、漁獲シーズンには作業量が低下し、休獲期には急増するのに、硬直した生産計画は、ロボットのように毎日の生産実績を要求してくる。生産計画は現実に基づき、弾力的であるべきである」[8]。

また、頻繁な計画の変更が生産の準備・進展を妨げ、現場を困惑させていた。「ヴァルネミュンデ造船所の計画はこれまで何度も変更された。一九五一年一二月一四日の変更では、以前と比べ修繕額が三九〇万マルクも高く、浮きドック(Schwimmdock)も二五〇〇トンだったのが、四千トンのものを建造することになっていた。五二年一月二〇日には、さらに修繕額が高く設定された。この計画だと四〇〇万マルクの追加投資と千人の追加労働力が必要となろう」。五二年に「ヴァルネミュンデのある船の船内設備に関する計画が、当初は木材、最終的には軽金属での建造に変更された。このために特別に調達した三五〇人の家具職人が無用となり、彼らに支払った賃金が無駄となった」。「造船所は、与えられる計画の不明確さによって五二年の建造準備やその開始が危機にある。たとえばボイツェンブルク造船所では、五二年用の計画について、五一年九月二二日までに七度も変更になり、何も確定されない。生産のための準備期間を考慮に入れれば、遅くとも七月半ばには、計画案が確定している必要があったのにである」[9]。

これら問題点を生じさせた原因としては、生産計画作成自体の不可能性(厳密な生産計画を作成することは事実上不可能であったといえるのであるが、この点については、第六章三節において詳しく述べる)、中央当局が個々の企業現場についての完全な情報を把握し処理する能力をもたないことなど、「社会主義」計画経済システムの諸特徴の影響が考えられよう[10]。

(2)原材料・部品納入における問題点

ここでは、原材料・部品の納入の遅れとその質の悪さという二点について検討する。

まず、この時期の造船業における納入の遅れに関する具体例を列挙すれば、「造船業の賠償生産達成のために、一九五一年第Ⅰ四半期には、六七一七トンの圧延資材が配分される予定であった。しかし、四半期が終わってもそれは七〇％しか到着していない」[11]。ヴィスマール造船所で五〇―五二年にかけて賠償用に修繕された客船Pobedaは、「造船業のすべての能力を動員すべし」と特別に重視された対象であったにもかかわらず、鋼管や木材、換気装置などその必要資材の多くが納入の遅れに遭遇した[12]。賠償生産のための優先措置が軽減された五四年第Ⅰ四半期には、ヴァルネミュンデ造船所で必要とする板金は予定の二六％、鋼管は四〇％しか納入されなかった[13]。

こうした例は枚挙にいとまがない。前章で述べたように、造船業は総生産額の四割ほどを部品供給産業に依存しており、原材料・部品の納入の遅れにより、他産業と比べ多大な影響を被った。このことは、造船業の労働生産性の上昇度を全工業の平均以下とさせた一因となったと考えられる。

原材料・部品納入の遅れには、この時期のDDRでなお続く全般的な金属資材不足や、前述のような部品供給産業の生産能力の弱さ、五一年以降部品を購入していた西ドイツ側との取引が制限されたことなど、この時期特有の要因も作用した。しかし、DDRにおいては、一九八〇年代になっても、原材料・部品供給の遅れが解決すべき重要な課題とされ続けているなど[14]、この問題は「社会主義」計画経済において広く観察された現象である。したがって、こうした遅れの原因は、以下のような事情からも考察されなければならない。

まず、遅れの原因として指摘できるのは、原材料・部品配分計画の煩雑な手続きである。上述したような計画確定までの手続きのために、配分量の決定だけでも時間がかかった。ヴァルネミュンデ造船所は、一九五二年一月一日からの生産用の圧延資材要求量を五一年一一月三〇日に機械製造省に提出した。しかし、最終的な配分量が通知されたのは、すでに五二年用の生産が開始された五二年一月二日であった。この時間の経過は、機械製造省の人員不足のためと説明されているが[15]、造船所だけでなく極めて多くの機械製造企業の部品の配分量を決定する作業には、どれほどの人員と時間が必要であったかは計り知れない。

配分量が決定されても、部品供給企業との契約も即座には進展しなかった。一九五二年のシュトラルズント造船所では、「ラガーのためのスクリュー納入企業が決まらない。どこの企業がそれを製造しているかについて情報がない」。「相手先企業が、五二年の生産計画を受け取っていないので契約してくれない」。「ゲルリッツの企業とディーゼルモーター納入に関する契約を結びたいが、相手側は、ディーゼルモーター製造のためのクランク軸の供給企業との契約が未締結とのことで、締結を拒否している」といった事情から、部品の入手がさらなる遅れを被った[16]。シュトラルズントでは、五二年二月末になっても、五二年用に必要な契約一九〇のうち六七しか結ばれておらず、ヴァルネミュンデでも二一三のうち九二契約だけであった[17]。

また、部品供給企業との契約に関する三番目の例のように、部品供給の遅れの連鎖が生じていた。たとえば、「客船 Pobeda の換気装置を製造予定のライプツィヒの工場では換気装置のための電動モーターが不足しており、さらに電動モーター製造工場では、モーターのコレクター用銅が不足している」といった具合である[18]。

さらに重要な遅れの原因と考えられるのが、計画された配分量・配分品が必ずしも実際の生産と適合しなかったことである。「ヴァルネミュンデで修繕されていた貨客船 Sov. Sojus の作業において、船体部の板金は約三〇〇枚が取り替えられる計画であったが、作業を進めていくうちに九〇〇枚は交換せねば修繕できないことが判明した。また、計画では木材を使用する予定だった船室も、火災予防上軽金属の使用が避けられないと分かり、追加的な軽金属資材の需要が発生した」[19]。このことは、計画作成自体の困難性を具体的に物語るものといえるが、こうした追加的な需要のためには、造船所および部品供給企業は、再度、省などへ追加の資材供給等について認可を得ねばならない。さらに、部品供給企業は、建前上は生産計画で全生産能力を利用していることになっているうえ、計画以上の達成をすると次年度の生産ノルマが上がるために、計画以上の達成を避けつつ生産する傾向にあった計画経済下の企業であり[20]、こうした追加的な需要には迅速に対応しなかった。「客船 Pobeda で使用する冷却装置は、当初ソ連から五一年六月までに輸入される予定であったが、突如納入されないことになった。そのためヴィスマール造船所はベルリンの企業ケルテリヒター(Kälterichter)に代替製造を依頼するが拒絶される。結局、ソ連所有株式会社のネットシュカウ機械工場(Netschkauer Maschinenfabrik)が製造することで落ち着くが、納入は当初の計画より半年もあとの一二月一日だった[21]」。

次に、原材料・部品の劣悪な質に関する事例を見てみよう。「質の悪い鋳造部品の納入により、生産の計画通りの進行が妨げられている[22]」。「板金の二〇—二五％が毎年質の悪さのために製鉄所へ返却される。部品供給企業は、半年も納期を延期してくる。これらの結果、すべての生産計画がむなしいものとなり、造船所では計画についての議論もほとんどできない[23]」。「造船所が受け取る機械のなかに、陸上では作動するが震動する船上では作動しないものがある。そのため、造船所で追加的に検査や修理をする必要が生じる。また、部品供給企業が期日通りに納入してこない部品をも造船所内で製造せねばならないことがある[24]」。これらの例のような「部品供給企業の質の悪い作業のために、造船所では極度に多い追加的作業が生じさせられている[25]」。

この質の悪さの原因としては、以下の点が考えられよう。第一に、生産計画が真に厳密であるためには、現実経済に存在する数十万、数百万におよぶ財について需給関係を計画せねばならないが、計画作成当局のもつ能力から事実上それは不可能であり、実際は数千品目程度についてのみしか計画は作成されていなかった。そのため納入されるべき財の厳密な型やサイズ、品質などまでは細かく規定されえていなかった[26]。また、作成された生産計画も生産高を規定するのみで質を規定していなかった。その結果、「部品の遅れた、また要求を十分に充たしていない納入」や「納入された品目や品質が正しく良好でなかった」という事態を生じさせていた。[27] このことには、基本的に「財の売り手市場」であったために、供給側はその質に配慮する必要性が低かったという点も作用していたと考えられる。[28] このほか、「客船 Pobeda 用に納入されたディーゼルモーターは、品質が悪く利用できないが、ディーゼルモーターの製造企業は、その質について何ら責任をとろうとしない。モーターに必要なクランク軸がまったく入手できなかったためだと説明している」という事例のように、原材料・部品の不足など企業努力では解消できない問題が頻繁に発生するため、製品の質や納期に対する企業の責任回避の可能性が大きかったという点も重要な原因であろう。[29] 実際、造船所指導部のなかには、「計画の不達成は、造船所のみの責任ではない」と訴える者がいた。[30]

こうした原材料・部品の納入遅れ、質の悪さのために、造船所では「連続的な生産の進行が不可能となり、期日が近づくと突貫作業も必要となる。生産能力の利用度に関する曲線は断続的に上下動」していた。[31] そのため、「五一年一月のシュトラルズントでは圧延鋼を四〇〇―五〇〇トン、ヴァルネミュンデでも一八〇トンを計画以上にストックしていた」という事態が生じていた。[32] 現場労働者に対しても、「資材の納入不足の結果、多くの手待ち時間が生じたり、追加的作業が実行されねばならないことから、労働モラルが低下している。怠業や仮病による欠勤が著しく増大したり、他の企業への労働者の移動も生じている」(=労働者の「自由」)といった負の影響が生じるのは当然のことであった。そして「造船業では、一〇%の資材が不足すれば、計画達成は三〇%の減少をみる」といったことも指摘されていた。[33]

(3)研究開発・設計の問題点

研究開発・設計作業においては、前章で見たような一定の成果も生まれていた。だが、同時に、下記に挙げるような多くの問題点が存在したことも事実であった。

研究開発に関しては、西側で開発された技術輸入の困難性が問題の一つであった。「技師達は、造船に従事しているすべての国の専門文献を要求している。もし外国ですでに解決済みの課題を、そうと知らずにもう一度研究するのは時間の損失であるからである」。研究開発のためには、技師の個人的知識と、古いドイツの造船文献、入手可能な範囲での他の造船先進国の出版物が、限られた科学的基礎であったという[34]。また、計画経済の一つの利点として、「生産の計画が一〇年も前から分かっているのであるから、研究開発の課題も長期的に計画・実行できる」ことが指摘されていたが[35]、確かに、ある課題に能力を集中させうるという意味で、この指摘は真実の一部を突き、前章で述べた成果もこの点が寄与して生まれていたと思われる。だが逆に、一〇年も前から計画が決められてしまうと、その間に起きる需要の変化や技術的改善に対応しきれない状況が生まれ、そのことが研究開発の弱点ともなっていたことが考えられよう。これら研究開発の問題点が、長期的には、DDRの技術そのものが西側に比べ旧式のものとなっていくことの重要な理由であった。

次に、設計に関する問題点を見ていこう。まず、造船所の設計部では、「一九五四年秋に、ヴィスマール造船所の設計部は、まったくその能力を十分に使っていない。目下、ヴィスマールには八八人の設計士がいるが、その四〇%もいれば十分である」といった非効率が生まれていた。この点は、国営企業による労働力の恒常的な過剰雇用傾向(第五章一節(3)参照)の一例として捉えることができよう[36]。次に、「中央の設計局とその支局、さらには各造船所の設計部との間で、作業の明確な境界が引かれず、重複作業が生じている」といった事態も発生していた[37]。また生産現場では、現場の必要とする時期までに設計図が届かないという問題があった。「一九五一年一二月八日に、シュトラルズント造船所は、機械製造省に対して、一〇六五九トンの圧延鋼を要求した。しかし、五二年二月になると実際は一五四〇〇トンが必要であることが判明した。一二月の時点では、トロール漁船用の設計図が入手されておらず、それができてみるとより多くの材料が必要と分かったのである」。五五年のヴァルネミュンデでは「原材料・部品を遅くとも建造開始の一〇カ月前までには発注できるような設計図完成の迅速化」が求められていた。(38) さらには、五四年「ヴァルネミュンデで建造される船橋用平底ボート用の設計図の質が悪く、生産が計画通りに開始できなかった」、五五年の同造船所で、「赤字が生じている理由の一つは、設計局で作成される設計図の質が悪いことにある」など設計図の質自体にも問題があった。(39) そして、ほとんど大部分の設計が中央の設計局でなされていたことから、「造船所の外部での設計図作成により、設計図を改訂する必要が生じたさい、改訂に時間がかかり、技術的な障害が容易に除去されない」。あるいは「造船所では、質が悪かったり、型やサイズが要求通りでないような現有資材を使用可能とするために、しばしば設計図を五度も改訂せねばならない」など、設計図改訂におけるスムーズさの欠如やたび重なる改訂の必要性といった問題も存在した。(40) こうして設計作業の問題点は、生産を阻害する要因となっていた。

研究開発・設計組織の整備は、一定の成果を生んだ反面で、このようなさまざまな問題点も抱えていた。とくに設計における数々の問題点は、船舶用資材の劣悪なまた要求を満たさない質に伴うものや、設計図作成の遅れ、設計図自体の質の悪さなど、建造船舶や生産技術がどういうものであるかにはさほど関わりなく(技術の転換期であったことに伴う習熟度の問題は無視できないにせよ)、主として経済管理・企業管理の弛緩状況から生じていた問題点だといえる。換言すれば、新技術を用いての生産を実行しようとしても、設計作業におけるかかる諸問題点が、常に生産上の支障となったことが推測されるのである。

⑷技術使用上の問題点

前章で述べたような新たな生産技術の導入によって、DDRでも、確かに船舶性能の向上や建造時間短縮などに一定の成果がもたらされていた。だが、注意せねばならないのは、生産現場では、種々の障害から、それら技術が満足に使用されえない状態がしばしばであった事実である。以下で、そうした状況に関して具体的に見ていこう。

溶接および鋼材切断作業に関しては、何よりも納入される材料の質の悪さが悪影響を及ぼしていた。「造船所に納入される板金は質が悪く、切り整えられない。板金の大部分はまともに溶接もできない」。「精密に切り整えられない板金の納入によって、屑鉄の納入計画は達成されたことになっている」。また、熟練溶接工不足も悩みの種であった。ネプトゥーン造船所での一九四九年の船橋用平底ボート建造のさい、「最も主要な作業は溶接であるが、四〇〇人の溶接工のうち、六八％が熟練度の低いものである。一作業直八m程度のノルマ設定が望ましいが、現在の平均能率は三mにすぎない」。こうした溶接工不足は五〇年代に入っても解消されていかなかった[41]（第五章一節⑴参照）。さらには、「錆取り装置の不足のため、溶接に障害が生じている」というような問題も指摘されていた[42]。これらの事情から、溶接や自動ガス切断といった技術は、満足に使用されうる状態にはなかったと考えられる。

ブロック建造法による流れ作業方式に関しても、その採用と、それが十分に機能していたかどうかは別問題であった。実際のところ、流れ作業方式が採用されても、それが順調に「流れる」ものであったとはいえなかった。そのことを間接的に示す一つの数値が、労働者の手待ち時間の多さである。流れ作業方式の採用が最も進んでいたとされるシュトラルズント造船所において、一九五三年第Ⅰ四半期における労働者の手待ち時間は、全労働時間の三二・二％に及び、五四年の同じ時期にも二八・四％であった[43]。このように労働者の作業停止時間である手待ち時間が全体のほぼ三割を占めていたという事実は、その間は流れ作業ラインが順調に「流れて」いなかったことを意味する。

流れ作業を阻害した原因としては以下のようなことが考えられる。第一に、原材料・部品納入の遅れが重要な原因となっていた。たとえば五二年のシュトラルズント造船所において「部品や原材料の納入遅れにより、生産が停止してしまう」、五四年のネプトゥーン造船所では、「生産の連続的な進行は、圧延鋼の遅れた、不規則な納入により、しばしば妨害されている」、五五年造船業全体で「造船の総生産のうち五割は外部からの納入に依存しているが、たえず生じている部品の納入遅れは、最新技術を導入した労働過程に障害を及ぼしている。その結果、船の期日通りの納入ができなくなっている」といった状態であった。(44)

第二に、五四年秋のヴァルネミュンデ造船所で「さまざまな部品の質の悪さのため、流れ作業が維持できない」といわれているように、質の悪い原材料・部品を船体に組み立てていくにあたって、造船所労働者が予定外にそれに手を加える必要があり、生産の連続的な進行を妨げたことが挙げられよう。実際「納入された部品は、造船所においてさらに手を加える必要がある」ことは、繰り返し指摘されていた。(45)

第三に、電力供給の不安定さも一因であった。ヴォルガスト造船所は、一九五一年一一月に、ラガー建造のために一七―二二時の間の電力供給制限撤廃を郡エネルギー委員会に要求したが、受け入れられなかったとされ、優遇産業の造船といえども、電力供給においてさほど特別待遇は受けていなかったようである。ヴァルネミュンデ造船所では、五五年一月の電力供給停止による手待ち時間が、全手待ち時間の二四%を、二月には同じく全体の四八%を占めていた。(46)

第四に、上位管理機関から下達される生産計画が頻繁に変更されるという問題から、五四年のヴァルネミュンデでは、「生産計画のたび重なる変更は、強制的に生産を停止させてしまう」といわれていた。(47)同様に資材の配分量計画の実行についても、同年のネプトゥーンでは、「年初に割り当てられた後半年分の配分量が七月に取り消されたのをはじめとして、何度も配分量が訂正され、変更されるため、生産の進行が妨げられている」ことが問題視されていた[48]。

第五に、ラインで働く専門労働者の不足も、流れ作業を阻害する原因となっていた。たとえば「緊急に必要な高度の技術作業は、それが可能な労働力の不足により容易に実現できなくなっている」。「専門労働者不足のため流れ作業生産が十分機能していない」といった指摘が、繰り返しなされていた[49]。

第六に、五四年一〇月のヴィスマールとヴァルネミュンデ両造船所では、船体建造能力が艤装能力の三倍に達して工程間で作業速度に差が生じるなど、工程間の設備能力拡張に格差が生じていたという。また、船体建造の流れ作業にとって重要な経営内運搬作業について、同時期のヴァルネミュンデでは、「現在は近代的な設備と並んで、手作業しか許さない類の機械も存在する。とくに運搬関係は機械化が遅れている」といった事情も、流れ作業の停滞を招く一因であったといえよう[50]。このほか、先に述べた設計図の度重なる改訂や質の悪さなどの問題も、流れ作業を阻害したことが考えられる。

このような「現在の進歩的な技術の不十分な使用」の結果生じていたのは、「労働生産性が、どう見ても現存技術条件に見合っているとはいえない」状況であった[51]。

小括

以上のような生産計画、原材料・部品納入、設計、技術使用上の問題点から行き着く先は、「一九五一年第Ⅰ四半期の造船所の設備能力は五〇％すら利用されなかった」、「ヴァルネミュンデの新造能力は五三年には六九％、五四年にはわずか三五％しか稼働しなかった」、「五四年の造船所の設備の一部は五〇％までしか用いられていない」といった状況であった。[52]「造船所の生産能力は、技術的・組織的欠陥のために、十分に利用されていな」かったのである。[53]こうした設備能力の不十分な利用という事実が、当時の造船業における設備の拡張に比べての生産の不十分な増加、そして労働生産性の低調な伸びの重要な理由となっていたといえるであろう。最重要視された客船Pobedaの修繕が納期を五カ月も超過して完了し、他方、貨物船Vorwärtsは期日通りに納入されたものの、最初の航海で異常を来すという「粗悪品」であったなどの事例は、さほど例外的な事態ではなかったのである。[54]

（1） Strobel/Dame, a.a.O., S.20.
（2） BAP, DG2, Nr.1311, Bl.99.
（3） これら三つのソ連所有株式会社は、五二年四月にＤＤＲへ買い戻されている。BAP, DG3, Nr.3838, Bl.1.
（4） BAP, DC2, Nr.1016, Bl.90.
（5） BAP, DG3, Nr.3876, Bl.106-108.
（6） Poßekel, K., Zur Hilfe der UdSSR, S.506.
（7） すでに四〇年代末から、企業レベルでシステム的要因からくる非効率が生じ始めていたことを指摘している文献として、Holzwarth, K., a.a.O., S.257-262.
（8） BAP, DE1, Nr.11897, Bl.15f.
（9） BAP, DE1, Nr.11970, Bl.5, 42, 44.
（10） 盛田常夫『体制転換の経済学』二章、中村靖、前掲書、六六頁。
（11） BAP, DG3, Nr.3876, Bl.44.
（12） BAP, DG3, Nr.4062, Bl.18.

(13) BAP, DE1, Nr.14643, Bl.52.
(14) 白川欽哉「東ドイツにおけるコンビナート改革」一二頁。
(15) BAP, DE1, Nr.11970, Bl.44, 46.
(16) BAP, DE1, Nr.10157, Bl.14.
(17) BAP, DE1, Nr.11970, Bl.40, 45. のちの時期、DDRでは工業のコンビナート化による企業統合が進められ、ほぼ一製品一供給者の完全独占体制が敷かれているため(中村靖、前掲書、三一頁)、こうした配分決定までの煩雑さはある程度解消されたと考えられるが、具体的にはさらなる検討の必要があろう。
(18) BAP, DG3, Nr.4062, Bl.18.
(19) BAP, DG3, Nr.4075, Bl.136.
(20) Buchheim, Ch., Die Wirtschaftsordnung als Barriere, S.207f; 山田徹、前掲書、八八頁。
(21) BAP, DG3, Nr.4062, Bl.6.
(22) BAP, DC2, Nr.1016, Bl.92.
(23) BAP, DE1, Nr.14643, Bl.26.
(24) BAP, DE1, Nr.11897, Bl.19f.
(25) BAP, DE1, Nr.14643, Bl.58.
(26) ブルス／ラスキ、前掲書、七一頁、中村靖、前掲書、六六頁、盛田常夫『体制転換の経済学』五一頁。
(27) BAP, DE1, Nr.5014, Bl.161; DE1, Nr.14643, Bl.52.
(28) コルナイ、前掲書、一三頁、中村靖、前掲書、六七頁。この点については、第五章の註26を参照。
(29) BAP, DG3, Nr.4062, Bl.19.
(30) BAP, DG3, Nr.3876, Bl.109.
(31) BAP, DG3, Nr.3912, Bl.8.
(32) BAP, DE1, Nr.11970, Bl.33.
(33) BAP, DE1, Nr.14643, Bl.30, Bl.27.
(34) BAP, DE1, Nr.11897, Bl.23; Strobel/Dame, a.a.O., S.41.

(35) *Die Seewirtschaft der DDR*, S.88.
(36) BAP, DE1, Nr.14643, Bl.30.
(37) BAP, DE1, Nr.11897, Bl.16. これら問題の解消を目指して、一九五七年以降、個々の造船所での設計図作成が目指されていく。
(38) BAP, DE1, Nr.11970, Bl.38; DE1, Nr.14638.
(39) Ebenda; DE1, Nr.14643, Bl.59.
(40) Ebenda, Bl.26, 29.
(41) BAP, DE1, Nr.11897, Bl.17; DC2, Nr.1016, Bl.91.
(42) BAP, DE1, Nr.14643, Bl.29.
(43) Ebenda, Bl.121.
(44) Ebenda, Bl.68; DE1, Nr.11897, Bl.13; DG3, Nr.1691, Bl.61.
(45) BAP, DE1, Nr.14643, Bl.57; DE1, Nr.14638.
(46) BAP, DG3, Nr.3876, Bl.60; DG3, Nr.1691. 一月の数値をみると、手待ち時間の要因のうち、原材料不足が全体の五一%、電力不足が二四%、天候の影響が一二%、計画課題の未着が七%、機械の故障が三%を占めている。
(47) BAP, DE1, Nr.14643, Bl.27.
(48) Ebenda, Bl.68.
(49) BAP, DE1, Nr.11897, Bl.23; *Die Seewirtschaft der DDR*, S.39f.
(50) BAP, DE1, Nr.14643, Bl.29, 171.
(51) BAP, DG3, Nr.1691, Bl.28.
(52) BAP, DG3, Nr.3876, Bl.39; DE1, Nr.14643, Bl.29, 176.
(53) Ebenda, Bl.27.
(54) BAP, DG3, Nr.3854, Bl.33; Strobel/Dame, a.a.O., S.61.

第五章　造船業の企業現場における労働者陶冶および管理の限界

はじめに

本章は、造船業の労働生産性伸び悩みの理由について、労働者の陶冶と管理の面から探ることを課題とする。まず一節では、第三章四節での労働者の給源に関する分析を念頭におきながら、労働者の質について明らかとすべく、労働者の職業訓練はどのような実態にあったのか、またDDRにおいて恒常的に問題とされていた労働者の流動が[1]、当時の造船労働者の質的構成にいかなる影響を及ぼしていたのかについて検討する。さらに補足的に、当時の労働力が数的な面でも生産性にとって不利な状態にあったことを示すために、造船所による労働者の過剰雇用の問題についても考察しておくこととする。次に二節では、造船所における労働者の管理組織、そして労働生産性向上へ向けての管理政策――第二章で検討した賃金制度と社会主義的競争に加え、いくつかの労働者イニシアティブ喚起策――の実態を検討し、それらの問題点およびその生産性への影響を明らかにしたい。

一　労働者の陶冶

⑴職業訓練

ラバーンによる一九七九年すなわちDDR体制時代の研究によれば、一九四〇年代末の造船所では専門労働者が大幅に不足していたものの、早くも五二年になると全労働者中六〇％までが専門労働者で構成されていたという[2]。だが、この数値にはやや誇張が含まれると思われる。五〇年代になって以降も「専門労働者がラガー建造のために不足」していたり、「生産能力の隘路の一つは、質的に高度な取付工と溶接工の不足である」ことは頻繁に指摘されていた。五三年一一月の機械製造省の報告では、「大規模造船所では専門外の労働者や補助労働者ばかりを投入している。作業中の船によっては一〇―二〇％のみが専門労働者で、残りは未熟練労働者ばかりという例もある」ことが強調されている[3]。専門労働者の不足は、五〇年代に入っても問題とされ続けていたのである。それゆえ、その不足を埋めるための職業訓練の重要性もまた指摘され続けることとなった。

一九四八年以降整備の進んだＤＤＲの職業（とくに徒弟）訓練制度は、ドイツの伝統的性格と「社会主義」的性格をともに含むものであった。伝統的性格とは、国家の指導下にあって、実地訓練および企業に併設される職業学校での理論中心の教育という二重の教育制度を敷いていた点であり、「社会主義」的性格とは、職業訓練の方針が、経済計画の一部である中央の労働力計画に従って政府により決定されていた点、職業学校においては職業教育と同時にイデオロギー的教育もなされていた点である[4]。

メクレンブルク地方の造船所における職業訓練は、比較的設備の残存していたボイツェンブルク造船所における再訓練者教育から始まった。だが造船業全体では、戦争直後の混乱とほとんどが新設造船所という条件の下、十分な教育は果たされなかった。組織的な教育が開始されたのは、一九四八年末からであり、ネプトゥーン造船所に、二〇人ずつが八週間の溶接の専門訓練を受けるコースが設けられた。四九年一〇月には、メクレンブルク州で初めて企業併設の職業学校が、ヴァルネミュンデ造船所に設立された。ここでは、一一〇〇人の徒弟や再訓練者が、造船関係の五二の教科にわたって基礎知識を修得した。その後同様な学校が同年一一月にネプトゥーン造船所に登場し、ヴィスマールとシュトラルズント両造船所にも設立された。そこでは、取付工、溶接工、板金工、配管工などが教育された。五〇年代初頭の造船業では、週三日が実地訓練、三日が学校における理論教育という形態がとられていた。徒弟から専門工、職長へという昇進順序と、それぞれ昇進のためには検定試験を必要としたという点も、ドイツの伝統的性格を受け継いだものであった[5]。

こうして開始された職業訓練であったが、実際にはさまざまな問題を抱えたものであった。一つには、とくに終戦直後には、資材・工具・機械不足によって教育が十分にできないという事態が発生した。生産のための資材・設備類ですら不足している状況下では、訓練のために利用できるものは限られていた。一九四八年のネプトゥーンでは、訓練目的で使用しうる溶接機械が大幅に不足していた。[6]また重要な問題は、教育が需要のない職種へ向けられていた事実であった。五一年「若年層(Nachwuchs)の教育において、すべての造船所で将来予測される専門労働者の需要が見越されておらず、ある職種には少なすぎる、ある職種には多すぎる専門労働者が養成されるという危険性」のあることが伝えられた。実際五二年の「シュトラルズント造船所で教育された労働者に対する求人は、シュトラルズント自身にも他の造船所にも存在しない。ここではあまり需要のない職種についてのみ教育がなされているからである。たとえばボート建造工が養成されているが、ボートはシュトラルズントでは建造していない船である」。五四年には「労働者の職業訓練は造船所の生産の発展と調和するものでなくてはならない。今日ヴィスマール造船所には、資材不足のために生産に従事していない八〇〇人の若年造船工がいる。彼らには農業機械製作のための再教育が施されようとしているが、そこにも不足はないのである。その結果、若者達が不満を抱いていることは憂慮すべき政治問題である」と指摘されていた。[7]さらなる問題として、教育訓練の質も疑問視されていた。五四年のヴァルネミュンデでは、「大部分の職長、作業班長、年輩の専門労働者は、修業を終えた徒弟がふさわしい専門能力を身につけていないという見解を広くもって」いた。そのため「修業期間中に専門能力を十分に身につけさせるべきである」ことが求められねばならなかった。[8]検定試験についても、「職長の多くが職長昇格試験を受けていなかった」といわれるなど、その意味に疑問が残るものであった。[9]

このような問題点が存在したにもかかわらず、一九五〇—五四年にかけて労働者の質が向上し、低い賃金等級の層が減少した事実など、職業訓練による一定の成果も指摘され始める[10]。これは、職業訓練制度が整備され、ともかくも一定時間を経たこと、また工場の建設が進み、訓練のための機械設備不足がある程度解消されたことなどの結果と考えられる。だが、それ以外の訓練の問題点に対する有効な解決手段は打ち出されていなかった。五四年末、訓練改善のための措置として、どの職種にどの程度の専門労働力が必要かに関する調査の実施が求められた以外には、「社会主義精神の高揚に基づく個々人の能力向上」といった何ら具体性をもたない提案がなされるのみであった[11]。実際、五〇年代半ばになっても、「造船所の生産においては経験ある専門労働者が不足している」こと、さらには一九六〇年においてすら、「専門労働者不足のため流れ作業生産が十分機能していない」ことが指摘され続けていた[12]。こうして職業訓練の諸問題は解決されることのないまま、五〇年代の造船業においては、専門労働者が期待通りには養成されていなかったのである。

⑵労働者の流出

前掲表３－３（一二三頁）を見ると、メクレンブルク地方の造船所の従業員雇用は年々順調に増加したように受け取れるが、これは単純な増加ではなかった点に注意が必要である。造船所への入職者数が増加すると同時に、大量の離職者もたえず存在していたためである。一九五〇年六月の国家計画委員会の報告は、「造船業の労働者の流動が頻繁で、人民経済計画の達成を危うくしている」と危惧していた。五一年のヴァルネミュンデ造船所では、入職率（全従業員に対する入職者の割合）が一九・七％であったのに対し、離職率（同離職者の割合）が三三・八％であり、シュトラルズントでも、それは三五・一％と五一・三％で離職率が大幅に上回っていた。メクレンブルクの造船所全体でも五一年の離職率は三四・一％に達していた。流出はその後も問題とされ続け、五二年七月には、「造船業では溶接工を養成すべく特別コースにおいて教育しているが、彼らの他企業への移動によって、教育努力が必要とする利益をもたらしていない」と指摘されている。このことは、流出先が同一産業内に限られていなかったことを示唆していよう。五三年一一月にも、「造船所からの専門労働者流出が、生産計画達成度を低いものとしている」ことが問題視されていた。[13]

こうした流出は、なにゆえ発生していたのであろうか。上記の五〇年六月の国家計画委員会報告は、その背景として、劣悪な住宅事情と企業内諸施設の不備とを挙げている。

住宅不足は、戦災による住宅破損と戦後急激に人口が増加したメクレンブルク州の状況から、ほとんど必然ともいえた。戦災によって、同州の住宅の三五%が何らかの損害を受け、とくにロストックのような都市部では、全住宅の約三分の二が損傷したといわれている。ソ連軍政部(SMAD)により、かつての兵舎の利用や軍需工場の建物を住宅へ改修することが緊急措置として命じられたものの、急激には住宅難は解消されえなかった。[14] 五一年初め、造船・修繕造船所シュトラルズントでは、「住宅が大きな問題である。かつての兵舎を改修した造船所の宿舎は定員以上の人間を詰め込んでいる。わが造船所の従業員はシュトラルズント市内の住宅を借りられない。ウルブリヒト党書記長が、人民造船所(シュトラルズント造船所)の従業員が優先的にそれを利用するよう命令したためである。市内に住めず、遠方から通ってくる従業員のための交通費支給も造船所の採算性にとってバカにならない。現在の状況は、決して従業員の労働モラルを高めるのに適したものではない」。[15] ここからは、企業間で住宅供給に格差のあった事実がうかがえる。また五二年のヴァルネミュンデ造船所でも、「一四〇〇人の従業員が住居を探している」状態であった。五三年には、ロストック、ヴィスマール、シュトラルズントのいずれの造船所においても、「技師のための、質の良い、風呂とガス設備のある住宅が不足していた」。[16] こうした状況が、より良い住環境を得られる場所への労働者の移動を促したのである。

企業内施設に関しては、五一年、「造船・修繕造船所シュトラルズントでは、福利厚生施設に何ら投資がなされていない。全従業員八五〇人に対してトイレはわずか八人分しかない。更衣室も間に合わせで最近九〇人分が作られただけである。食堂も二〇〇人しか収容できない」[17]。ネプトゥーンは、戦前からの設備をそのまま利用している唯一の造船所であったが、五五年三月には、「戦前は二千人の従業員数だったが、現在は同じ面積の敷地に八千人がいる。すでに戦前でさえ狭かったが、今ではカオス的状態である。また暖房用に必要な蒸気は九〇トン／時であるが、蒸気ボイラーからは三五トン／時しか充足できない。残りの暖房は多数のストーブでまかなっているが、そのために極度に多い石炭消費やストーブ係の人件費などでコストがかさんで」いた[18]。このほか、女性労働者の増加に伴って必要となる託児施設も造船業全体で不足していた。とくに「造船労働者の少なくない部分は、住環境も文化的水準も高いオーデル以東のバルト海沿岸の大都市出身者である」ことが、これらの問題の深刻性を高めていた[19]。

さらなる流出理由として指摘しうるのは、企業間に存在した賃金格差である[20]。具体例を挙げれば、五一年、「造船業での溶接工不足の原因は、企業ごとの賃金格差である。溶接工の多くは、より高い賃金の支払われる場所へ移動してしまう」。「すべての造船所が技師の不足に悩まされている。それは割増賃金を支払いうる状態にない造船所にとくに該当する。シュトラルズントでは些少な割増賃金しか支払えないため、同造船所に対する技師の関心を妨げている。専門労働力は、物質的によりよい企業で働くことを当然優先するのである」[21]。

このほか、男性労働者による新参の女性労働者に対する嫌がらせ[22]、労働者の西ドイツへの逃亡も[23]、流出の要因となっていた。かかる流出の激しさは、さまざまな面から生産に悪影響を及ぼすであろう。すなわち造船所にとっては、労働力の生産への安定的な投入を阻害し、生産管理を不十分なものとする。流出する労働者の側からみれば、旧職場での労働へのインセンティヴ欠如と新職場への適応にかかる時間から、離職直前・入職直後の労働生産性低下をもたらすといった負の影響が考えられる[24]。それに加えて、職業訓練を受けた労働者や専門労働者ほど、好条件・高賃金を求めて転職するさい有利であり、上述してきたように、実際そうした層の流出が問題視されていた。専門労働者不足の理由は、こうした面からも捉えられなくてはならないのである。

(3) 労働者の過剰雇用

いささか補論的になるが、当時の造船業の労働力が、専門労働者不足という質の面ばかりでなく、数的な面でも生産性にとって問題を抱えていたという重要な事実について、ここで見ておきたい。その問題とは、各造船所によって経済効率的には過剰な労働者が雇用されていたことであった。具体的に見ると、たとえば五二年のネプトゥーンでは、二二%の労働者が計画以上に雇用されていたという。また五三年一一月の機械製造省造船主管局の報告によれば、「ヴァルネミュンデ造船所では八〇〇人の労働者が本年度の計画以上に投入されている」など、各造船所における「労働者の過剰な雇用」が指摘されていたのである。[25]

こうした造船所による過剰雇用の原因は、以下のような点にあった。当時の造船業においては、前章で見たように上位管理機関からの生産計画の伝達が遅れたり、計画が頻繁に変更されたりするために、生産課題達成のためにはどういう職種の労働者がどれほどの数必要かが確定できなかったので、とにかく多くの労働者を雇用しておく傾向があった。この背景には、コルナイ(Kornai, J.)の「不足の経済」の理論(国営企業では、「ソフトな予算制約」下であらゆる生産要素について需要が供給を上回り、不足が一般化するという理論)が労働力についても該当し、「社会主義」国営企業では、常に労働力を余分に抱えておくという傾向が存在したことを指摘しうる。[26]計画課題を達成するための期末の突貫作業用に、労働力はいくらでも欲しかったのである。こうして生じた企業内の労働者過剰が、労働生産性に負の影響を及ぼしたことは容易に推測されるところである。また留意しておきたいのは、企業内における過剰雇用を生んだのと同じ原因によって、他方企業外では「労働力の売り手市場的状態」が恒常化していた事実である。[27]この点は、労働者の流出など計画経済下の企業現場における諸問題の重要な原因の一つとなっていたのであるが、その関連性については第七章一節でまとめて考察することとしたい。

二　労働者の管理

(1)管理組織

各種資料に従って一九五三年当時の造船所の管理組織を概括的に描けば、図5－1の通りである。この図に従いつつ、管理上の問題点を検討していこう。

職員レベルの問題点

造船所指導部の下におかれた中間管理レベルの各部に関しては、さまざまな欠陥が指摘されていた。一九五一年の造船・修繕造船所シュトラルズントでは、「ＤＤＲで最初の航海貨物船であり、将来の貿易船団の基礎となる船であるVorwärtsの修繕の際、関係者の間で作業に対する責任を負う者がなく、設計図も個々の作業の精確な割当も存在しなかった。作業は無責任で軽率な方法で実行され、ほとんどサボタージュといえるほどであった」。五四年のヴァルネミュンデ造船所では、「作業の分配が不明確で任務の領域がはっきりしないため、多くの場合個人の責任原則がないがしろにされている。たとえば技術部長は技術計画のみに携わり、建造準備や財政計画、造船所の管理などには関わりをもたない。技術部、生産部、資材供給部の間でも、生産計画・資材の発注・作業の監督などの課題について明確な分配がなされていない」。「協力関係にあるべき部が、空間的にばらばらに配置されている[28]」。

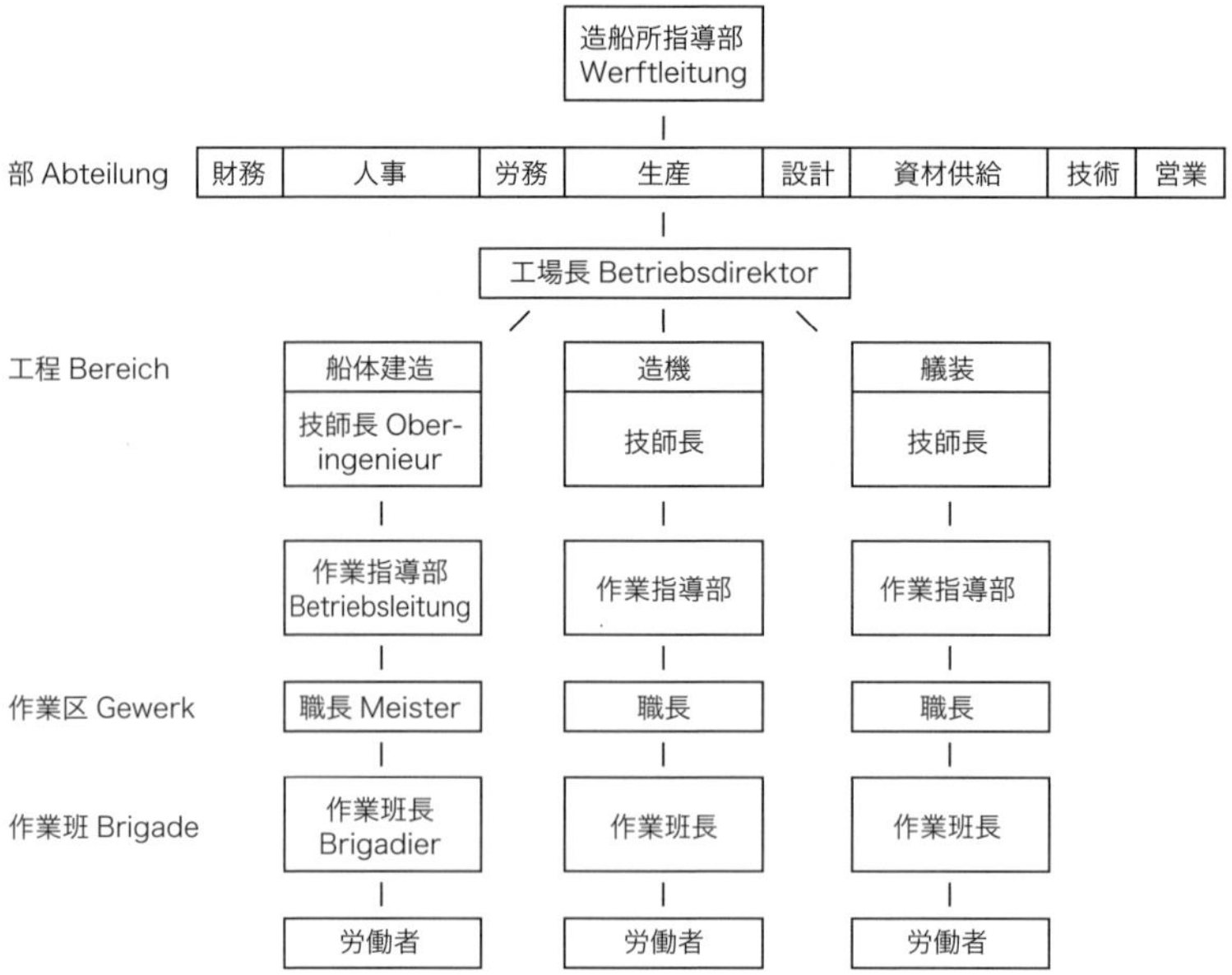

図５－１　造船所の管理組織(1953年)
(出所)BAP, DG3, Nr.4119, Bl.9; DE1, Nr.14643, Bl.32, 180.

また、部の職員数の過剰が、しきりに問題視されていた。五一年夏、「ヴィスマール、ヴァルネミュンデ、シュトラルズント造船所では、営業職員数が計画を六〇％も上回って」おり、「今後すべての造船所で多くの職員を解雇せねばならない」。とくに「ヴァルネミュンデでは、職員が、計画より九三人も多く雇用されている。おそらくこの大部分は業務から解放されている」。「管理職員の数が多いばかりか、その質も不十分であり、能力のない者は解雇すべきである。また各自の任務の領域の不明瞭さや欠点のある組織形態が、彼らの決断・責任を阻害している」。こうした状況下で、五四年初頭、機械製造省は、「労働者とその他の従業員の数の比率を三対一に、将来的には四対一とせよ」との指令を発した。だが、造船業におけるその比率は、五三年に二・四対一であったが、五四年には二・三対一へと若干ながらも後退していたのである。それゆえ、「現在多くの職員は質が不十分である。労働者の割合を高めるためには、職員数の減少が必要であるが、そのためには個々の職員の能力向上」が課題とされた[30]。

結局、部の管理レベルでは、「あらゆる任務において、責任をもって実行しているのは二、三名の同志のみ」といわれ、「個々人の責任原則が強く貫徹されるべき」ことが常に強調されていた[31]。

また、社会主義統一党(ＳＥＤ)の企業内グループと労働組合の企業内組織が、図５‐１の各部分それぞれに対応して存在し、側面から生産遂行に協力していた。第二章で見たように、労働組合は、五〇年代初頭までに、労働者の利益代表組織ではなく党の下部組織と化しており、彼らの任務は、社会主義的競争の実行、生産性向上の必要性に関する宣伝活動などとされていた[32]。五二年のシュトラルズント造船所には、労組、党グループ、その他大衆組織の常勤幹部が、それぞれ一六人、八人、二三人いた[33]。しかし、五四年末の段階でもヴァルネミュンデでは、「社会主義的競争のさい中心となって働くべき労組組織が、競争の促進と実行のために十分努力していない」ことが問題とされていた[34]。また、ヴィスマール造船所において、「党グループ・大衆組織によるイデオロギー的教育活動が改善されねばならない。個々の部における党グループの活動が好ましくないことを示す顕著な例は、一九五三年六月一七日(労働者蜂起)ののち、部レベル党グループの指導的メンバー一五人が組織を脱退した事実である」といわれるように、企業内下層レベルの労組・党活動員までは、ＳＥＤ党中央と一枚岩的存在ではなかったのである[35]。

生産部の問題点——職長と作業班

次に生産部に焦点を絞って見ていこう。図５‐１のように、生産部は、工場長の指導下に、船体建造、造機、艤装の三工程に分割されていた。この各工程を指揮するのが技師長であり、以下、作業指導部—職長—作業班長の順の指揮系統がとられていた。作業班制度は、ソ連の「突撃班」を模範として、一九五〇年に全DDRの国有工業企業に導入された[36]。党指導部のその導入意図は、第一に、班を労働者の政治的・イデオロギー的教育の単位とすること、第二に、班を生産の最小の単位、社会主義的競争の単位として、生産の集権的な管理を進めることにあった。ところが、作業班は、実際には非公式の第三の機能をもった。それは、限定的ながらも労働者の利益代表としての機能であった。第二章で見たように、DDRにおいては、終戦直後に半ば労働者の自主管理組織化していた経営協議会が、四八年にSEDの圧力下に解体され、同時に労働組合も党の下部組織化されていったため、五〇年頃には実質上労働者の利益代表組織は存在しなかった。そこへ登場した作業班に対して、労働者は利益代表としての機能を期待した。そして実際、班は遅くとも五三年六月蜂起後には、作業班長を先頭に、主に労働ノルマ設定水準について工場長や企業指導部と非公式に交渉する組織となっていた。企業の指導部側も、強権的なノルマ引上げ措置よりは、非公式な交渉に基づくノルマ設定のほうが、生産管理上好都合であることを次第に学んでいったといわれる[37]。だが、作業班がこうした機能をもち始めると、「生産の直接の管理者」である職長の立場が微妙なものとなっていった。当時職長の手元にあったノルマ作成と導入の指導の権限が[38]、班によって奪われることとなったためである。このほか職長は、労働者の賃金等級分類、作業班長となるべき労働者の推薦などの権限をもち、また上位管理者からの命令はすべて職長を通して労働者へ伝達される規定となっていた。しかし、のちに見るように多くの労働者が高すぎる賃金等級に分類されていたこと、一般に作業班長は工場長、職長と班の間の非公式の談合の結果任命されていたこと、さらに五四年のヴァルネミュンデ造船所では、「作業指導部から直接作業班へ作業課題が出されるなど、職長の知らないうちに命令が下されている」事実が指摘されている[39]。かかる状況はまた、前述のように職長の多くが職長昇格試験を受けていなかったり、「生産計画不達成の原因の一つは職長の監督不行届にある」といった事情の裏返しでもあったといえよう[40]。こうして職長の「生産の直接の管理者」としての権限は限定的なものとなり、前掲図5－1の指揮系統の一段階は機能を弱められていた。生産の最小単位としての作業班も、この時期には十分機能していたとはいえなかった。一九五四年のヴァルネミュンデについての報告によれば、班は平均一二人の労働者からなった。うち一名が班長であった。また職長が統轄する労働者数は二一―四一人の間とされており、これは作業班二―四に該当したと思われる。(41) メクレンブルクの造船所においては、年々作業班に組織される労働者の割合は増加したが(第八章表8－1を参照)、造船所により割合に差があった。割合の高かったヴァルネミュンデでも、五四年、「より人数の多い班を組織しうる条件が整っている船体建造工程で、一作業班に所属する労働者数の少なさが顕著」なことが問題とされている。(42) またヴォルガストやボイツェンブルク造船所では、五二―五三年にかけて作業班に所属する労働者数が減少傾向にあった。五〇年代前半期には、作業班の定着になお不安定さも見られていたのである。(43) さらに、五五年の時点で、企業の生産計画を作業班レベルまで細分し伝達していたのは、造船業一八企業(造船所へ専門的に部品を供給する企業も含む)のうち三企業のみであったとされる。それは、「原材料・部品の恒常的な不足による生産の不連続性のために、計画課題を作業班まで細分し、それを拘束力あるものとすることはほとんど不可能」という状況に由来するものであった。(44)

以上のように、当時の管理組織は、部の職員レベル、党・労組グループ、職長、作業班レベルにおいて、いずれも欠陥を抱えたものであり、組織として十全に機能しているとはいえない状態にあった。その結果、現場労働者の作業実態は、極めて非効率なものであった。一九五一年のヴィスマール造船所では、「完成期日などに関する生産計画は、ほとんどの場合、造船所指導部のみが知っている。一般従業員は、生産の目標や期日について何も知らない。そのため従業員は勝手に作業速度を決定している」。五四年末の「ヴァルネミュンデでは、社会主義的労働規律が一般に存在しているとはいえない。労働者の規律欠如の原因は、とくに不十分な作業分配と個人の責任原則の欠如にある。職員の専門能力不足、資材不足、機械設備の停止時間の多さなどの点も規律欠如に影響を及ぼしている。たとえ労働者の多くが労働規律の必要性を意識したとしても、自然と規律が乱れてしまうような条件が存在している」。「労働者は、規定労働時間すべてにわたって労働しているわけではない。遅刻、定刻前の無断退社、クリスマスなどの行事の準備のための早退、労働時間中の買い物などがその原因である」。五五年の造船業全体では、全労働時間の八四％しか作業がなされていなかった[45]。労働者の欠勤率の高さも問題とされた。五四年三月のシュトラルズントの欠勤率は一一・七％であった。問題なのは、このうち法令上認められた有給休暇によるものはわずかで、大半は「病欠」が理由であったことである。シュトラルズントの例では、欠勤率一一・七％のうち二・四％のみが有給休暇であり、七・九％が「病欠」、〇・四％が無断欠勤であった(残りの一％は職業訓練)。この「病欠」の多さは、真の病気でないものまでが「病欠」と称して欠勤していたことを推測させる[46](第四章一四四頁の事例を参照)。これら「従業員の労働モラルの低さ」は、労働生産性が低い原因の一つであると指摘されていた[47]。

⑵労働生産性向上政策の実施実態

ここでは、第二章で検討した労働生産性向上政策の中心である賃金制度と社会主義的競争、さらにはそれ以外の労働者イニシアティブ喚起策について、その実施の実態を見ていくこととしよう。

賃金制度

第二章で述べたように、当時のＤＤＲ工業部門の賃金制度においては、二重の能率刺激策がとられていた。すなわち、第一に、労働者はその質に基づいて各賃金等級に分類され、賃金等級ごとに賃率額が差別的に定められ、第二に、その賃率をもとに賃金形態別に実収賃金が決定されるが、賃金形態としては出来高給が主であった。この二つの点について、それぞれの実施上の問題点を順に検討していこう。

まず賃金等級分類についてみれば、一九五〇年八月以降、工業労働者は一―八までの賃金等級に分類され、等級ごとの賃率額の差別化により労働者の質的向上への意欲を高めることが目指された。だが、労働者の等級分類において厳密な分類は果たされていなかった。五四年のヴァルネミュンデ造船所では、「五二年五月二〇日の法令で、質を向上し、上位の賃金等級に必要な労働に三カ月間従事し、ノルマを果たした労働者は、試験を経たのち上の等級へ昇級できるという規定が設けられた。だがこの規定は有名無実なものである。平均で一三三％も達成されるような現存ノルマを一〇〇％達成することなど難しくないからである。よって、熟練工とは認められないような者が上の等級に分類されるなど、必要な質の向上なしに、より上位の等級に分類される労働者が増加している。そのため、賃金等級が計画以上に上の等級に偏っており、労働者の質的向上の刺激たり得ていない」。造船業全体でも、五五年に、「多くの労働者が、それに見合った質もないまま、高すぎる等級に分類されている」ことが警告されていた[48]。

一九五〇年代、生産性向上のための能率増進策として最も重視された賃金形態は出来高給であり、終戦直後以来その導入率の向上が課題とされた。造船業においては、早くも四五年一二月一八日のＳＭＡＤ命令一七三号で「出来高給への移行」が叫ばれている[49]。だが、造船業では出来高給の導入がやや遅れ気味であり、全工業部門平均では、前掲の表２－１(七九頁)が示すように五一年の能率給導入率は六五％以上であったが、同年末のヴァルネミュンデ造船所では出来高給の割合が四三％であり、シュトラルズントは五六％、ヴィスマールは六三％であった。五五年には、ヴァルネミュンデで、「出来高給の導入が遅れ、五一％の導入率」といわれていたが、それでも出来高給の割合が五割を越え、中心的な賃金形態とはなっていた。[50]

ところが出来高給算出の基準となる労働ノルマについては、その設定水準が低すぎるという問題が存在していた。第二章で述べたように、ＤＤＲでは一九四九年から「技術的に基礎づけられた労働ノルマ（ＴＡＮ）」の導入が課題とされた。それは当時のノルマが一般に戦前水準よりも低く設定されていたために、企業の平均能率に合致するとされていた従来のノルマに代わって、平均能率と最高能率の中間に設定される、より高い水準のＴＡＮで置き換えることが意図されていたのである。しかし、ＤＤＲの全体的な傾向と同じく、造船業でもＴＡＮの導入は進まなかった。造船業のＴＡＮ導入率は、五二年に二六・八％、五三年には二一・五％、五四年に二四・〇％と、「変動し、しかも低い」とされていた。[51] 導入にあたっては、ＴＡＮで働く労働者のほうが旧ノルマの労働者よりも賃金が低くなることから、多くの労働者が導入に反感をもった。造船業の労働者の間には、「ノルマを高くしすぎないようにするための能率制限が存在している」ことが問題視された。[52] ノルマ設定上の技術的問題も存在した。造船業では、当時なお船の新造よりも修繕作業の割合が高かったという事情から、作業対象である船の型・材質・規模がしばしば変化した。それゆえノルマ設定の前提となるべき原材料・部品の規格化・標準化が十分なされえず、ノルマの設定を困難にしていた。そのため、「造船所指導部と労組によるノルマ労働への過小評価」が指摘されていた。[53] この点は、造船業では他産業に比べ出来高給自体の導入率が低い理由ともなったと考えられる。また、ノルマの正確な設定のために「作業環境を整備すること」の必要性も叫ばれていた。[54] このことは、原材料・部品の納入が遅れ、かつその質が悪く、電力も頻繁に停止するといった作業条件下では、ノルマの科学的設定や出来高給実施自体が困難であったことを示すものである。以上のような事情が重なって、実際のノルマ設定水準はさほど高いものとされえず、ＴＡＮの導入も進まなかったのである。

実際五四年のヴァルネミュンデ造船所では、「現在、労働者全員が一〇〇％以上のノルマ達成となっており、

表５－１　造船業におけるノルマ達成度（全労働者中の割合％）

達成度／年	1951	1952	1953	1954
100％以下	2.4	2.1	1.8	1.1
100-120％	28.0	30.4	21.1	15.6
121-150％	53.8	60.0	65.4	65.8
151-200％	5.4	7.3	11.3	16.9
200％以上	0.4	0.2	0.4	0.6
平均達成度	125.3％	124.0％	127.0％	137.0％

（出所）BAP, DG3, Nr.1691, Bl.29.

表５－２　1952-54年の造船業における労働生産性と平均賃金の成長

	1952年	1953年	1954年
労働生産性	100	94.9	108.9
平均賃金	100	111.0	120.3

（出所）BAP, DG3, Nr.1691, Bl.29.

平均ノルマ達成率は一三三％である。このような高すぎる達成率では、ノルマが労働生産性向上や労働者のさらなる質的向上の刺激となりえていないことは明らかである[55]」。かかる状況が、造船業全体に該当するものであったことは、表５－１から明らかであろう。一九五一―五四年の各年に、大部分の労働者のノルマ達成度が、一二一―一五〇％の範囲に集中しており、平均達成度も一三〇％前後を推移していた。これらのことから、労働者は、ノルマが低いために、さほど無理しなくてもそれを超過達成でき、それなりの賃金収入を獲得できていたと考えられる。こうして「労働ノルマ設定の技術的基礎に大きな欠陥のあるような現状では、能率に従った賃金支払いの原則は危機にさらされている」といわれていた[56]。

以上のような質に見合わない賃金等級分類とノルマ設定水準の低さの結果、「計画され支払われている賃金は、労働者の真の能率とは合致していない」という状況が生まれていた[57]。表５－２からは、造船業において、賃金水準が労働生産性向上とは連動していなかった事実が確認できるであろう。第二章で見たように、とくに出来高給の導入当初には、ある程度は労働者の能率が増進されたとは考えられるが、一九五〇年代半ばまでの時期を通して見れば、賃金制度は、生産性向上に対して期待された効果を十分もちえていなかったといえよう。かかる状態を補う形で存在したのが、次に述べる社会主義的競争であった。

社会主義的競争

第二章で検討した通り、社会主義的競争とは、労働ノルマ、生産計画、資材の節約、製品の質向上などについて、労働者、作業班あるいは造船所ごとにその達成度の高さを競うものであった。それにより、「たえざる生産と生産性の成長」を成し遂げることが目標とされた。競争は、公には「就労者の社会主義意識の高揚」に基づくものとされたが、実際には成績優秀者・グループへの報奨金・昇格・工業大学への派遣・休暇施設の優先的利用権などの諸優遇授与が、労働者の競争参加への主要な誘因となっていた。それゆえ、社会主義的競争は、賃金制度が生産性向上への刺激と十分なりえていない状態を、以下の意味で補う形となっていた。すなわち、報奨金・昇進機会の授与など、賃金にプラスアルファとなる刺激により、能率増進を促す機能を果たしたのである。

造船業における社会主義的競争が急速に拡大したのは、他産業と同様一九四八年一〇月から開始された「ヘンネッケ模範労働者運動」以降であった。この運動期間中の同一八日には、ボイツェンブルク造船所の溶接工が一日のノルマの二二〇％を達成したのをはじめ、二〇日にはネプトゥーンの鋲打工がノルマの三四〇％を達成するなど、運動の最初の三週間で一一〇〇時間の労働時間が節約されたという。五一―五五年の第一次五カ年計画期には、個人単位の競争から、作業班、工程、さらには造船所ごとに「DDR最善造船所」を競う運動などへと拡大されていった。五四年第Ⅱ四半期のヴァルネミュンデでは、作業班競争における資材節約により九万四千マルクが節約されたと伝えられる[58]。このように、社会主義的競争が、一定の成果をあげたことは事実であった。

しかし、こうした成果を過大に評価することはできない。競争全体への参加者数は、ネプトゥーンで五〇年の四〇六〇人から五二年の五五二〇人へ、ヴァルネミュンデで五一年の一一五〇人から五四年には五千人へと増加していった[59]。このなかには、五三年にメクレンブルクの造船所全体で一五八七人(全労働者中一〇%)存在した「模範労働者」も含まれていたが、参加者数の増加は「模範労働者」のような積極層の存在のみで説明できるものではない[60]。社会主義的競争に関する五四年の指摘によれば、「造船業における大部分の競争は、生産期日が迫り計画達成が危うくなっているときに、造船所指導部から指令されるものとなっている。競争参加への労働者の主要な動機は、参加により得られる報奨金の獲得にある」[61]。このことから、競争は、生産計画達成のための追い込み策として実施され、報奨金獲得を目指した多くの労働者が一時的に参加するため数的に拡大し、一時的な成果をあげていたという傾向を一般的には指摘できると思われる。「模範労働者」の業績に関しても、次のような一時性が指摘されていた。造船業における「模範労働者」の能率は、特別作業直、日曜労働、資材の特別投入により成し遂げられたものであるため、その経験は一般化できない。ある一日だけ特別に働いても、その後の日々に低いノルマ達成度では、総体的には生産性向上につながらない[62]。このように競争は短期的には一定の成果をあげたが、それは「たえざる生産性の成長」につながるものではなかったといえる。そしてまたこのことは、報奨金などの刺激が競争時という一時だけ授与されるものであったことに起因していたと考えられる。

このほか、社会主義的競争の実態に関しては、さまざまな問題点が指摘されていた。まず、「競争の成果が一般に広められず、模範労働者の業績が労働者間に知られていない」という欠点が指摘されていた[63]。「模範労働者」の能率は、一般労働者の能率刺激となりえていなかったのである。原材料・部品納入の遅れや電力供給不足といった事情により生産が停止してしまい、競争の公平性が失われたり、競争そのものが実行できない状態に陥っていることも問題とされた[64]。また、報奨金の授与によって、「競争と同時にベールに包まれた労働者の収入の大幅な上昇が起こっている」といわれた[65]。報奨金という賃金プラスアルファの部分が大きいことは、賃金制度が能率刺激に与える効果をますます低下させるものであったと考えられる。さらに、一九五〇年のSED第三回党大会においては、粗悪品率が高すぎるため、製品の質の改善を第一とする競争を指向すべき旨が叫ばれた。このことは、競争において量的達成のみが追求された結果、質の問題がなおざりにされていたことを推測させる。実際造船業においては、競争における製品の質向上の必要性が五四年末になっても叫ばれ続けており、質改善が容易に達成されなかったことがうかがえる[66]。そのほか直接造船所の実態を示すものではないが、競争の結果が実状を反映したものでなかったことの証左として、次の事例を引用しておこう。「コスビヒのABUS機械工場は、その生産計画を一二〇％達成したとして、優秀な企業に与えられる表彰旗獲得競争において高い評点を得ている。しかし、同工場は、五一年九月五日までに造船業に対して一九の伝導装置を納入する予定であったにもかかわらず、一〇月一三日現在でただの一つも納入していないのである。競争の評価は、実際の状況を確認したうえでなされるべきである[67]」。

社会主義的競争は、生産性向上に対して一時的には一定の成果をもったものの、それは持続的な生産性向上へつながるものとはいえなかった。むしろ賃金制度の機能を低下させたり、量的達成だけを目指して質がなおざりにされるなど、競争の実行が非効率を助長する場合もしばしば見られたのである。

その他の労働者イニシアティブ喚起策

造船所ではこのほか、計画経済体制のもと技術革新へのインセンティブが生まれにくい状況下で新たな技術を現場から生むための、あるいは生産を改善し、採用された技術を現場で有効に使用するためのいくつかの方策がとられていた。それは主に、労働者のイニシアティブ発揮に訴えるものであった。

一九五四年末のヴァルネミュンデ造船所に関する国家計画委員会の報告のなかでは、「就労者の創造的イニシアティブ動員」のための方策として、以下の四つが挙げられている。社会主義的競争、革新者運動(Neuerermethode)、生産会議(Produktionsberatung)、改善提案制度(Verbesserungsvorschlagwesen)である。社会主義的競争については先に検討したので、ここでは残りの三つに関して、上記の報告の内容を順に紹介しておこう。これら方策は、工業全体ではすでに一九四九年からその実行の必要性が叫ばれており、造船業においても、五〇年夏頃から本格的に開始されていった。(68)

革新者運動とは、「二カ月に一度『ソビエト革新者の日』を導入し、他の造船所から技師や職長、模範労働者などを招」くことによって、他の造船所で導入されている作業方法の移入を目指すものであった。だが、「革新者運動の拡大はなお不十分である。模倣されるべき方法が、造船所全体に計画的に拡大・使用されていない。ヴァルネミュンデ造船所で、これまでに広く適用された新作業方法はサブマージアーク溶接のみであり、この他は個々の部分の改善でしかない。新たな作業方法の導入によって全技術過程に変化を生むような運動とはなり得ていない」という点も同時に述べられている。(69)

生産会議は、「労働者の創造的イニシアティブ促進のため」と位置づけられていた。この生産会議は、早くから「模範労働者運動」と並んで能率増進のために重要視され、企業内労働組合により組織されるものであった。そこでは、「模範労働者などの進歩的な労働経験が語られ」るという労働者に対する教育的機能と、労働者から生産上のさまざまな改善提案を募ることにより、「粗悪品の減少や生産の質的向上、機械の停止時間や納期遅れの排除のための措置を取り決める」という労働者の動員的機能が期待されていた。(70)「ヴァルネミュンデのすべての作業区において、生産会議は計画的に実行されている。一九五四年の第Ⅲ四半期には、二五四の会議が延べ七千人の参加者をもって開催された。そのさい、生産の改善のための提案が約六〇〇出され、うち三二〇が一一月末までに実際の作業で利用された」ことが、成果として挙げられている。だが他方で、「労務部の職員が、労働者が後日利用するための議事録を作成し、提案の実現を監視することを任務としている。しかし、これまでの全生産会議のうち、約二〇％しか議事の記録がなされていない」ことや、「一般に造船所指導部と企業内労組は、生産会議の実行のみを重視している。彼らは、提案の実現にこそ気を配るべきである」ことが問題点として指摘されていた(71)。

改善提案制度は、「就労者のイニシアティブの計画的な統率手段」とされたが、具体的には、「就労者が自らの作業の隘路を調査し、その問題の解決に貢献するよう導くこと」がその目的であった。「五四年前半年には、全部で五八四の提案が提出され、それが実際の作業で使用されることによって、六三万マルクの利益がもたらされた。とくにエネルギー節約に成果があった」。この改善提案制度に関しては、「現状では問題がなく、制度改良のために現時点でとるべき措置はない」といわれているが、資料の別の箇所では、「労働者と技術部・技術者の共同作業が計画的に組織されておらず、そのため双方の意見交換が不十分で、労働者の有用な提案がしばしば実用化されない」ことも指摘されている(72)。

これら三方策の相互関連など資料からは明確にはしえないが、主に労働者に対する教育的機能をもつ革新者運動、労働者の動員的機能を果たした改善提案制度に対し、生産会議にはその双方の機能が期待されていたといえるであろう。総じて、これら方策の存在から、一部で積極的に改善提案が出され、それが部分的に実現されることによってある程度の成果が得られていたことは確かであった。しかし他方で、方策を実行することのみが重視され、その結果は十分顧慮されていないこと、労働者の提案を生産改善に生かす過程に欠陥のあったことなどが、問題点として指摘されていた。そして強調されるべきは以下の点である。第四章二節(4)で、溶接・ブロック建造法などの技術が生産現場において満足に使用されえていなかった実態について検討したが、その主な原因は、原材料・部品供給の遅れと質の悪さ、生産計画のたび重なる変更など計画経済のシステム的諸特徴に求められた。それに対して、労働者の提案は、その提案数の多さからもうかがえるように、生産を根本的に変えうるものではなく、多少のエネルギーや資材の節約に関するものなど、ごく部分的な作業の改善であった。それゆえ、これら労働者のイニシアティブ発揮という限られた手段によって、ごく部分的な生産改善はできても、計画経済であることに伴う企業現場の欠陥の諸原因を根源から取り除くことは不可能であった。改善提案制度が、「現時点でとるべき措置はない」とされているのは、そうした状況も背後にあってのことと推測されるのである。

小　括

以上のような諸問題の結果発生した専門労働者不足、労働モラルの低さ、生産性向上に十分寄与しえない賃金制度・社会主義的競争・イニシアティブ喚起策といった状況は、労働者の過剰雇用とともに、第一次五カ年計画期の造船業における労働生産性伸び悩みの重要な理由となったといえるであろう。ＤＤＲの企業における労働者の陶冶と管理は、ドイツの伝統的性格を受け継いだ職業訓練、職長、賃金などの諸制度が、作業班や社会主義的競争・イニシアティブ喚起策といった制度によって補完されるという形をとっていた。だが、その実態は、中央当局の導入意図とはほど遠いものだったのである。

他方で見方を変えれば、管理の不貫徹の結果、労働者にとっては、ある種の「自由」というものが存在していた。労働者が「勝手に作業速度を決定」していたり、遅刻、早退、欠勤、仮病、怠業、労働時間中の買い物が許される職場――効率性の視点からはまったく非効率であるが、視点を変えれば労働の自律性があるともいえる状態――や、労働者の質よりも高すぎる賃金等級分類、さほど無理をしなくても達成できる労働ノルマなどは、ある意味では「労働者の天国」的な状態だといえる。こうした状態が生じていたのは、生産計画の遅れや変更、原材料・部品供給の遅れと質の悪さ、電力供給の不安定さなど、「たとえ労働者の多くが労働規律の必要性を意識したとしても、自然と規律が乱れてしまうような条件が存在」していたためであった。この「自由」の存在は、もちろん生産性の向上にとっては望ましい事態ではない。だが、労働者にとってこの自律性は、積極的にであるかどうかはさておき、ある程度体制に対する肯定的な意識を生む要因となっていたことが考えられるのである。

(1) Belwe, Katharina, *Zu den Hintergründen der Fluktuation in der DDR*, in: *Deutschland Archiv*, 6/1980, S.601.
(2) Labahn, K., a.a.O., S.87.
(3) BAP, DG3, Nr.3876, Bl.62; DG3, Nr.3912, Bl.8; DG3, Nr.3821.
(4) Eppelmann, R./Müller, H./Nooke, G./Wilms, D.(Hrsg.), *Lexikon des DDR-Sozialismus*, Paderborn/München/Wien/Zürich 1996, S.105. 徳永重良編著、前掲書、第五章、高橋俊夫・大西健夫編『ドイツの企業』早稲田大学出版部、一九九七年、六七―六九頁など。
(5) BAP, DC2, Nr.1016, Bl.91; Labahn, K., a.a.O., S.81.
(6) BAP, DC2, Nr.1016, Bl.91.
(7) BAP, DE1, Nr.11178, Bl.4; DE1, Nr.11897, Bl.21f; DE1, Nr.14643, Bl.30.
(8) Ebenda, Bl.193f.
(9) Ebenda, Bl.195.
(10) Ebenda, Bl.193. もっとも、厳密に熟練度のみに従って賃金等級分類されていなかった事実については本章二節(2)を参照。
(11) Ebenda, Bl.194.
(12) Ebenda, Bl.30; *Die Seewirtschaft der DDR*, S. 39f.
(13) BAP, DE1, Nr.11178, Bl.1; DG3, Nr.3912, Bl.8; DG3, Nr.4066, Bl.1; Labahn, K., a.a.O., Tabelle 49.

(14) BAP, DX1, SMAD-Befehl Nr.112, 23. Juni 1948; Labahn, K., a.a.O., S.7f.
(15) BAP, DG3, Nr.3876, Bl.88f.
(16) BAP, DE1, Nr.11970, Bl.44; DE1, Nr.11897, Bl.23.
(17) BAP, DG3, Nr.3876, Bl.88.
(18) BAP, DE1, Nr.14638.
(19) BAP, DE1, Nr.11178, Bl.1; *140 Jahre Eisenshiffbau in Rostock*, S.86.
(20) 一九五〇年代、ＤＤＲで一般的に企業間賃金格差が存在した事実については、正亀芳造「ドイツ民主共和国における国家の賃金政策と経営レベルの賃金決定」一四五―一五〇頁。
(21) BAP, DG3, Nr.3912, Bl.8; DE1, Nr.11897, Bl.22f. こうした賃金格差を同一産業内で打破するために五一年以来導入が検討されたのが、産業部門別賃金等級カタログ(Wirtschaftszweiglohngruppenkataloge)であった。これは労働者の賃金等級への分類がそれまで企業ごとになされていた状況を改善し、同一産業においては同基準で等級に分類することを目指したものであった。だが、このカタログについても、「導入前と同様の状態」しか生まず、五四年末になっても、「各造船所の労働者を相互に比較しうるような統一的な評価基準は欠如している」とされていた。BAP, DE1, Nr.14643, Bl.194.
(22) Labahn, K., a.a.O., S.65f. 戦前の造船業における女性労働者の割合の低さから、造船業では女性が熟練労働に携わるという事実が男性労働者によってなかなか受け入れられず、男性は女性に補助労働ばかり押しつけるなどの嫌がらせをしたという。
(23) ラバーンは、一九五二―五九年にかけて造船業の専門労働者の割合が約一二％減少したことの一つの理由として、西ドイツへの逃亡を挙げている。Ebenda, S.87.
(24) これに関する当時の造船業における具体事実を挙げることはできないが、同様の問題に悩んでいたソ連の一九八〇年代初めにおける労働力流動の調査によれば、一般に労働者の生産性は、退職願提出直後から低下し始め、出来高給労働者の場合平均一五―二五％、時間給労働者の場合五〇％低下したという。また、新職場においては、職種を変更しないケースですら、平均の生産性に達するには二―三カ月かかったとされる。大津定美、前掲書、二七四頁を参照。
(25) BAP, DG3, Nr.3821; Labahn, K., a.a.O., S.124. 一九五二年の機械製造省管轄下の企業では、全部で九七〇〇人もの人員が過剰に雇用されていたといわれる。ベンディクス、前掲書、五八六頁。もっとも、労働者数に関する計画数値自体が最も経済効率的なものであったのかは疑問の残るところであるが、ともかくも適正と計算して計画した人数よりも数百人単位で多い人数が、その計画数よりも適正であったとは考えられないであろう。

(26) Labahn, K., a.a.O., S.124f. コルナイ、前掲書、一三頁、村上範明、前掲論文、三一頁。コルナイのいう「ソフトな予算制約」とは、おおよそ以下のようなものだと説明できる。資本主義企業が生産を行う場合、まずは予算上の制約が存在し、その範囲内で効率的に生産するためにはどうすべきかが至上命題となる。予算に応じて原材料や労働力への需要量も決められるのである。社会主義企業においても、もちろん政府から与えられる当初予算がある。だが、この範囲内で生産が実現できなくても、企業には、政府から追加的資金の与えられる可能性が大きかった。なぜなら、計画経済の下では、計画伝達の遅れや、原材料・部品の供給遅れといった状況が常態化しており、それら企業指導部の責任ではない要因によって生産コストが上昇した場合は、追加投資をしてやる必要があった。ほとんどが国営の企業であるという状況下で、計画された生産が実現されないと国全体が困難に陥ってしまい、また国の名誉という面からも、予算をオーバーするからといって安易に国営企業を倒産させることはできなかったのである。こうして企業にとっては、予算制約とは「ソフト」な存在であった。予算制約が「ソフト」になると、さまざまな財に対する企業の需要量も「ソフト」となり、企業には、財・労働力をとりあえずあるだけ欲しがるという傾向が生じることになる。このことは、企業による財のため込みという現象につながる(これは期末の突貫作業によって生産計画を達成するための準備ともなる)が、すべての企業がこうした傾向を有する結果、経済全体としては常に不足の状態が生じてしまう。財の「売り手市場的状況」が常態となり、また労働力に対しても同様の需要が存在することから失業も消滅してしまう(実際、「社会主義」諸国では、失業が存在しなかった。DDRでもすでに一九五〇年代半ばには、労働力は基本的にすべて雇用されていたとされる。Steiner, A., Wirtschaftliche Lenkungsverfahren in der Industrie der DDR, S.289.)。こうなると、ある程度質の悪い製品だろうが、能力の低い労働力だろうが、あれば「売れる」のである。こうして企業指導部には、優れた製品を生産するというインセンティブが働かなくなり、また厳しく管理すると労働者はよその企業へ逃げてしまうため、厳密な生産管理のなされないことが一般的となっていたのであった。

(27) 塩川伸明『ソヴェト社会政策史研究』三六〇—三六一頁。五〇年代のDDRも「労働力の売り手市場的状態」にあったことに関しては、正亀芳造「ドイツ民主共和国における国家の賃金政策と経営レベルの賃金決定」一四九頁。

(28) BAP, DE1, Nr.14643, Bl.179, 183.

(29) BAP, DE1, Nr.11178, Bl.3f.

(30) BAP, DE1, Nr.14643, Bl.184, 194; DG3, Nr.4119, Bl.10.「その他の従業員」とは職員に補助人員(清掃員、職業教育教官、看護係など)を加えたものと定義されている。ちなみに、戦時中という特殊状況下とはいえ、一九四四年のDDR地域の造船業では、労働者と職員の比率がおおよそ六対一であった。BAP, DG2, Nr.13573, Bl.58.
(31) BAP, DG3, Nr.4062, Bl.35f.
(32) BAP, DC2, Nr.17385, Bl.323. ベンディクス、前掲書、五〇七頁。
(33) BAP, DE1, Nr.11970, Bl.38. 彼らに支払う賃金が造船所の採算にとって悩みの種であった。
(34) BAP, DE1, Nr.14643, Bl.192.
(35) BAP, DC2, Nr.17385, Bl.25f. 六月一七日蜂起のさい、下層レベルの労組活動家や党員が運動の中心に立っていた例も報告されている。星乃治彦『社会主義国における民衆の歴史』二四八頁。
(36) 以下、作業班については、Roesler, Jörg, Die Produktionsbrigaden in der Industrie der DDR. Zentrum der Arbeitswelt?, in: Kaelble/Kocka/Zwahr(Hrsg.), *Sozialgeschichte der DDR*, Stuttgart 1994, S.144-157; Hübner, P., *Konsens, Konflikt und Kompromiß*, S.211-218を参照。また作業班については、本書第八章でより掘り下げて検討する。
(37) Roesler, J., Die Produktionsbrigaden, S.157; Hübner, P., *Konsens, Konflikt und Kompromiß*, S.215.
(38) 一九五二年六月のVerordnung über die Rechte und Pflichten der Meister in den volkseigenen und ihnen gleichgestellten Betrieben und über die Erhöhung ihrer Gehälter による。*Gesetzblatt der DDR*, 1952, S.506.
(39) BAP, DE1, Nr.14643, Bl. 179; Roesler, J., Die Produktionsbrigaden, S.150.
(40) BAP, DE1, Nr.14643, Bl.57.
(41) Ebenda, 184.
(42) BAP, DG3, Nr.3856; DE1, Nr.14643, Bl.184. 一九五三年にはヴァルネミュンデで九六%に対し、ヴィスマールでは六六%の労働者が作業班に所属していた。
(43) BAP, DG3, Nr.3856.
(44) BAP, DG3, Nr.1691, Bl.28; Roesler, J., Die Produktionsbrigaden, S.155. こうした問題を多く抱えていたものの、作業班は企業管理・生産管理上、一定の役割を果たしたともいえる組織であった。この点については、第八章において詳しく分析する。

(45) BAP, DE1, Nr.14643, Bl.180; DG3, Nr.4062, Bl.35; DG3, Nr.1691, Bl.28.

(46) BAP, DE1, Nr.14643, Bl.122. ソ連において「理由のない」欠勤が「理由ある」欠勤として認められていたなどの事例が、塩川伸明『「社会主義国家」と労働者階級』五一六―五二二頁に見られる。

(47) BAP, DG3, Nr.1691, Bl.28.

(48) BAP, DE1, Nr.14643, Bl.193f; DG3, Nr.1691, Bl.28.

(49) BAP, DX1, SMAD-Befehl Nr.173, 18. Dez. 1945.

(50) BAP, DE1, Nr.11970, Bl.22, 24, 26; DE1, Nr.14638. 出来高給の形態に関して、個人に対して適用するか集団に対して適用するかという点が当時議論の対象となっていた。流れ作業方式の導入下で、労働者の相互依存性が増したのに伴って賃金が集団的形態をとるのは一面では自然のなりゆきであった。だが、前述のように労働者による作業時間中の買い物や無断退社の存在が指摘される当時の状況において、個々人のサボタージュを隠蔽するものとして、集団給の過度の導入が危険視されていたのもまた事実であった。そのため、「流れ作業導入の進んでいる造船業では集団給が適合的」とされる一方で、同時に「集団出来高給は個人出来高給よりも劣る形態」との評価の動揺が見られていた。BAP, DE1, Nr.14643, Bl.188.

(51) BAP, DG3, Nr.1691, Bl.28.

(52) BAP, DE1, Nr.14643, Bl.187; Labahn, K., a.a.O., S.138.

(53) BAP, DG3, Nr.1691, Bl.28.

(54) BAP, DE1, Nr.14643, Bl.188.

(55) Ebenda. 重機械産業でも、労働者の半分以上が一二〇―一五〇%のノルマ達成度であったという。Buchheim, Ch., Wirtschaftliche Hintergründe, S.422.

(56) BAP, DE1, Nr.14643, Bl.187. ここで造船業について実例を挙げることはできないものの、作業班によるノルマに関する非公式な交渉も、ノルマ設定水準が低いことの背景にあったことは想像に難くない。

(57) Ebenda, Bl.182.

(58) Ebenda, Bl.192; Labahn, K., a.a.O., S.139.

(59) BAP, DE1, Nr.14643, Bl.192.

(60) Ebenda. 積極的に競争を担った層として、ＤＤＲ全体についても、造船業についても指摘されるのが、党員、年少労働者、女性労働者である。Ewers, K., Einführung der Leistungsentlohnung, S.961; Labahn, K., a.a.O., S.139. 党員については、四九年のネプトゥーンで「模範労働者」として表彰された労働者のうち党員が三〇%であったという比率は、全従業員に占める党員の割合が五一年二月の時点でも一八・六%であった数値に比べれば高いものといえる。また五二年のメクレンブルク地方の造船所における「模範労働者」のなかで年少労働者は一四・八%を占めたが、これも全従業員中の割合一一・一%より高かった。しかし、これに対して、「模範労働者」中の女性の比率は六・二%に過ぎず、これは同年の全従業員中の女性の割合一七・七%を大きく下回る数字であった。この数字からは、造船業において、競争の担い手としての女性労働者の役割を過大評価することはできないであろう。BAP, DG3, Nr.3856; Labahn, K., a.a.O., S.157.

(61) BAP, DE1, Nr.14643, Bl.192.

(62) Labahn, K., a.a.O., S.136.

(63) BAP, DE1, Nr.14643, Bl.192.

(64) Ebenda, Bl.33.

(65) Ebenda, Bl.192.

(66) Ebenda.

(67) BAP, DG3, Nr.3876, Bl.20f.

(68) Labahn, K., a.a.O., S.141.

(69) BAP, DE1, Nr.14643, Bl.192.

(70) Ulbricht, W., a.a.O., Band III, S.439.

(71) BAP, DE1, Nr.14643, Bl.192.

(72) BAP, DE1, Nr.14643, Bl.171, Bl.193. このほかの方策として、労働管理証書(Arbeitskontrollschein)、「一〇分間運動(Zehn-Minuten-Bewegung)」といったものがネプトゥーンで導入されていた。前者は、個々の労働者の作業遂行度を管理するために一九四九年に導入が図られたもので、作業時間開始時に職長がこの証書に個々が果たすべき作業を記入し、作業終了時に実際に果たされた作業が労働者の署名により確認されるというものであった。これは、労働者ばかりでなく、職長からも抵抗にあい、導入が進まなかった。後者は、ネプトゥーンで始められた運動であり、五二年七月の党第二回協議会においてネプトゥーンの代表が報告したのをきっかけに全国へと展開していくこととなった。作業の開始一〇分前に作業班が集合して、克服すべき課題や資材の確保について協議・準備し、時間損失なしに労働に取りかかることを目的とするものであった。
BAP, DC2, Nr.1061, Bl.91; Poßekel, K., a.a.O., S.574.

第六章　造船業における計画作成と達成度評価の現実

はじめに

本章は、企業の生産計画がいかにして作成され、その達成度はどのように評価されていたのかという点に絞って、計画経済下の企業現場における非効率の実態とその発生メカニズムを明らかにすることを課題とする。労働生産性の低迷と直接関わる実態を扱う内容ではないが、それにつながる現場の非効率の根本的原因の一つといえる計画作成の不可能性という問題についてここで詳しく考察しておきたい。またそうした実態については、これまで具体的にはほとんど知られていないといえる。本章では、一九五二年のヴァルネミュンデ造船所の対ソ賠償生産の計画作成とその達成度評価の状況に関する資料を主として用いて(1)、そうした課題を可能な範囲で検討していきたい。賠償生産時という特殊な時期の例ではあるが、賠償品も、DDR経済計画の一部として生産されており、そこからは、計画経済というシステムに関わる問題を抽出することが可能である。

一　計画の作成と達成度評価の実態

資料は、造船所側からソ連管理委員会の賠償管理局へ、一九五二年三月二五日付で「貨客船の修繕・改造の賠償課題について」と題して提出された書簡である。資料は、その冒頭から、造船所において生産コストを計算するさいの問題点を列挙しているので、まずは引用しておこう。

造船所が船の修繕・改造に取りかかる前の時点では、実行すべき作業のための設計図、修繕作業のリスト、技術面にまで至る細かな建造計画は、まったく存在しないか、あるいは不十分にしか存在しない。それゆえ、コストは、ごく粗い計算により概算されるしかない。そのような状況下で計算されるコストに対しては、誰かが何らかの責任を負えるものではない。

加えて、現在造船所で修繕されている船は、ほとんどがかなり大型の船舶である。そのため作業は大規模なものであり、また個々の船で装備される機械も異なるため、それぞれの船に関する綿密な計画が必要とされる。大型船であるため、作業期間も相当長期にわたることになる。これまでの経験によると、修繕作業が進行していくうちに、当初の予想よりも作業範囲が大きくなり、それに伴ってコストも計画より大きくなることが普通である。またそれは、作業のために必要な時間にも必然的に影響を及ぼす。これまでの経験からは、造船所の設立後間もなく参考資料が少ないこともあって、最終値に近いコストを算定できるのは、作業の完成度が六〇—七〇％の段階に至ってからである。それ以前の段階で算出されたコストは何ら最終的なものではなく、「スライド式の」コストと見なされるようなものである。たとえば貨客船 Sov. Sojus の修繕において、船に備え付けのタービン発電機を修理したが、修理後、今日ではこの機械は使用すべきではないとされ、代わりに七つのディーゼル発電機を設置するよう命令された。その発電機を取り付けるために、船倉の改造も必要となった。そうした追加的な作業は、当然コストや期日に決定的な影響を及ぼすものである。そしてこうした例は、他の船でも日常的に発生している。(2)

資料のこの部分から分かることは、造船所において生産前に計算されるコストは、「ごく粗い計算」によって算出される「概算」でしかありえなかったという事実である。そうした状態が生じる原因としては、一つは、第二次世界大戦後に新設された企業であるために、参考とすべき資料がないかあるいは少なすぎたこと、もう一つは、作業を進めていくうちに追加的な作業が必要となることが日常的であるため、生産を開始する前の時点では、正確なコストは算定できないという点が指摘されている。

「社会主義」計画経済においては、生産額を基礎として生産計画が作成されていた。[3] 第四章の図4－1(一三九頁)に従って確認したように、DDRでは、国家計画委員会(この場合は賠償生産なので、賠償局が関わっていた)において作成された計画数値が、企業の上位管理機関である各省へ伝達され(造船の場合は機械製造省)、それがさらに各企業へ伝達されることになっていた。計画は上から下へ指令されて終わりではなく、受け取った数値は各企業で検討され、逆に企業から現場の「実態に応じた」修正案を提出することができた。それら上から下へ、あるいは下から上へという何度かのやりとりを通じて、最終的な計画数値が決定されていたのである。だが、先の引用例を見ると、生産の現場である造船所においても、生産前に正確なコストを算出することはできていなかったようである。そうした現場の数値を基礎データとしつつ、現場とは離れた上位の計画当局で決定され指令される生産額計画が、実際の生産に適合的なものとなりえたのかについては、疑問を呈さざるをえないといえる。そして実際、計画と現実との不整合が常に問題視されていたことについては、第四章二節(1)で見た通りである。

書簡では、続いて計画達成度の計算方法の問題点について指摘されている。賠償生産については、ソ連の監督局が、毎月の造船所の達成作業量を、作業時間をもとに計算した。すなわち、(当該月の作業時間／作業開始前に計画された全作業時間)によって、毎月の作業の達成度をパーセンテージにより評価していたのであった。だが、この作業時間も、先の事例にあったように当初計画はその後の修正が必要なものであったことから、それを利用しての評価は実効性が疑われるが、[4] より奇妙なのは、DDRの賠償局は、このソ連監督局の作業時間による評価をもとにして、月間の生産達成額を計算していたという事実である。具体的に説明すると、たとえば、Aという船の修繕がすべて完了した場合の全生産額が一〇〇万マルクと計画されていたとする。その船Aのある月

表6-1　貨客船 Sov. Sojus 生産の達成度評価と実際（1952年1/2月）（1,000マルク）

計画された全生産額①	69,400
うち1952年1/2月分の計画	2,776
ソ連監督局による作業達成度評価（全体の内）②	2.5%
賠償局による生産達成額評価（①×②）	1,735
実際の生産額	4,605

（出所）BAP, DG3, Nr.4075, Bl.137.

表6-2　ヴァルネミュンデ造船所における計画生産額と達成度評価および実際の生産額（1952年1/2月）（1,000マルク）

船名	計画	賠償局による評価	実際
Sov. Sojus	2,776	1,735	4,605
Jury Dolgoruky	1,256	628	1,431
Adm. Nachimow	2,035	1,425	1,137
Jakutia	3,548	828	2,355
Mudjug	1,163	612	815
Russ	—	1,376	3,330
造船所全体	10,778	6,604	13,683

（出所）BAP, DG3, Nr.4075, Bl.137.

の作業についてソ連監督局の作業時間による達成度評価が五％であったとすると、賠償局は、船Aに関するその月の造船所の生産額を、（一〇〇万×五％）＝五万マルクと算出していたのである。

このことをより事実に即して見るための表が、6-1、6-2である。表6-1では、貨客船 Sov. Sojus に関する実際の計算例を見ることができるが、ソ連監督局評価に従って算出された賠償局による生産額評価一七三万五千マルクと実際の生産額四六〇万五千マルクとでは、二・七倍もの開きが生じてしまっていることが分かる。また表6-2からは、おおむねどの船でも Sov. Sojus と同じような評価の状態になっていることが見てとれるが、ただ Adm. Nachimow だけは、評価額の方が実際の生産額よりも大きくなっている。いずれにせよ、当局による生産額達成に関する評価は、現場の実状に即したものといえなかったことは明らかであろう。造船所側は、「こうした評価方法は、場合によっては起こりうるような作業中のコストの上昇や低下をまったく反映するものではなく、何らかの変更が生じた場合に適応できるものではない」と批判している。(5)

なお表6-2からは、一九五二年一／二月のヴァルネミュンデ造船所全体に関しても、賠償局はソ連監督局の評価に従って六六〇万四千マルクの生産額と評価したが、実際の生産額はその倍以上の一三六八万三千マルクであったことを確認できる。造船所にとって重要な点は、賠償生産もＤＤＲの経済計画の一部として算入されていたがゆえに、賠償局による達成額評価は、当該期の生産計画達成度全体に影響してくることであった。当該期のヴァルネミュンデ造船所における賠償品の計画生産額は、一〇七七万八千マルクであったから、賠償局の評価に従った六六〇万四千マルクでは、計画の六一％しか達成していないことになってしまうのである。「社会主義」企業は、事実上計画生産額の達成を唯一の目標とし、未達成の場合には責任を問われることとなるため、造船所にとってこの点は重大な問題であった。そこで造船所は、「造船所と部品供給企業の生産達成度は、生産額をベースにして評価する方法に変更すべきであり、その方が作業完成度についても厳密な評価となる」ことを提案している。(6)

さらに資料の書簡では、個々の船についてのコスト総額を現実の作業状況に適合したものにするためとして、独自に計算をし直している。たとえば Sov. Sojus は、当初計画コスト総額は六九四〇万マルクだったが、現時点では八八〇〇万マルクがコスト総額として見込まれると指摘している。だが、この修正も、三〇％程度の完成度である現状では、最終的なものではないとする。いずれにせよ、「完成度が六〇―七〇％でないと正確なコスト総額は計算できず、一九五〇年と五一年の経験からは、当初のコスト計算は低すぎることが常であった」という。(7) そして、計算し直された個々の船のコストとソ連から提示された作業完成度目標に従って、一九五二年の

表6－3　ヴァルネミュンデ・ヴィスマール造船所の1952年生産予測額(1,000マルク)

	1951年の生産額	1952年の生産予測額	対1951年比
ヴァルネミュンデ	66,789	116,743	172%
ヴィスマール	60,510	71,452	118%

(出所)BAP, DG3, Nr.4075, Bl.143.

造船所全体の予測生産額を計算すると、表6－3のような結果になるとしている。この予測額については、「ヴィスマール造船所にとっては、ドックの建設と部品・資材の供給が計画通りになされるのであれば、達成可能な数字である。他方で、ヴァルネミュンデ造船所の前年比一七二％という生産額は非現実的な数字である。ヴァルネミュンデについては、緊急に計画の変更が必要である」[8]。書簡は最後に、「我々が、現実的な生産計画のもとで計画を達成するために、当方の提案を検討し、即座に決定を下されることを望みます」との一文で結ばれている[9]。

以上見てきたような造船所側からの問題点の指摘と方法の変更の提案は、その後の計画作成と達成度評価の実態を変えるに至ったのであろうか。それに関しては、のちの時期の資料で確認することができる。先の書簡から一年半後の一九五三年一一月九日付の機械製造省・造船主管局の資料では、依然として作業時間に基づいて達成生産額が計算され、「達成度と実際の生産額の間に整合性がない」ことが問題視されている[10]。また、五四年末の同造船主管局資料には、次のような問題点の記述が登場する。「造船所では、多くの場合、なお必要とされる技術資料がなく、果たすべき作業内容も明確でないような、およそ正確な計算が可能でない時期に、最終生産額を確定せねばならない。部品供給企業も造船所と同様の条件下で見積価格を算出しているため、外注分のコストも過小に評価されてしまう傾向にある」[11]。これら資料から確認できる限りでは、計画の作成と達成度評価の実態は、その後も変化がなかったと考えられる。それゆえ、こうした問題は、「造船所の設立間もない」がための問題というだけではなく、計画経済であることに伴う問題として捉えるべきであるように思われるが、以下、この点も含め、ここで見てきた事実に関連する二つの論点について考察を加えていきたい。

二　対ソ納入船舶の価格について

第一の論点は、DDR造船業からソ連へ納入された船舶の価格に関する問題である。これは対ソ賠償問題とも関わる論点であるため、まずはこれまでの賠償問題研究によって明らかにされてきた事実を簡単に振り返っておこう(第一章二節も参照)。

対ソ賠償の全体像については、カルシュの研究によって明らかとなったが[12]、DDRの対ソ賠償額は、総計三七一億三四〇〇万マルクであり、五〇年代前半には毎年対ソ賠償額が国民所得の約一割を占め続けていた。賠償は、生産設備の解体・撤去、ドイツ企業のソ連所有株式会社化、「現行の生産からの製品納入」などさまざまな形をとって果たされたが、カルシュはそのなかに、DDRからソ連への製品輸出の場合にソ連からそれに見合った対価が支払われていなかったという不平等な取引も「隠れた賠償」として賠償総額に加えて計算している。彼の計算に従えば、DDR全体では、一九四七—五六年にかけて本来なら受け取るべきと考えられる約一〇億マルクを失ったという[13]。このうち造船業は、同産業の賠償用生産総額などを推計したシュトローベル／ダーメによれば、一億三千万マルクを占めたとされ、この「隠れた賠償」においても、大きな地位を占めたことになる[14]。これは、船舶をソ連へ納入する場合、生産コストの五〇％に満たないような額に価格が設定されていた結果だとされている[15]。

では、そうした価格はどういった計算により決められていたのだろうか。対ソ納入船舶は、一九五三年末までは賠償品として、賠償支払いが終結された五四年一月以降は通常の貿易品として扱われた。シュトローベル／ダーメは、五四年以降の貿易取引において造船業が損失を被った理由として、賠償期間中に作業された船の完成度について現実よりも高すぎる評価がなされ、五四年一月一日以降の作業量を少なく見積もったためではないかと説明している。[16]しかし、この説明だけでは、状況を十分に説明しているとはいえないように思われる。なぜなら、低すぎる価格が設定される問題は、すでに五四年になる前から存在したものであったことが資料から確認できるからである。

船の総生産コストや総作業時間が作業前に計算される時点では、設計図や修繕作業のリストが存在せず、またその後作業が進むにつれて、必要なコストや作業時間の拡大していくことが一般的であって、「当初のコスト計算は常に低すぎる」ものとなっていたことは一節で確認した通りである。賠償終結前の一九五三年一一月の資料を読むと、「計画された作業時間を超過してしまうと、コストを充足できない」のが普通のことなのだが、こうした状態が賠償終結後のソ連との通常の貿易となって以降も、「なおも」続くのであれば、輸出の対価を十分に得ることはできないであろうとする記述がみられる。[17]つまり、五四年になる前からすでに、コストを充足しないような価格が設定されていたということを確認できるのである。同様の事実は、シュトローベル／ダーメも指摘しているところであり、たとえばシュトラルズント造船所は、賠償期間中に一五〇隻のラガー(沿岸漁業用小漁船)をソ連に納入したが、そのさいソ連への賠償額として算入されたのは(つまり船の価格とされたのは)、生産コストの三分の一に過ぎない額であったとしている。[18]ただ、彼らは、その価格がいかにして算出されたのかまでは明らかにしていない。

それでは、そうしたコストに見合わない価格が設定されていた要因はどこにあったのだろうか。この点は、計画達成度評価の方法と関わりがあったのではないかと思われる。すなわち、これまで掲げた諸事実から推測するに、おそらくソ連は、基本的に、最初の時点で計画された作業時間とコストに基づいて価格を算出し、追加的な作業時間とそれに伴うコストについては、まったくかあるいは不十分にしか価格に算入しなかったということではないだろうか。この点に関しては、資料の別の箇所にも、「計画された作業時間では、完成のために利用できる時間として不十分であるという状況は、完成時のコストが価格を超過することへと向かわせる」、「追加的作業に対する支払いは、コスト総額を考慮するものではない」といった指摘を確認することができる。[19]

こうした状態は、当時のソ連とDDR両国の力関係を表す一つの事例ともいえるだろう。[20] ソ連の影響力という点に関しては、「賠償生産では通例のことだったが、(それ以降も)契約で確定された課題を超過する作業をソ連が要求してくる」ことによってコストが上昇するケースもしばしば存在するとされている。そうした追加コストは、五四年末時点のヴァルネミュンデ、ヴィスマール、ネプトゥーンの三造船所の合計で、約二八〇〇万マルクに及んでいたという。[21] もちろん注意しておくべきは、コストの上昇には、造船所における生産のさまざまな非効率から発生するコスト部分も存在したということである。のちに第七章三節(二〇九頁)で確認するが、「DDRで建造される船の価格は、世界市場価格よりかなり高」かったとされており、造船所から提起されているコスト問題は、単に計画作成の時期や、ソ連の無理難題にのみ原因があったわけではない。一節で見た書簡では、達成度評価と実際の生産額の差額にのみ焦点が当てられていたが、差額が生じた原因は、評価の計算方法のみに責任があったわけではないのである。

三　生産計画の作成可能性について

第二に検討しておきたい論点は、生産計画の作成可能性の問題である。本章一節で掲げた資料で見たところでは、生産コストについては、五二年初めの時点では「造船所が設立間もない」ため、船の完成度が六〇—七〇％に達してからでないと正確に算定できないというように説明されていた。だが、これも一節の最後で確認したように、こうした問題は五四年末になっても同様に存在し続けており、単なる創業初期であることに伴う困難というだけでは説明できないように思われる。一年の初めに年間の生産計画が設定され、各企業はそれに従って生産していたという「社会主義」計画経済の性格を考えると、たとえば造船業では、流れ作業ラインにおいてレディメイドの同型船を大量に新造するといった場合は、まだしもあらかじめ計画を策定しやすかったようにも思われるが、それでも原材料・部品の納入遅れと質の悪さ、電力供給の不安定さなどの別問題の存在によって流れ作業ラインは滞りがちであって、計画通りの生産進行が難しかったことについては第四章二節(4)で見た通りである。修繕の場合は、より事情が複雑であった。個々の船により設計図が別で、さまざまに異なる作業や原材料・部品が必要となり、かつそれらは作業がある程度進んだ段階で初めて判明するケースも多かったからである。そして追加的に原材料・部品が必要となった場合には、それらを生産している企業も「計画通りに」生産しているわけであるから、追加的な調達は非常に困難なことであった(第四章二節(2)を参照)。

こうした状況を踏まえると、そもそも計画を作成すること自体の可能性ということを考えねばならないであろう。一節で見たとおり、計画の基盤となる現場のデータ自体も、作業が進むにつれて次々と修正が必要となるものであった。事前の予測が不可避的に不完全ななかで、実際の生産進行に整合的な計画を事前に作成することはもはや不可能な業だといえるだろう。

各企業の生産計画がその一部をなす全経済計画の作成可能性ということでは、その技術的可能性を考えなければならない。DDRでは、現実経済に数百万数千万の財が存在するなかで、実際に生産計画が作成されていたのは八千財程度についてのみだったとされている[22]。財の全経済的な生産と配分の計画を、しかも効率的な形で作成するという作業は、実際問題として容易なことではないのである。そしてそれは、単に当時はコンピューターが存在しなかったからといった、時代的な限界性によって説明できるものでもない。たとえば塩沢由典氏は、予算制約下の効用最大化問題を計算するにあたって、財の数が増えていくと、実際はどんなコンピューターを使っても計算が不可能となってしまうことを指摘する。「効用最大化の問題は財の種類がいくつあるかで計算の手間が異なる。標準的な解法を考えると、問題を解くのにかかる時間は財の種類をnとするとき2のn乗に比例する。このことは、まず、問題が原理的に解けることを意味する。とにかく有限の時間内に解ける。しかし、2のn乗という函数がnに比例して急速に増大することに注目すると、実は大いに様子が異なってくる。たとえば、nが一〇のときの問題が一ミリ秒で解けるとする。nが二〇のときには2の一〇乗つまり一〇二四倍の時間がかかり、一秒で解ける。nが三〇のときにはまた一〇二四倍で一七・九分。四〇のときにはその一〇二四倍で一二・七日という時間がかかり、nが五〇だと三五・七年、nが六〇のときには、三六〇世紀も時間がかかり、nが一〇〇に達する前に計算時間は宇宙開闢以来の時間を超えてしまう。経済学は通常二財、三財の経済を想定し、n財の場合も同じようにと類推する。しかし、最大化計算ではnが二〇以下とそれが一〇〇以上のときでは実際には可能と不可能に分かれてしまうに違いないのである[23]」。

この指摘を踏まえて、盛田常夫氏は、スーパーコンピューターであれば国民経済規模での最適計画問題を解いてくれるはずであるという考えを、現実には不可能なことであるがゆえに、「コンピュートピア」と名付けて批判する[24]。現実の経済では、数百万・数千万の財について計算を解かねばならないことを考えると、もはや計画の困難性というよりは、計画の不可能性の問題といった方がよいであろう。そして、不可能ななかでともかくも作成された計画に従って生産する各企業現場が、厳格に管理されたものとなりうることもまた不可能だといえよう。

さらに、こうした技術的な問題ばかりではなく、計画作成における「情報の非対称性」の問題も指摘されるところである。現場の情報というものは極めて複雑なものであり、それが中央計画当局に完全に伝達・集約されることはありえない。加えて、計画当局から企業指導部・企業の末端の労働者に及ぶまで、各部署それぞれの利益は異なっており、情報伝達には必然的に歪みが生じてしまう。「社会主義」計画経済下では、中央当局は当然ながら効率最大化による最大の生産を目標としていたものの、生産計画の達成に責任をもつ企業指導部は、少しでも低い生産計画を受け取ったほうが有利であり、企業の生産能力を隠しておこうとする傾向をもった。また、ある年に高すぎる計画達成度を記録すると、翌年の課題が高くなる恐れがあるため、生産能力を最大限に発揮することも避けようとした。労働者たちも、自らの賃金をより向上させるためには、企業指導部に対して少しでも低い労働ノルマの設定を望んだ。これら各部署間で利益が異なるなかでは、それぞれに都合の良い情報のみが上位部署へ伝達されがちとなってしまう。このような問題は、市場経済でも起こりうることであるものの、インセンティブ制度や意図的に誤った情報を流す者の排除など、それを防止しようとする働きが存在する。だが、国家独占的な体制であった「社会主義」計画経済下では、インセンティブ制度を拡大しようとすると企業の自立性を高めすぎることにつながり、また問題のある者をたびたび排除していては、国全体の生産が滞ってしまうというジレンマを抱えていた。こうして必然的に「歪んだ」情報に基づいて中央で作成される計画は、現場の能力を十分に発揮させるような厳密なものとはなりえなかったのである。[25]

小括

造船業における計画の作成と達成度評価の実態は、一見すると方法を修正し管理を徹底してやれば改善できる問題のように見え、造船所からもそれへ向けての提案がなされていた。だが、それは実際には改善されていかなかった。このことは、そもそも計画自体が現場の現実に整合するような厳密なものになりえないという事実に一番の問題があるということを示唆しているといえるだろう。計画は、創業初期であるがゆえばかりでなく、不可避的に不完全な事前の予測をもとに作成されざるをえないこと、作成の技術的な不可能性、「情報の非対称性」などによって、厳密なものとはなりえないこと。そうした厳密でない生産計画に従う企業現場の運営は厳格なものとはなりえず、そのことはまた、いい加減なコスト計算や、作業時間で測られた達成度により生産額を規定してしまうというような非合理的な実態が生じることへもつながっていたのではないだろうか。計画の作成と達成度の評価に関わる非効率は、単にそのやり方の問題ではなく、計画経済というシステム自体が根本的にはらんでいた問題であった。そしてまた、そうした計画に基づいて生産する現場で実現される労働生産性が、期待される高い水準になることもありえなかったのである。

（1） 以下の事例については、BAP, DG3, Nr.4075を利用している。
（2） Ebenda, Bl.135f.
（3） 「指令とは事前に与えられるものだが、事前の予測は不可避的に不完全なものであり、限られた指標にとりあえず集中しなくてはならない。そのような簡略化された指標はどうしても量的側面が中心となる」のである。塩川伸明『現存した社会主義』一二八頁。
（4） ここで疑問が生じるのは、「当該月の作業時間」には、作業開始後追加的に必要となった作業のための時間をどう含めていたのかという点である。なぜなら、追加時間を「当該月の作業時間」に含めていくとすると、作業が進行したどこかの時点で、それまでの(当該月の作業時間／作業開始前に計画された全作業時間)を合計すると一〇〇％を超えてしまうことになるからである。こうした矛盾をどのように解消しようとしていたのかについては、残念ながら手元の資料では明らかにできない。
（5） BAP, DG3, Nr.4075, Bl.137.

(6) Ebenda, Bl.140.

(7) Ebenda.

(8) Ebenda, Bl.143.

(9) Ebenda, Bl.144.

(10) BAP, DG3, Nr.3821.

(11) Ebenda.

(12) Karlsch, R., *Allein bezahlt?*

(13) Ebenda, S.202f.

(14) Strobel/Dame, a.a.O., S.90.

(15) Karlsch, R., *Allein bezahlt?*, S.202f.

(16) Strobel/Dame, a.a.O., S.90.

(17) BAP, DG3, Nr.3821.

(18) Strobel/Dame, a.a.O., S.27. シュトローベル／ダーメは、実際に生産にかかったコストは、賠償に算入された額の何倍にもなっていたとして、その差額も「間接的な賠償」だとしている。Ebenda, S.91.

(19) BAP, DG3, Nr.3821.

(20) ソ連は一九五七年以降、ＤＤＲの経済安定化のため、差別的な貿易のやり方を解消していったとされる。Karlsch, *Allein bezahlt?*, S.203. それに伴って、造船業における実態にどのような変化が生じたのかは、今後の検討課題としたい。

(21) BAP, DG3, Nr.3821.

(22) 中村靖、前掲書、六六頁。

(23) 塩沢由典『市場の秩序学』筑摩書房、一九九〇年、第八章。ここでは盛田常夫『体制転換の経済学』三九―四〇頁での引用部分を参照して引用した。

(24) 盛田常夫『体制転換の経済学』六五頁。

(25) 塩川伸明『現存した社会主義』一〇七、一一九、二二二頁。

第七章　造船業の国際競争力

はじめに

これまで造船業の企業現場におけるさまざまな問題点を検討してきた。本章では、まず一節において、そうした問題点が発生した原因について、計画経済のシステム的諸特徴を主としながら、また当時の独自の事情を含め、まとめて考察しておきたい。続いて、そうしてさまざまな問題点が企業現場において生じていた結果、DDR造船業の国際競争力はどの程度のものであったと考えられるのかに関して、西側造船国との比較によって検討する。それにより、「社会主義」計画経済下の工業生産は、市場経済と比較して実際のところどの程度の実力をもちえたものであったのかを推し量るための材料を提供すること、これが本章二節、三節の課題である。

一　企業現場の問題点を生んだ原因

企業現場に存在した諸問題点の原因としては、大きく分ければ、「社会主義」計画経済のシステム的諸特徴および当時のDDR造船業がおかれていた独自の状況の二点が考えられるであろう。

とりわけ原因として第一にあげねばならないのが、「社会主義」計画経済のシステム的諸特徴である。ここではそれを、次のような三種類に分けて考えてみたい。一つは、計画作成の不可能性、二つめは、「社会主義」国営企業の経営行動を規定していた諸特徴、三つめは、企業のおかれていたシステムに特有な環境である。(1)

一つめの計画作成の不可能性とは、前章において検討したとおり、事前の予測は不可避的に不完全であること、計画作成の技術的な不可能性、「情報の非対称性」によって、厳密な生産計画を作成すること自体が不可能であったという事実である。このことが、これまで見てきたような、生産計画の遅れやたび重なる変更、原材料・部品供給の遅れや質の悪さ、いい加減なコスト計算や作業時間で測られた達成度により生産額を規定してしまうといった問題点の根本的な原因となっていたと考えられる。

次に、「社会主義」国営企業の経営行動を規定していた諸特徴とは以下のようなものである。

①企業は「ソフトな予算制約」下にあり、また総生産高の達成のみが事実上国営企業の唯一の目標であったため、さらには「財の売り手市場的状態」が普通であったことから、企業指導部は生産性向上による利益追求や製品の質改善のインセンティブを厳密にはもたなかった。

②企業は基本的に、生産計画を達成するために、生産能力を最大限利用しなくてもよかった。というのは、中央当局は個々の企業についての完全な情報を把握し処理する能力をもたず、計画作成にあたっては各企業から提示される情報に依存せざるをえなかったが、他方企業はより低い生産課題を得ることが望ましいので、企業から出される情報は生産能力を最大限利用した場合のものではなかったからである(「情報の非対称性」)。

③一旦高い生産高を達成してしまうと翌年度の生産課題が高くなるため、企業指導部は一般にさほど高い生産達成を望まなかった。

④生産計画がたびたび変更されたり、原材料・部品の供給が遅れ、その質が悪いという一企業の努力のみでは解消できない問題がたえず発生するため、計画不達成の場合でも企業指導部の責任回避の可能性が大きかった。

これら諸特徴の存在によって、企業指導部には厳密な生産管理を実施する必要性が低くなったことが、これまで検討してきた諸問題、たとえば疑問の残る訓練の質、各管理レベルの欠陥、労働者の質に応じない賃金等級分類、低すぎるノルマの設定、その場しのぎ的で製品の質を顧みない社会主義的競争の実行、労働者の提案が生かされない生産改善運動、ともかく方策を実行だけしておく傾向といった非効率な状態の根本原因となっていたと考えられる。また設計部門においても同様にして、不明確な作業分担による重複作業、設計図作成の遅れ、設計図の質の悪さ、スムーズさを欠く改訂といった問題が生じていたといえるだろう。

システム的特徴の三つめとしては、企業のおかれていたシステムに特有な環境が挙げられる。

①「社会主義」国では恒常的に「労働力の売り手市場的状態」にあったこと。このため労働者は造船所をやめたところで、すぐにでも別の企業への転職が可能であり、彼らにとって離職はさほど思い悩むべき事柄とはならなかった。そのことが流出の激しさの根本にあったのである。さらには「売り手市場的状態」のため、流出を恐れる企業指導部に対して労働者が一定の優位を保ち、企業指導部は労働者に対して強力な管理をなしえなかった。逆に指導部は、作業班によるノルマ設定水準に関する非公式な交渉を認めたり、賃金等級分類やノルマ設定を柔軟にして賃金を上昇させるなど労働者の引き留めに苦心したということもいえるであろう。

②原材料・部品の供給遅れ・質の悪さが日常的であるため、また電力供給も不安定であったため、生産条件が安定的に確保されず、厳密な生産管理の実現を不可能としていたこと。第五章一六六頁に引用したように、「たとえ労働者の多くが労働規律の必要性を意識したとしても、自然と規律が乱れてしまうような条件が存在」していたのである。このことは、溶接や自動ガス切断といった技術が満足に使用されえず、流れ作業の停止が招かれるような状態、要求が満たされない資材を使用可能とするために設計図のたび重なる改訂が必要となるような状況、職業訓練における資材不足、作業班まで企業の生産計画を細分しえないこと、労働規律の弛緩、ノルマの科学的設定や競争の実行の不可能化など、多くの問題の原因であった。

③中央当局が個々の企業現場の状況を完全には把握しきれていなかったため、あるいは方針の画一性のため、

中央の方針が現場の実状と食い違っていたこと。このため、需要のない職種へ職業訓練が向けられたり、造船所間競争の勝者が実状に見合っていなかったなどの事態が発生し、さらにはノルマ設定が困難な当時の造船のような産業にも画一的にノルマ労働が導入されるなどした。そのほか、流出の背景にあった住宅や企業内施設の不備は、投資の重点を工業生産のみに向け、反面インフラ整備が遅れたという当時の中央政府の投資方針の問題と捉えうるし、同じく労働者の西への逃亡は、そうした政府・体制への不信感の表れということができよう。

さらにこれらシステム的諸特徴から生じた諸問題間の相互作用により、企業現場における欠陥が生じていたという面も指摘できるであろう。これまで見てきたように原材料・部品供給の遅れと質の悪さは、あらゆる現場の問題点に影響を及ぼすものであったといえるが、ほかにも、流出の激しさによって企業の教育へのインセンティブが欠如したり、質に応じない賃金等級分類や低すぎるノルマによって労働者の質的向上への関心が薄れてしまうこと、職長の権限低下による等級分類やノルマ設定の非厳密化、企業内労組組織が努力しないために社会主義的競争が十分促進されないこと、社会主義的競争での報奨金授与のための収入上昇による賃金制度機能のさらなる低下、といった連関が考えられるであろう。

企業現場に存在した諸問題点の原因の第二は、当時のＤＤＲ造船業がおかれていた独自の状況である。同国の造船所設備は大部分が戦後建設されたもので、その建設がほぼ終わったのは一九五五年のことであった。そのため錆取り装置や運搬設備などに不備も残っており、流れ作業の進行に悪影響を及ぼしていた。全般的な金属資材不足や、部品供給産業の生産能力の弱さ、五一年以降部品を購入していた西ドイツ側との取引が制限されたことなどは、原材料・部品不足の一因であった。専門労働者不足には、第三章で見たように元来調達した労働者の多くが未熟練層であり、また新技術が導入された時期にあたったことから、多数の労働者を教育訓練するには一定の時間が必要とされたという事情も作用した。労働者の流出にも、戦争直後・造船所建設中であるために住宅不足や企業内諸施設の不備がとくにひどかったこと、専門労働者の一部が住環境も文化的水準も高かったオーデル以東バルト海沿岸都市出身だったことが影響していた。ほかにも生産の最小単位としての作業班の地位がなお不安定であったことなど、工場の操業開始期・制度の導入期・技術の転換期であることによって、組織や制度自体が不可避的に過渡的欠陥を被り、状況を悪化させていた面もあったであろう。本書で検討してきた実態は、システム的諸特徴の存在なくして発生・持続は考えられないが、これら一時的事情によって程度がより悪化していたと捉えることができるであろう。

二　建造船舶の性能

第三章三節で検討したように、DDR造船業は、生産技術そのものにおいては、西側造船国と差のない水準にあった。ところが、そうした最新の技術設備も、これまで検討してきたような諸問題点の存在によって、満足に使用されえていなかった。では、そうした状態にあったDDR造船業は、西側を含む世界市場においてどの程度の競争力をもつ存在であったのか。以下で分析していきたい。

本節では、まず製品技術の水準から、すなわち一九五〇年代半ばのDDR造船業が建造した船舶の性能がどの程度のレベルにあったのかを明らかにするために、資料から可能な限りで、DDRと西ドイツおよび日本が建造した船舶の性能を比較してみたい。第三章一節で述べたように、当時の西ドイツは世界的な造船国の一つであり、また日本は五六年から世界一の造船国となる。その両国と比較することで、当時の世界造船におけるDDRの製品品質レベルをかなりの程度確認できるといえるだろう。

表7－1　3,000トン級貨物船の性能比較(1954年)

	総トン数	積載量(トン)	総トン数/積載量	速力(km/時)
西ドイツ	2,677	4,522	0.59	14.5
日本(1957年呉造船所竣工船)	3,270	5,150	0.63	—
DDR	3,258	4,525	0.72	13.6

(出所)BAP, DG3, Nr.1691, Bl.91f. 日本は運輸省船舶局『造船要覧』海運新聞社，1957年，395頁。

表7－2　1万トン級航海貨物船の性能比較(1954年)

	速力(km/時)	燃料消費	機関効率
西ドイツ	16.15	160g/馬力時	0.351
日本(1955年)	—	158g/馬力時	—
DDR	16.50	200g/馬力時	0.316

馬力＝1秒間に75kgの重量を1mの高さに揚げる力を1とする仕事量の単位。

馬力時＝1時間に1馬力の割合でなされる仕事量。

(出所)BAP, DG3, Nr.1691, Bl.92. 日本のみ『造船要覧』1957年版，562頁。

表7－3　モータートロール漁船の性能比較(1954年)

	馬力	馬力/総トン数	馬力/純トン数
西ドイツ	1,000	1.56	3.51
DDR	920	1.60	4.59

純トン数＝総トン数から機関室，船員室など利益を生じない部分を差し引いたトン数。

(出所)BAP, DG3, Nr.1691, Bl.92.

そこで表7－1、7－2、7－3は、各国が建造した各種船舶の性能を比較したものである[2]。初めに、三〇〇〇トン級貨物船を取り上げた表7－1で注目すべきは、総トン数／積載量の数値である。これは、言い換えれば、一積載量トン当たり総トン数であり、総トン数が課税等の基準として使用されることを考えれば、数値の小さい方が優れた船舶ということができる。〇・五九の西ドイツ、〇・六三の日本に比べ、DDRの数値は〇・七二とやや高くなっていることが分かる。次に、表7－2は、一万トン級の航海貨物船の比較であるが、ここでは機関の効率性に関する数値が掲げられている。一馬力時当たりの燃料消費量、すなわち一馬力時のために必要な燃料は、日本が一五八g、西ドイツが一六〇g、DDRが二〇〇gであって、やはり西側のほうがいくぶん優れたデータを示している。これは機関効率の数値についても同様である。さらに、モータートロール漁船について見た表7-3からは、一総トン数および純トン数当たりの馬力の数値をうかがうことができる。これは、換言すれば、所定の速力で一トン数動かすさいに必要な馬力ということができ、数値の小さい方が効率性が上である。総トン数でみれば、西ドイツ一・五六に対しDDRは一・六〇、純トン数では、西三・五一に対し東四・五九と、これらのデータに関しても、西ドイツ製船舶の方が優秀であることが分かる。

以上見てきた表7-1、7-2、7-3のデータは、非常に抽出的なものであり、かつ比較している項目もまちまちであって、ここから全般的な判断が下しうるわけではないものの、これら数値を見る限り、いずれも西ドイツ・日本製船舶が、DDR製船舶よりも、性能は上回っていた。だが、上で見た数値の差異は、ほとんどがさほど大きなものではなく、DDR製船舶が、決定的に劣っていたという印象まではもちえない。また、表7-2からは、速力の点で、わずかではあるがDDRが西ドイツを上回っているという数値も見られる。さらに、一九五六年五月に、コペンハーゲンで開催された漁船メッセには、DDRからラガーが出品されたが、その出来映えは、DDRにそのような造船能力があると思っていなかった世界の造船関係者間にセンセーションを巻き起こしたといわれる(3)。以上のことから判断すれば、DDRは、西ドイツ・日本製の船舶と比べて、さして劣らない性能の船を建造しうる能力を有してはいたといえるのではないだろうか。

ただし、DDR船舶の性能を考えるにあたっては、以下の二点に注意しておく必要があろう。第一に、上に掲げた表7-1、7-2、7-3のドイツの数値は、DDR側の資料に依拠したものであるが、そのなかで西側の数値に関しては、西ドイツで出版された雑誌からの引用であり信頼のおけるものである。[4] それに対して、DDRの数値に関してはどこまで信頼をおけるのか疑問が残るところである。ただ、表7－1、7－2、7－3の出所である資料は、造船所の管理機関であった機械製造省が造船所の現状について分析した内部資料である。そのため、宣伝効果が期待された公刊文書とは違い、数値自体までを粉飾する必要性は低く、一応の信頼はおいてよいと考えられる。だが、数値自体を疑わないとしても、第二の注意すべき点として、各表のDDR船に関する数値は最も優秀な船のデータが挙げられているにすぎず、すべての同型の船が、同じレベルの能力をもちえていなかった可能性のあることが考えられる。DDR製品の質の悪さについては、たとえば五〇年代初めの鉄鋼製品は三分の一までが粗悪品であった事実など、これまでにも指摘してきた通りである。[5] 造船業においてどの程度の割合の船が質に問題をもっていたのかについて、資料から具体的な数値を見出すことはできないが、その質について疑いをもつべき事例をあげることは可能である。たとえば、「DDRで最初の航海貨物船であり、将来の貿易船団の基礎となる船」として五〇年代初めにその建造が重要視されたVorwärts号は、その最初の航海で早くも異常を来し、造船所に戻された。また、五一年に対ソ賠償用に建造された冷凍ラガー・ナンバー一六三は、ソ連の検査委員会から、三〇〇以上もの点について点検し直すよう命令されている。「粗悪品の減少」、「品質の向上」は繰り返し改善目標として叫ばれており、[6]「粗悪品」とまでは至らなくとも、性能が多少悪い程度の船の割合は高かったと推測される。かかる状況は、これまでの章で指摘してきたような原材料・部品の質の悪さや、専門労働力の不足、労働管理の弛緩などが日常的であった生産現場の実態からすれば、ある程度必然的なことであったといえよう。以上のことから、DDR造船業は、西側造船国に比べさして劣らない性能の船舶を建造しうる能力をもつにはもっていたものの、その能力が十分に発揮されるのは限られた場合であったと考えられる。

表7－4　世界各造船所の生産性(1953年)

	ドイツ造船所ハンブルク(西ドイツ)	エリクスベルク造船所(スウェーデン)	ドックスフォード造船所(イギリス)	ヴァルネミュンデ造船所(DDR)
a. 全従業員1人当たり鋼鉄トン	7.22	10.35	－	0.78
b. 生産労働者1人当たり鋼鉄トン	8.28	12.48	－	1.41
c. 船体建造工程労働者1人当たり鋼鉄トン	28.90	47.30	28.30	9.35
d. 組立場1㎡当たり鋼鉄トン	2.72	2.60	2.15	0.45

(出所)BAP, DE1, Nr.14643, Bl.174.

三　造船業の国際競争力

これまで検討してきた通り、DDR造船業は、その生産性の面に問題を抱えていたといえるが、では世界的に見ると実際にどの程度の生産性水準にあったのだろうか。本節ではまずこの点を西側造船国との生産性の比較によって確認してみることとしたい(7)。

表7－4は、従業員あるいは労働者一人当たり鋼鉄トン、すなわち従業員あるいは労働者一人当たりが建造する鋼鉄トン数、さらには造船所の組立場一㎡当たりで建造される鋼鉄トン数について、一九五三年の時点で比較したものである。比較の対象として利用されているのは、当時の世界の三大造船国(建造トン数で世界一―三位)の代表的造船所と、DDRを代表する造船所であったヴァルネミュンデ(従業員数・生産トン数いずれもDDRで第二位の造船所)である。なお、三大造船国のうち、西ドイツとスウェーデンは、五〇年代初めから溶接・ブロック建造法への転換を進めていた。それに対して、イギリスは、五〇年代前半の時点では、それら技術へなお転換しえていなかったことに留意しておきたい。

この表7－4のa欄、b欄、c欄を見ると、全従業員、全生産労働者、船体建造工程労働者いずれの数値を見ても、DDRは、西ドイツ、スウェーデンはもちろん、新技術の導入が遅れていたイギリスと比べても三分の一―一〇分の一程度の著しく低い生産性水準にあったことが分かる。これはd欄の組立場の数値を見ても同様である。規模の格差も考慮せねばならないとはいえ[8]、ともかくも西ドイツやスウェーデンと同様の生産技術の採用を進めていたDDR造船業であったが、その生産性は、西側造船国に比べ、かなり低い水準にあったのである。

こうしたDDR造船業は、実際のところどの程度の競争力をもちえたのか。次に、この点について、造船業の競争力を規定する要素である船舶価格（建造コスト）と納期の面から検討してみたい。このほか造船業の競争力を規定する要素としては建造船舶の性能、あるいは他国では建造されていない船種の建造などが考えられるが、すでに二節で見たように、DDR製船舶の水準は西側船舶に比べて格別強調できるものではなかったこと、またすべての船の性能が同じ水準にあったのかも疑問であることを、再確認しておきたい。また、建造する船の種類についても、「これまで世界の造船市場に関する分析がなされず、造船所はどういうタイプの船を作るべきなのか分かっていない」という状況であったことを指摘しておく[9]。

さて、DDR製船舶の価格については、一九五七年一〇月に国家計画委員会によって作成された資料のなかで、具体的な数値ではないものの、「DDRで建造される船の価格は、以前もそして現在も世界市場価格に比べかなり高い」ことが問題視されている[10]。以下では、この価格差の要因について検討していくこととするが、留意しておきたいのは、この「DDRで建造される船の価格」というのは、実際の貿易取引に用いられる価格ではなく、建造コストを指していることである。輸出のさいは、建造コストとは関わりなく、西側諸国へ輸出される場合は当然世界市場価格が、コメコン諸国への輸出の場合は世界市場価格をベースに設定された価格が使用されていたのであるが[11]、ここで問題とするのは、「DDRで建造される船の価格」、すなわち建造コストが、なにゆえ世界市場価格に比べかなり高かったのかという点である。この点に関して各コストごとに検証していきたい。

第一に、賃金コストについて考えてみよう。これについてはまず、西ドイツとの単位労働コスト（賃金／生産性）の比較を行ってみよう。一九五三年に、DDR造船労働者の時間収入は一・六四東マルク程度であり、他方西ドイツの造船を含む金属加工業労働者のそれは一・七四西マルクであった。[12] ここではDDRの建造コストを世界市場価格と比較しているので、貿易取引において用いられた東西ドイツ・マルクの交換レートが一対一であったことによって、[13] DDRの賃金は西ドイツの九四％の水準にあったとみなすことができる。ところが、前掲表7－4のb欄によれば、五三年のDDR造船業生産労働者の生産性は、西ドイツのそれの一七％にすぎなかった。ただしこの表7－4の生産性は、労働者一人当たりの数値であり、労働時間で測られた数値でないため、時間賃金によって比較するのは最適とはいえないが、年収のデータが得られないため一応の目安として用いることとすると、DDRの単位労働コストは、西ドイツの約五・五倍にも達していたことになる。[14] この五・五倍という数値が精確かどうかはおくとしても、DDRの賃金コストは、生産性に大きな格差があることによって、西ドイツよりも相当高かったと考えてよいであろう。同様に、スウェーデンは、当時世界の造船国で最も賃金水準が高く西ドイツの約二倍の水準にあったが、[15] それでもDDRとの生産性格差約九倍（表7－4のb欄）が相殺されるものではなかった。このほか、非生産従業員のための賃金コストが高いことも、建造コスト高の要因として指摘されていた。[16] これは第五章二節(1)でも見たように、国営企業では職員数の過剰が一般に問題とされていたことの表れであるが、この過剰は、表7－4において、生産労働者の生産性よりも全従業員の生産性の方が、西側諸国との格差がより大きくなっているという事実からも間接的にうかがうことができる。

第二に、原材料・部品価格もかなり高い水準にあった。当時のDDR船舶価格の四―五割は原材料・部品のコストが占めていたとされ、それらがコストに占める地位は大きかった。のちの一九六〇年になっても、DDRにおける船舶用部品の価格は、ディーゼル機関が世界市場価格の一・四倍、伝動装置が同じく二・四倍、冷凍装置

表7－5　ヴァルネミュンデ造船所における減価償却費と生産額，生産性の動向
（1,000マルク）

年	a. 総労働時間（千時間）	b. 総減価償却費	c.1,000労働時間当たり減価償却費	d. 総生産額	e.1,000労働時間当たり生産額	f. 生産性上昇を加味した1,000労働時間当たり減価償却費2)
1951	6,371.3	861.7	0.14	66,262	10.4	0.14
1952	6,954.9	1,608.2	0.23	79,611	11.4	0.21
1953	7,450.9	3,288.3	0.44	118,254	15.9	0.29
1954 1)	6,138.3	2,779.0	0.45	103,196	16.8	0.28

1）第Ⅰ～Ⅲ四半期。
2）f＝（1951年のe／当該年のe）×（当該年のc）。
（出所）BAP, DE1, Nr.14643, Bl.175より計算。

が一・八倍などであった[17]。また、原材料・部品納入の遅れと質の悪さもコストを高める原因であった。たとえば一九五一年のシュトラルズント造船所では、資材不足のため一一〇万マルクが損失したとされ、また五五年のヴァルネミュンデでは、納入された主機に造船所で手を加える必要があり、一五万マルクの追加的コストがそこから生じたといわれる[18]。

第三に、減価償却費も、船一隻当たりの費用が年々増大していた。表7－5は一九五一－五四年にかけてのヴァルネミュンデ造船所における減価償却費と生産額、生産性の動向を見たものである。造船所の設備拡張に伴って総減価償却費が年々増大していることが読みとれるが（b欄）、対して総労働時間の伸びはさほどではなく（a欄）、一〇〇〇労働時間当たりの減価償却費は増加していた（c欄）。他方、総生産額（d欄）、一〇〇〇労働時間当たりの生産額（e欄）も伸びてはいるものの、減価償却費の増大に比べると成長度は低く、その結果f欄のように、一〇〇〇労働時間当たりの減価償却費は、実質的に、一九五三年（〇・二九）、五四年（〇・二八）には、五一年（〇・一四）の二倍ほどに増加していた。すなわち、五〇年代前半期の造船業における技術・設備の拡張は、それに見合った生産性の上昇を生むことができていなかった。それゆえヴァルネミュンデでは、生産性の伸びが、減価償却費の伸びを相殺しえず、船一隻当たりの減価償却費が増大してしまい、その結果「船の価格が上がり、採算性が悪化している」ことが問題とされていたのである[19]。

以上のような状況を考えれば、DDRの建造コストが、全般的に世界市場価格よりかなり高い水準にあったことは間違いないと思われる。

次に、納期に関しては、その遅れの例を数多く挙げることができる。ヴィスマール造船所で五一—五二年にかけて対ソ賠償用に修繕され、「造船業のすべての能力を動員すべし」と重要視された旅客船Pobedaは、納期を五カ月超過した。造船業全体で五二年六月三〇日までと予定された国内用ラガーの修繕が完了したのは七月二七日であった。五四年のネプトゥーン造船所では、トロール漁船の納入が四カ月遅れた、などの例である[20]。その遅れの原因としては、原材料・部品の納入遅れ、生産計画の変更、専門労働力の不足など、造船所側は言い訳の材料に事欠かなかった。そうして五四年末のヴァルネミュンデでは「過度に長い建造時間」が一般的であるとされていた[21]。また、期限通りに納入されたとしても、最初の航海で支障を来したという前述した貨物船Vorwärtsのような例も指摘しうるのであって、DDR造船業が納期に関して他国よりも優位といえなかったことは確かであろう。

このように、DDR造船業の世界市場における競争力は、きわめて低かったと考えられる。だが、実際には一九五〇年代のDDR建造船舶は、八割がソ連を中心とするコメコン諸国へ輸出され、残りはほとんど自国用であった。その他の国へは、五七年に初めて西ドイツへ一〇〇〇トン級貨物船、アイスランドへ小型漁船が輸出され、その後この二国のほかデンマークなどへ数隻が輸出され始めたが[22]、大半がコメコン向けであることに変わりはなかった。こうしたコメコン市場における豊富な需要の存在が、DDR造船業存続の命綱であった。

小括

一九五〇年代半ばのＤＤＲ造船業の国際競争力は、西側造船国に比べ、以下のような状態にあったといえるであろう。製品技術、すなわち船舶の性能の面では、ＤＤＲ造船業は、積載量、機関、馬力などの効率性において、西側にさして劣らぬ性能の船を建造しうる能力をもつにはもっていた。ただし問題なのは、すべての船がそのような性能を有していたのではなく、それは一定部分のみの成果だと考えられることであった。生産技術の面では、ＤＤＲは、溶接・ブロック建造法という生産技術を積極的に採用しており、生産技術そのものは西側造船国と同様のものであった。とくに流れ作業方式の導入率は、国際的にも高水準とされるほどであった。ところが、ＤＤＲ造船業の生産性は、同様の技術へ転換していたスウェーデンや西ドイツはもちろん、それら技術の導入が遅れていたイギリスに比べても三分の一―一〇分の一というかなりの低水準にあった。この生産性の低さや生産性の伸び悩みによって賃金コストや減価償却費が高くなってしまった結果、建造コストは世界市場価格をかなり上回るものとなっていた。納期の面でも優位な立場にはなかった。

ＤＤＲ造船業がこの程度の競争力しかもちえなかった要因は、先に見たような「社会主義」計画経済システムの諸特徴が作用することで、企業現場にさまざまな問題点が生じていたことにあるといえよう。こうした計画経済のシステム的諸特徴の重要性は、本書対象時期よりものちの一九六〇年と六八年の東西ドイツ造船業の生産性を比較した数値(ＤＤＲの公式統計を用いたもの)から、さらに明らかとなる。西ドイツ造船業の生産性を一〇〇とした場合、ＤＤＲの生産性は、六〇年には六〇であり、六八年にはさらに五八へと後退している。[23] ＤＤＲ造船業の生産設備が整った一九六〇年(すなわち、産業創業期であることに伴う諸問題がかなり解消されたと思われる時点)になっても、東西ドイツ造船業の生産性には、相当の差が存在していたと考えられる。そしてその差は、六八年には、さらに拡大していたのである。

第三章三節(2)で見たように、新しい生産技術を有した設備を導入することは、第二次世界大戦直後の時期の、とくに造船のような産業では、決して難しいことではなかった。問題は、採用された技術・設備が、満足に使用されえないような現場の状況と、そうした状況を生みだしてしまう計画経済のシステム的諸特徴の存在にあった。換言すれば、システム的諸特徴が存在する限り、どの産業でどんな技術・設備が導入されたとしても、それらが満足に使用されうることはなかったと思われる。この点が、西側との技術格差、ひいては経済成長の格差を生んだ重要な一因であったと考えられるのである。そして、この生産能力利用の不十分性と、技術開発の問題点などから生ずる生産技術そのものの差とが相まって、東西技術格差・経済格差がさらに拡大していくのが、一九六〇年代以降の過程であったように思われるが、もちろん、六〇年代以降の実態については、今後の検討課題とされねばならない。

(1) システム的諸特徴については、Buchheim, Ch., Die Wirtschaftsordnung als Barriere, S.207f. ブルス／ラスキ、前掲書、七〇―七三頁、コルナイ、前掲書、二三、一八四―一八五頁、塩川伸明『ソヴェト社会政策史研究』三六四―三六五頁、中村靖、前掲書、三〇、三六頁などを参照。

(2) 以下で扱う数値のもつ意味については、池田宗雄『新訂　船舶知識のＡＢＣ』成山堂書店、一九九四年、八〇―八七頁などを参考にした。

(3) Strobel/Dame, a.a.O., S.27.

(4) 資料には、ハンブルクで出版の雑誌 *Schiff und Hafen* から引用となっているものの、号、頁数までは記されていない。そこで同誌を確認したところ、Jahrgang 6 (1954), S.360-364, 524f, 683-691 からの引用と判明した。

(5) Buchheim, Ch., Wirtschaftliche Hintergründe, S.420.
(6) BAP, DG3, Nr.3854, Bl.33; Nr.3876, Bl.49, 63.
(7) 本章で比較の対象としている西側造船国は、英独日スウェーデンの四カ国であるが、これら四カ国は一九五五年の世界(ソ連とDDR除く)進水総トン数のうち七一％までを占めていた。国際連合統計局『世界統計年鑑一九五六』原書房、一九五七年、二七一頁。
(8) たとえば五五年のDDRの総生産トン数一二万七九〇九に対し、西ドイツのそれは八九万六一であり、DDR全体の数値は、西の大造船所一企業の生産トン数にほぼ匹敵した。Albert, G., a.a.O., S.354, 367.
(9) BAP, DE1, Nr.11897, Bl.16f.
(10) BAP, DE1, Nr.5014, Bl.161.
(11) 五〇年代前半には、コメコンでの取引価格は一九五〇年初め時点の世界市場価格に設定されており、製品ごとにばらつきはあったものの、一般的には、年を経るにつれ世界市場価格よりも徐々に低くなっていった。それを是正するため五七年以降、前年の世界市場価格の平均が取引価格とされた。輸出価格と建造コストとの差額は、政府から輸出補助金として企業に支払われることになっており、そのことが企業のコスト管理の厳密さを欠く一因ともなっていた。Buchheim, Ch., Wirtschaftliche Folgen der Integration, S.354-355.
(12) 西ドイツについては、一九五六年以前は造船業の時間収入の統計を得られないため、造船を含む金属加工業のデータを用いた。*Statistisches Jahrbuch für die Bundesrepublik Deutschland*, 1954, S.486. DDRについては、以下のように概算した。五三年の造船労働者の基本時間賃率(賃金八等級中、中位の第五等級)は、一・四四マルクであったが、当時造船業では約五割の労働者が出来高給制をとっており、五三年の平均ノルマ達成度は一二七％であった。そこで、時間給の労働者と出来高給の労働者を半々として、(1.44＋1.44×1.27)÷2=1.64。ただし実際の収入には、これに社会主義的競争における報奨金などが加わることがあるが、一応の目安としてこの一・六四を比較の対象に用いることは問題ないと考えられる。BAP, DG3, Nr.1691, Bl.29; Matthes, H., a.a.O., S.173, 202.
(13) 一九七一年までの固定レートでは、東西マルクはいずれも一米ドル＝四・二マルク、また一ドル＝一・一ルーブルであった。Heimann, Ch., a.a.O., S.359.
(14) ちなみに、一九五五年、DDR造船労働者の月収は四六二マルクとされ、西ドイツ金属加工労働者の週給は九二・六五マルクであった。単純に三〇日＝四・三週として計算すると、西の月収は約三九八マルクとなり、東の月収の方がかなり高いことになる。*Statistisches Jahrbuch der DDR*, 1956, S.266; *Statistisches Jahrbuch für die BRD*, 1957, S.522.

(15) Albert, G., a.a.O., S.117.

(16) BAP, DE1, Nr.5014, Bl.161.

(17) BAP, DE1, Nr.14643, Bl.168; *Die Seewirtschaft der DDR*, S.47.

(18) BAP, DE1, Nr.11970, Bl.37; Nr.14638.

(19) BAP, DE1, Nr.14643, Bl.175.

(20) Ebenda, Bl.64; DG3, Nr.3912, Bl.1; Strobel/Dame, a.a.O., S.61.

(21) BAP, DE1, Nr.14643, Bl.166.

(22) *Die Seewirtschaft der DDR*, S.278-303.

(23) *DDR Handbuch*, S.45. なお一九六〇年代の西ドイツ造船業の生産性が日本やスウェーデンに比べ、かなり低かったことにも注意しておきたい。六〇—六五年の平均で、西ドイツの生産性を一〇〇とすると、日本は二二〇、スウェーデンは一八八、イギリスが八二であった。Lorenz, E. H., *op. cit.*, p.917.

第八章　労働者の人間関係世界

——作業班の経済的・社会的意義

はじめに

二〇世紀の半分の期間にわたって十数億の人々が実際に生きてきた体制には、「全体主義」という一言だけでは説明できない人々の自律的な諸活動、体制存続につながった諸要因を確認することができる。ここまで本書が再現してきた企業現場の実態からも、現場が決して中央の意図通りの状況とはなりえず、労働者の「自由」が存在していたことを確認できたと思われるが、先行研究においても、そうした人々の自律的な諸活動・体制独自の現象が、体制の存続に寄与していたことが指摘されてきている。たとえば塩川伸明氏、斎藤哲氏、石川晃弘氏などの研究である。塩川氏は、「社会主義」における大衆統合の要因として、理念による動員、近代化・生活水準向上など一定の実績に加えて、職の安定・労働規律の弛緩（＝「自由」につながるもの）・コネによる「特権」などの「ぬるま湯性」を重視する。[(1)] また斎藤氏は、DDR体制安定の要因として、失業の可能性がないこと、労働への誇りに媒介された仲間との連帯感、消費生活を支えた人的ネットワークなどを指摘し、「全体主義」といった理解ではない論点を提示している。[(2)] チェコスロヴァキアにおいても、仲間同士や民衆の間でインフォーマルな連帯、もたれあいが存在し、それが体制の安定に貢献していた事実を指摘してきたのが石川氏である。[(3)] 本章は、これらの存続要因に、DDRの作業班という、やはり体制独自の性格を有し、労働者の自律的な日常生活に深く関わりをもった組織の実態を検討することで、新たな点を付け加えようとする試みである。

作業班とは、一九五〇年から九〇年までの四〇年間、DDRにおける企業管理の最下層部分をなした組織であった。作業班には、時期により二つの形態が存在した。一九五〇年に導入された「労働作業班」(Arbeitsbrigade)と、一九五九年導入の「社会主義的労働の作業班」(Kolleltiv der sozialistische Arbeit)である。この二つの形態は、名称が異なり、かつ後者ではその役割も拡大してゆくが、労働者の日常生活に深く関わっていたという性格は両者に一貫していたといってよい。作業班は、ベルリンの壁崩壊直前の一九八八年には、全部で三一万の班に五五〇万人のメンバーを擁し、全就労者の六三％、工業労働者では八四％が所属していた組織であった。(4) すなわち工業労働者を中心とするＤＤＲ国民の大部分にとって、その日常生活に根ざした存在が作業班であった。

ドイツにおいてＤＤＲの民衆の日常に注目する研究が広まったのは、九〇年代半ば以降である。それら経済史・社会史的研究は、「下から」見た体制像を提供し、またそこからは、旧ＤＤＲ国民が今日抱く旧体制へのノスタルジーの源を、単なる懐古趣味ではなく、旧体制における経験そのもののなかに求めようとする見方が現れてきている。そうした研究の中心に位置する対象が、作業班である。「作業班は、体制のグレーゾーンや独裁の限界部分を分析するために収穫の多い研究対象であり、歴史研究において特別の関心が向けられている」(5)。これまで、ロエスラー、ヒュブナー、ゾルト(Soldt, R.)、ライヒェル(Reichel, T.)、パルムアレー(Parmalee, P.)らによって、労働者の生活に根ざした作業班の実態が、一次資料や労働者へのインタビューなどをもとに続々と解明されつつある。(6) これらの研究は、労働者ミリューに注目することで、西ドイツ社会を基準とした歴史理解を相対化しようとする最近のドイツの学界の流れにも対応している。(7) そして作業班研究の成果を受けて、ヴァイマール共和国から西ドイツへ続く歴史のなかでは消えていった伝統的な労働者コミュニティが、ＤＤＲでは存在し続けたという見解が打ち出されてきている。(8) ただし現状では、なにゆえＤＤＲでは残存したのか、その要因に関しては、政府による工業重視政策とサービス部門の発展の放棄、工業労働者の社会的な特別待遇など、主として政策的要因が指摘されるに留まっている段階である。

以下では、作業班とはいかなる組織であったのか、作業班はどのような経済的・社会的意義をもつ存在だったのかについて、それが体制の存続に果たした役割という側面に注目しながら検討していくこととする。そのさい、一部ドイツ連邦文書館所蔵の一次資料も用いつつ、主要にはドイツにおける最近の研究に依拠して議論を進めていく。こうした本章に研究史的な意義があるとするならば、第一に、わが国ではこれまでほとんど明らかにされてこなかった作業班の実態から、体制の存続要因を検討すること[9]、第二に、ドイツの先行研究から得られる多様な情報を整理し、作業班の経済的・社会的意義について一つのまとまった像を提示すること、第三に、DDRにおいて作業班という形で労働者コミュニティが残った要因について、戦前ドイツや戦後西ドイツとの比較も通じて、作業班の実態そのもののなかから明らかにしようと試みること、であろうと考えている。なお作業班は、先に掲げた数値からもうかがえるが、工業以外の産業へはさほど広がりを見せなかった[10]。それゆえ本章では、対象を工業の生産労働者の状況に限定して考察することとする。また上述のような資料的事情から、考察対象は造船業には限定されず全工業となっている。対象時期は一九五〇年代が主となるが、必要に応じてそれ以降の状況にも触れていきたい。

一 「労働作業班」

DDR地域では、すでに一九四七年秋から、ソ連の「突撃班」を模範とした組織として作業班の導入が開始されていた。四九年末には、繊維産業を中心とする多くは若者の一万三千人の労働者が、そうした組織に組み込まれて働いていた。それら作業班では、作業の質の向上のために「進歩的な作業経験」について議論し、機械の停止に対処する措置などについて取り決めていた。模範とされたソ連の「突撃班」が、まさにそうした作業の質の向上を目指すための組織であった[11]。

表8－1　4大造船所における作業班の動向

	作業班数		作業班への参加労働者数		全労働者中の作業班参加者の割合(%)	一作業班平均人数
造船所	1952年	1953年	1952年	1953年	1953年	1953年
ヴァルネミュンデ	371	466	3,339	4,947	96	10.6
ヴィスマール	250	335	2,008	3,066	66	9.2
シュトラルズント	246	278	2,620	3,510	－	12.6
ネプトゥーン	－	278	－	5,016	87	18.0

データは各年末のもの。
(出所)BAP, DG3, Nr.3856.

作業班が工業全体に広がったのは、一九五〇年以降であった。同年三月、ドイツ社会主義統一党(SED)・政府の意向のもと、自由ドイツ労働組合同盟(FDGB)の指導部が、「作業班は人民所有企業で可能な限り多数組織されねばならない」として、その本格的導入を決議した。これが「労働作業班」キャンペーンの始まりであった。この本格的導入の背景には、翌五一年から第一次五カ年計画を開始するにあたり、生産計画目標達成のための諸方策を強化しておこうという政府の意図があった。よってその導入目的は、大きくは次のような二点におかれた。一つは、作業班を労働者のイデオロギー教育の単位とすること。もう一つは、生産の最小の単位、社会主義的競争の単位として、生産の集権的な管理を進めることであった。[12]

このように「上から」[13]導入が目指された組織であったにもかかわらず、作業班は労働者からの反発を受けることなく、そこに所属する労働者の数は比較的順調に増加していった。一九五〇年末にはすでに六六万三千人が作業班に組織されていたとされるが、導入開始一年後の五一年三月には、工業部門従業員の三〇・七％が作業班に属し、同年の第Ⅳ四半期になると五三・一％へとさらに増加していた。造船業の例を表8－1に見ると、ヴァルネミュンデ造船所の九六％を筆頭に、おおむね三分の二以上の労働者が作業班に所属していたことが分かる。五六年末には全工業で一三七万五一三九人(ベルリンを除く)が作業班に参加し、工業労働者では五割が参加していた。[14]各産業・

企業により組織率に多少のばらつきはあるものの、作業班は早い時期から労働者にかなり浸透した存在となっていたということができよう。この組織の拡大の理由としては、戦前から組(Kolonne)で働くなどドイツ労働者に集団労働の経験があったことがその一つとして考えられるが、より重要な理由については後述する。

一作業班の人数は、たとえばDDRの代表的企業の一つであったヴァルネミュンデ造船所では、一九五四年に平均一二名であった。うち一名が班長であった。企業において作業班の一つ上の管理組織であり職長によって統括された作業区が同造船所では二一—四一名の間で構成されたとされているので(企業の管理組織については第五章図5-1を参照)、作業区は作業班二—四程度からなっていたと推測できる。[15] 表8-1が示すように五三年の各造船所でも一作業班平均はおおよそ一〇人前後であり、工業全体でも、五三年末に平均一〇・八名、五六年には一二・八名であったとされ、班はおおよそ一〇人強で構成されていたことが分かる。この十数名という人数は作業班の維持に最適な規模であった。班員数が五人程度では作業班長の数が多くなりすぎて、班長へ与えられる割増賃金額がかさんでしまう。他方人数が二〇人を超えると、班長が班員をまとめきれなくなるという問題が発生したからである。[16] なおこの規模は、のちの形態である「社会主義的労働の作業班」の時期になっても大きく変化することがなかった。作業班の平均人数は、一九六五年に一六人、七三年に一七人で、以降八八年までこの平均人数は変わらなかった。[17]

労働者が作業班へ参加するかどうかは、自らの意志で決定できた。上記の作業班の組織率を示す数値からも明らかなように、班への参加をためらう労働者は少なかった。参加をためらっている者は、多数者に説得されるか、班の結成のない他の作業現場へ移動した。班は、毎年工場指導部・工場労組指導部との間で協約を結ぶことになっており、一年の期限つきの存在で、翌年には新たに編成されることになっていた。だが、協約の有効期限は自然と延長され、作業班はそのまま存続していくことが普通だった。班員に欠員ができると、新たな班員候補者は、班員の選挙により参加が決定された[18]。これらから、作業班は、ほぼメンバーが固定された状態で存続していったと考えられる。

作業班を管理するのが、作業班長であった。班長は、公式には職長により指名されることになっていた。だが、実際は、一九五〇年化学工場シュヴァルツハイデ(Schwarzheide)において、「それぞれの作業班が、自ら班長を選んだ」といわれ、またブランデンブルクの人絹工場で、「従業員が自分で作業班長を選んだ」と報告されているように、通常、班長は班員自身の選挙によって選ばれたのち、工程指導者や職長と班との間の非公式の談合の結果任命されていた[19]。班長は、他の班員より高い賃金等級の者であるケースももちろんあったが、多くの場合は一般班員と同じ賃金等級に属しており、一定の管理業務のために時間を費やすことに対して二〇％の割増賃金を受け取っていた[20]。このことからは、班長には、班員と比べ熟練度が上であるといった労働者としての技能からだけではなく、いわゆる「人望」のある者が選ばれていたことが推測される。

こうした「労働作業班」が導入され増加していった結果、一九五〇―五一年にかけて企業現場での作業能率が向上した事実が、ＦＤＧＢの報告で指摘されている。たとえば、マンスフェルダー鉱区では、作業班の導入によって一作業直の能率が一・七六㎥から一・九一㎥へと上昇し、「作業班の労働があまりに積極的に展開しているので、すでに戦前の能率は上回られている」といわれていた。電気モーター工場ヴェルニンゲローデ(Werningerode)では、「ある作業班が、一カ月間でノルマ達成率を九七・七％から一二七・五％へと上昇させた[21]」。ＦＤＧＢの報告によれば、こうした能率向上は、以下のような要因からもたらされたものであった。作業班が結成され、労働者が自分で作業班長を選挙で選ぶなど班は自主的な動きをとるようになり、のちに見るように班長の権限が拡大されていったために、労働者間の団結が強化されることとなった。この団結の強化から、作業班の各員が、自らの能率だけでなく班全体の能率に対する責任感をもつようになった。「人民所有企業」ザナ・

シュトルーヴェ(Sana Struve)では、作業班の導入によって、労働者間で「欠点のない質の高い作業をという意識が達成された」。そして「作業班では、班員それぞれが進歩的な作業方法を教え合うような相互の援助関係が生まれた」[22]。かかる能率向上は、導入期の一時的熱狂という要因も含んだものであったと思われるが、DDR全体を見ても、第二章二節で検討した通り、一九五〇—五一年には経済は一定の成長をとげ、工業生産は戦前水準の約八割程度まで回復していた。その理由としては、軍からの帰還者と東方諸地域からの追放民による労働力の質・量ともの回復、四九—五〇年の二カ年計画による投資・資材の集中的投入、東欧諸国との経済関係の強化などを挙げたが[23]、「模範労働者運動」や出来高給制度の一定の成果とともに、作業班による一定の寄与も一つの理由として考えられよう。

このような作業班内の団結強化による能率向上の一つの背景ともなったと考えられるのだが、作業班導入によって生じた注目すべき事態の一つに、作業班の行動にかなり自主的なものが生まれ、班長の権限が拡大されていった事実が挙げられる。プレミアム賃金の分配や製品の質の検査、そしてとりわけ労働ノルマの決定といった職長の管理下にあるべきとされた事項が、次第に作業班長の権限へと移動していったのである。一九五〇、五一年には以下のような事例が指摘されている。化学工場プレムニッツ(Premnitz)をはじめとするいくつかの企業では、作業班長を職長の代理に据えようという動きがなされた。「人民所有企業」ザナ・シュトルーヴェでは、「労働者は彼らの作業能率、製品の質を自分たちで評価している」。ポツダムのある列車修理工場では、工場長が作業班と次のような契約を結んでいた。「G５車両の製作のノルマは、五一年五月一日まで有効であり、その時点まで工場指導部の方から変更することはできない。ノルマの変更は、作業班の自由意志による引き上げによってのみ可能である」[24]。こうして、かつては職長や工場指導部などが決定していた事項に対して、多くの作業班が影響を及ぼすことができるようになった。とくに重要事項である労働ノルマは、各企業で作業班長と職長・企業指導部との非公式の交渉によって決められることが普通になっていった。[25]

こうした「非合法」な状況を憂慮したSED・政府は、一九五二年に、「技術的に基礎づけられた労働ノルマ（TAN）」（第二章で検討したように、企業の部責任者の指導下で、労働者の最高能率と平均能率の中間に設定される）の導入（五月に「人民所有企業またはそれと同等な企業における技術的に基礎づけられたノルマの作成と採用の方針」との法令を公布）や、職長が従来から与えられている権限の再確認（六月に「人民所有企業またはそれと同等な企業における職長の権利と義務に関する法令」を公布）を行い、作業班の自主的な動きを制限しようとした。しかし、それは成功しなかった。第五章でも見たように、五四年のヴァルネミュンデ造船所では、「工程指導部から直接作業班へ命令が出されるなど、職長の知らないうちに命令が下されている」とされるなど、[26]職長の立場は微妙なままであった。ノルマ問題に関しても状況は変わらなかった。TANの導入が目指されたあとも、多くのノルマは「融通の利く」ノルマであり続けた。そうした状況のなか、DDRは、五二年秋から経済危機を迎え、食料不足、工業生産停滞といった事態が生じる。[27]それへの対処としてSED中央委員会が打ち出したのが、五三年五月の「労働ノルマの最低平均一〇％の引き上げ命令」であった。この命令に反発した労働者が全国で起こしたのが六月一七日蜂起であったが、この蜂起は、ノルマ設定問題に関する一つの画期となった。蜂起以降、SED指導部は体制の不安定化を恐れ、ノルマ問題は企業レベルで決定されるべしという方針を堅持するようになる。企業指導部も、強行なノルマ設定により現場の不満を生むよりは、労働者側とりわけ作業班長との交渉によってノルマを設定した方が、生産管理上好都合であることを学んでいた。[28]こうして、作業班長を労働者側の利害代表者として、交渉によってノルマを設定する仕組みが各企業で非公式ながら定着した。交渉においては、作業班側も、労働者の収入増を可能としつつ、他方で企業の賃金コストが度を超えて大きくならない程度の水準にノルマを設定するよう妥協した。そして作業班長が、班員の関心に従って、職長の暗黙の了解のもとでノルマ達成率を記入することが一般化した。造船業では、表5－1(一六九頁)で掲げた通り、労働者の平均ノルマ達成率が一九五二年には一二四%、五三年には一二七%だったが、五四年には一三七%へと上昇している。六月一七日事件をへて、ノルマ設定に対する労働者の影響力が一段と強化されたことをうかがわせる。工業全体では、一九五六年の「人民所有企業」の平均ノルマ達成率が一三六%、六一年には一六〇%であった(29)。

このように、作業班は、とくにノルマ問題を中心として労働者の利害代表的な組織と化した。第二章で見たように、DDRでは一九五〇年頃から労働組合であるFDGBがSEDの下部組織化しており、事実上労働者の利害代表組織は存在しなくなっていた。その同じ時期に登場したのが作業班であり、労働者は作業班が利害代表機能を果たすようになることに期待を寄せた。この期待感は、実際に班による一定の自主性の発揮が可能であったことと相まって、作業班への参加者が急速に増加していった重要な理由となったと考えられる。六月一七日蜂起において、労働者は「上から」導入された措置に対しては、出来高賃金や「模範労働者運動」、企業団体協約などほとんどのものについて廃止を要求したが、同じく「上から」導入された作業班の解体だけは要求していない(30)。第二章で検討した通り、この蜂起では、労働者は自由選挙やノルマ引き上げ命令撤回とともに、利害代表組織の形成を要求した。蜂起後、その要求は公式には認められなかったものの、労働ノルマを中心とする限られた部分についてではあるが作業班の非公式な利害代表機能を強化するという結果は生んだのである。

このことをより長期的な視点で見れば、作業班の存在が、企業内の紛争を未然に防ぎ、ひいては社会的な不満をある程度抑える役割を果たしていたことが考えられよう。事実、のちの「社会主義的労働の作業班」の時期になっても、作業班の自主性・利害代表機能は発揮され続けていた。一九六〇年のFDGBの報告では、作業班がプレミアム支払いの条件や研修のために大学へ派遣する班員を独自に決定したり、班長が工場指導部会議に投票権をもって参加したりする例が指摘されている(31)。ノルマ設定に関しても、状況に変化はなかった。一九六〇年代初頭のガス・エネルギーコンビナート・シュヴァルツェ・プンペ(Schwarze Pumpe)では、作業班とコンビナート指導部の間の議論でノルマの設定水準が話し合われていた。職長やノルマ設定を管轄する技師が、新たな厳格なノルマを作業班に課すことは困難だった。「柔軟な」ノルマによって作業が続けられ、作業班のノルマ達成率が一九〇%以上となることもあった[32]。このような「柔軟な」ノルマが、DDRにおいて労働生産性が伸び悩みを続ける一つの理由となっていたことは想像に難くない。これに対して、政府は、一九六一年にベルリンの壁を建設し住民の西側への逃亡を心配する必要のなくなった新経済システム(一九六三年)の導入期に、一時的に、TANの作成を強化しようとする動きを見せる。だが、六〇年代半ばからは、ノルマ設定は再度「非中央化」し、八九年までノルマ設定における作業班の役割は変わらなかった[33]。このように、一定の利害代表機能を備えた作業班の存在により、労働者はある程度自分たちの希望を通すことが可能となっていたのである。第二章で見たような労働者の意向を表明し交渉する権利も組織もないという状態は、非公式ながらかつ限られた部分についてではあったが、一定の緩和がなされていたといえる。

こうした作業班によるノルマ交渉・自主性は、計画経済における生産現場の一般的な状況を考慮すると、それなりに合理性をもっていたということもできる。前章までで具体的に検討してきたように、計画経済下においては、生産計画のたび重なる変更、原材料・部品供給の遅れや質の悪さ、電力供給の不安定さなど、労働者の努力のみでは解消しえない生産妨害ファクターが、数多く存在していたからである。そうした状況は、一九六〇年代に入っても変わりがなかった。一九六三、六四年のFDGBの分析によれば、「労働組織における欠陥、劣悪な管理、リズムなき生産工程は、(中略)作業班の発展、労働の喜び、社会的・文化的生活への参加にとって非常に不都合なもの」であり、「多くの作業班が、この困難に直面している」。同じ時期のツェマーグ・ツァイツ(Zemag Zeitz)機械工場の労働者による報告でも、「我々は、工場指導部が前提条件を揃えさえしてくれれば、やりたいことを何でもできる」と必要な質を満たした原材料の準備がなされないことが問題にされ、「資本主義ではすべてがより良くいっている。そこでは豊富な資材と補充交換部品が存在する。なぜ我々は計画経済体制にいるのに、うまくいかないのだろうか」と不満が述べられている。[34] こうした生産の隘路が前提条件として存在するなかでは、その時々の状況に応じた交渉によって、「適切」な水準にノルマを設定する仕組みは、労働者の不満の緩和のためには有効な手段となりえたといえるだろう。だからこそ、前述のように、交渉を容認した方が、企業指導部にとっても生産管理上好都合だと判断されていたのである。また、交渉により設定されたノルマの水準は、上記のように労働者の収入増を可能としつつ、他方で企業の賃金コストが度を超えて大きくならない程度にであったが、このことは、まったく高くはないが極端に低くもない労働者の能率を一貫して確保させることにつながっていたと考えられる。本節で見てきた作業班による自主性発揮、ノルマ交渉という実態は、決して政府が「上から」意図的に作り上げたものではなかった。それらは、一つには、計画経済に通有の特徴である企業管理の一般的弛緩状況のなかで発生した事態であろうが、それらを容認した方が、管理の弛緩のなかで、一応の水準の生産を確保したり、生産の隘路に対する労働者の不満を緩和するのに好都合でもあったために生じた事態であった。作業班は、もちろん市場経済的な観点からすれば非効率な組織であった。だが、計画経済システム下では、企業管理・生産管理上それなりに合理的な機能を果たした組織であったと考えられるのである。[35]

二　「社会主義的労働の作業班」

一九五〇年代後半、ＳＥＤ・政府指導部は、「労働作業班」の自主性を批判し始める。五〇年代半ば、経済学関係の出版物のなかで、「作業班設立という新たな社会的課題はしばしば過度に強調されすぎた」と初めて公に批判され、作業班の数を制限すべきことが強調されるようになった。自由意志によって存在し、「技術的な正当性」をもたない作業班は解体されるべきであり、作業班には「生産工程の厳密な組織と管理および経済性の視点」が不可欠であるとされた。[36] この時期、五八年七月のSED第五回党大会において「社会主義的攻勢」が決議され、六一年までに消費の面で西ドイツに「追いつき、追い越す」ことが目標に設定されていた。SED・政府は、作業班の自主的な活動の余地が広がりすぎて、より高い生産量を達成するためには問題が大きくなったと判断したのである。そこで五八年後半には、「上から」の作業班の管理強化策が具体化する。作業班運動の再編成がFDGBの課題とされ、同年一二月に、FDGB中央指導部は、「社会主義的労働の作業班」の称号を獲得する運動組織化の全権を委任された。こうして、五九年から新しい形態の作業班の導入が開始される。[37]

「社会主義的労働の作業班」は、SED第五回党大会において書記長ウルブリヒトが発表した、「社会主義的道徳の十箇条」に基づいて、三つのメルクマールによって特徴づけられるとされた。それは、①生産における特別な能率を遂行する、②班員は、たえず視野を拡大し、専門的、世界観的、あるいはその他の知識を向上させる義務を負う、③班員は、「社会主義的道徳の十箇条」に基づいて、日々の生活において社会主義的態度をとる義務がある、といった内容であった。「班員は社会主義的に労働し、学習し、生活しなければならない」。そのために、職場を越えた「集団的生活」の必要性が叫ばれ、班の活動が、労働だけでなく余暇の分野まで拡大されたのである。[38] その目指すところは、「上から」の生活全般の管理による労働者管理の強化にあったとはいえ、それまでは企業現場における生産遂行の末端組織にすぎなかった作業班が、より広い役割を与えられるようになった。そしてその新たな役割が、結果として労働者の日常生活における作業班の意味をいっそう大きなものとすることになる。

新しい形態の作業班においてとられるようになった方策の一つが、「社会主義的労働の作業班」の班員には、一定の物質的優遇措置が講ぜられるようになったことである。これは物質的優遇措置の供与によって、「労働作業班」より能率が高く班員の知識や「社会主義的態度」も充実したものであるはずの「社会主義的労働の作業班」の結成・増加を促し、全体の能率向上を狙った措置であった。「社会主義的労働の作業班」の班員は、プレミアム、企業の福利厚生の利用権、劇場の券などの供与をその他従業員より優先的に受けることができるようになった。大学へ派遣される機会もより多く得られた。これら優遇措置の採用が影響して、「社会主義的労働の作業班」への再編成が目指された時期には、作業班員から補助労働者や「サボリ屋(Bummelanten)」を排除しようとする動きも一部で見られた。また、多くの「青年作業班」が特別に結成され、他の作業班よりも教育や質的向上に重きがおかれ、収入や地位の上昇を狙う青年層の能率増進に貢献した。[39] だが、一九五九年七月のＦＤＧＢ会議で、同議長レーマン(Lehmann, O.)が、「作業班運動は、今日またも数だけの追求の傾向が支配的である」と嘆き、八月のＳＥＤ中央委員会党組織部局の報告でも、「多くの作業班の結成は形式的である」と批判されるなど、新たな形態の作業班の導入は、大半の作業班の内実に本質的な変化を生むものとはなりえなかった。[40]

物質的優遇措置のうちプレミアム賃金は、各班員へ分配後一定額が作業班の金庫に納められ、班の行事(後述するような「作業班の夕べ」や遠足など)のために利用されていた。企業の福利厚生施設の優先利用権は、労働者にとって魅力的だった。たとえばシュベト(Schwedt)石油化学コンビナートの敷地内には、「外来病院、薬局、幼稚園、販売所、文化施設、プールがあった。町のなかには、コンビナートが外国人用宿舎を設け、三住居付きの訓練所や、近郊レクリエーションセンター、大きなボート・カヌーコースがあった。バルト海とエルツ山脈には休暇施設もあった」。[41] ベルリンの人民化学(Volkschemie)には、「二つの幼稚園、一つの託児所がある。班員がわずかのお金で家族とともに利用できたり、作業班がそこで時々週末を過ごすような多くの休暇施設もある。二つのスポーツ共同体、一体育館、一ボウリングのレーン、サウナ。企業の文化施設では作業班が休暇中の催しを開いたり、客員の先生が来てくれる多くのサークルがあった。ここでは就業後焼き物を作ったり、織物を織ったり、読書したりできた[42]」。また、「社会主義的労働の作業班」に所属している女性労働者は、託児所や幼稚園の利用で優遇を受けられた。前述したように、作業班の形態替えによっても班の内実に本質的な変化がなかったことから、これら優遇により期待された全体的な能率向上がもたらされたとは考え難いが、労働者にとっては、作業班を通じての日常生活がいっそう意味を有するようになったのは確かであった。

「社会主義的労働の作業班」において班がもつようになった新たな役割としては、上記の事例にも一部見られたが、班を通じての班員への余暇活動の提供も挙げられる。これは、そもそもは労働者が、「社会主義的に学習し、生活する」ため、「社会主義的道徳」を身につけて生産上昇に貢献するために導入されたものであったが、現実は余暇の行事も政府の意図とは別の意味で労働者にとって重要性をもつものになっていく。余暇活動としては、作業班による旅行、遠足、登山、「作業班の午後」や「作業班の夕べ」(観劇や映画鑑賞、作家の朗読会、読書会、スポーツ、ダンス、おしゃべり等)が開催された。ナチスの強制収容所であったブーヒェンバルトや他の「社会主義」国への旅行も企画された。これら催しには作業班の全班員が平等に参加でき、作業班長も「平等のなかの第一位」であった。「コンサートや劇場に行ったり、共同でパーティーを開いたり、興味ある映画や本について議論したり、週末にはハイキングに行ったり。なぜ週末かというと、子供も一緒に行くことができるし、家族も参加したからです。ボウリングもよくやりました[43]」。このように行事には、班員の家族も招かれた。これはそもそもは、労働者の配偶者、子供、親兄弟も「社会主義的人間の形成プロセス」に参加すべきという公式目的に従ったものであった。「作業班の夕べ」などは、まれに「サボリ屋」について家族の目の前で糾弾するという抑圧手段的に利用されるケースもあったが、より重要なのは、作業班の各種催しによって、他の班員とともに、観劇や映画鑑賞、旅行や遠足へ家族揃って出かけられる機会が提供されたことであった。これらは、家族ぐるみでの班員同士の付き合いを深めることのできる場となっていったのである[44]。そして、「それは、誰にとっても、すばらしい体験でした」と述懐されるように[45]、作業班が提供するこうした行事は、多くの労働者にとってそれがなかったら経験できなかった余暇の時間であった。DDR地域の重要工業地帯といえる「化学の三角地帯」ロイナ、ヴォルフェン、ビターフェルトや、繊維産業が伝統的に盛んな地域である西ザクセンやラウジッツといった地域ですら、労働者の一部は周辺の小さな村から働きに出てきていた。そんな彼らにとっては、作業班によって提供される行事の多くは、まったく生まれて初めての経験だったのである。

こうして労働の場であるだけでなく、余暇とも深く関わる場となった作業班は、労働者の人間関係の基盤となり、相互の家族も含めたコミュニケーションの場となっていった。班では、誕生日は皆でお祝いをする。目的地を決めず一緒にぶらっと小旅行に出かける。宴会も開く。仕事中にも一緒に酒を飲む。病気になった班員の所へは定期的にお見舞いに行く。班員の家族が亡くなると班で集めた「香典」を渡す[46]。自宅や山荘の建設や引越しの手伝いをしたり、問題のある子供やアルコール依存症についての相談にも班員が相互に乗っていた。買い物は、誰かが班の全員分の食料やビールを委託されて買ってきた。「消費財を買う行列には班の代表が並び仲間の分まで買ってくる。子供が病気になると仕事を代わってくれる。労働時間中に散髪に行ったり、飲みに行ったり『さぼる』ときも助け合う」ことが日常だった[47]。「子供が病気になると、皆が理解を示しました。心配事は話して、次の週にはもうなくなっているという風でした。個人的なことも他の人に相談できる、そんな雰囲気でした」。「我々は一つの大家族だった。お互いが相手のことを思いやる、真の意味での完全な集団だった。班の雰囲気は実に快適だった。ときには、悪意のある言動もあったけれども、気になることは声を出して言い合おうというのが合言葉だった」。「誰がどれだけ稼いでいるかとか、皆が知っていたよ」。「誰もが、従属しているのではなく、そこに溶け込んでいました[48]」。

班内には仲間意識が醸成され、班は気の合う者同士のグループとなった。一九五九年、ロストックの電力プラント製造企業ＳＡＢのある作業班では、班長に執拗に反抗する一人の班員がいた。その班員は班内で孤立しており、班の総意によって彼を「やっかい払い」することにした。労働部も班の意見を採り入れ、その班員の班からの排除を容認した。逆に、班内で人気のある班員が工場指導部の命令によって六〇年一月から他の工程へ移されることになった。班長は、工場の会議において工場指導部に真っ向から反論した。「このまま当該班員が他工程へ移動させられたら、彼も班も困難な状況に陥るでしょう」と。この移動の件は、結局班長の意見が採り入れられ、移動はなくなったのである[49]。

こうした気の合う仲間内では、工場食堂の食事のまずさ、消費財供給や保育所の不足などに関する愚痴をこぼし合ったり、さらには政治的議論も比較的自由にできた。「人々は、いつも班のなかで不平を言っていた。労働者は、企業の内部で圧力を行使されないですむ自由な空間をもっていた。転換点(壁の崩壊)まで、班の内部で議論がなされていた」。「我々は熱心に議論した。しかし、お互いに寛容なままだった」[50]。一九六八年に実施されたカール・マルクス・シュタットの五企業での秘密アンケートによれば、政治問題について最も議論しやすい場として、半数以上の民衆が「職場の共同作業チームの中」と答えている。そして九七％の回答者が、作業班には満足だと感じていたのである[51]。

このようにＤＤＲの工業労働者の日常生活世界には、作業班を通じて濃密な人間関係・相互の助け合いの場ができ上がっていた。そしてこの「人のつながり」の存在から、労働者にとって一種の「いごこちの良さ」が生まれ、ひいては体制の存続へとつながっていたことが考えられるのである。

三　作業班の存続理由

最後に、西ドイツや戦前ドイツとの比較も交えながら、ＤＤＲにおいて作業班が意義ある組織として存続しえた理由を考えてみたい。

労働者コミュニティは、ヴァイマール期までのドイツには伝統的に存在したものであった。都市ではホワイトカラーの居住区とは別の地区に労働者街があった。そこでは狭いアパートで共同で食事をしたり、井戸端会議をするといった「家庭生活の半公然化」が見られた。仕事が終わると飲み交わすことのできる酒場もあった。他の階層と比べ貧しい生活をしているという労働者の不満を緩和しつつ相互の連帯感を高めたのが、労働運動組織が提供した余暇の文化活動であった。だが、こうしたコミュニティは、すでにヴァイマール期において大都市大衆文化の浸透によって個人主義的な私生活優位の考えが進展したことにより、少しずつ意義を低下させていた。ナチス期に入ると、その初期には労働運動組織の暴力的な破壊がなされ、またその後軍需景気によって生活が安定すると、近隣関係への依存度が低くなる、いわゆる「私的領域への後退」が起こった。終戦間近の空襲によって、労働者街は物理的にも破壊された。第二次世界大戦後の西ドイツにおいては、経済成長に伴う労働者の所得の急増、消費の向上により、家庭生活の個別化がいっそう進展した。一戸建ての家やより立派なアパートに住める者が多くなり、労働者街は消滅し、住居はプライベートな空間となっていった。ラジオやテレビなどのメディアの発達、モータリゼーションの進行も、この個別化を促進した。余暇の多様化・個別化も進んだ。その結果、労働運動組織が仲介していた余暇活動は、労働者の不満そのものが薄れていったこととも相まって徐々に意義を失っていったのである。(52)

これに対してDDRは、西ドイツとはまったく違った条件の下にあった。第一に、西ドイツにはあった所得の急増、消費の向上、メディアの発達、モータリゼーションの進行などの条件が欠け落ちていた。その代わり、一定の収入増は作業班によるノルマ交渉を通じて得ることができ、班員であればさまざまな物質的優遇を受けられた。余暇の個別化も遅れたが、その分作業班による余暇の催しが歓迎された。モノ不足の下、班の誰かが代表して行列に並び買い物をしてくるという面まで、作業班を中心とする消費生活が浸透していたのである。労働者コミュニティは、計画経済下のドイツにおいて、作業班という形で再生されたといえるだろう。第二に、西側にはなかった条件も存在した。労働組合の党の下部組織化、計画経済における企業管理の一般的弛緩、さまざまな生産隘路が前提条件となり、利害代表としての作業班の機能が生まれ、定着した。またこの機能、管理の弛緩、余暇活動などが相互に作用して、職場における仲間意識や相互の助け合い精神を醸成させた。そもそも作業班の導入自体が、社会主義イデオロギー教育や社会主義的競争の強化を目的とし、また班による余暇活動の提供とそれへの家族の参加は、「社会主義的人間の形成」のためだとされていた。作業班は、「社会主義」のドイツでこそ生まれ、意義あるものとなった組織であった。

このように、西ドイツ側にあった条件がなく、なかった条件があったがゆえに、作業班という職場を通じての形で労働者のコミュニティが再生し存続したといえるだろう。つまり、「社会主義」計画経済システムであったことにより、市場経済下のドイツでは戦後なくなったものが新たな形で存在し続けたのである。その市場経済下のドイツではなくなったものの存在が、DDRでは体制存続の大きな要因となっていたわけである。

作業班が意味ある組織として存続しえた理由は、以上の点にあると考えられるが、戦前ドイツの経験と比較することで、さらに若干の論点を補足しておきたい。

一つは、二〇世紀初頭のルール鉱山で、炭坑労働における人的結合関係の中軸であったとされる鉱夫組

(Kameradschaft)の経験である。鉱夫組は、坑内労働の基本的作業グループであって、一組の人数は、二―二〇人の間であった。その編成と組長の選任は会社側によったが、しばしば親子や同郷人同士、あるいは気の合った仲間同士でチームを組む場合もあった。組長は経験を積んだ採炭夫のなかから、仲間の信頼を集めている者が選任された。請負制で働き、請負条件は、鉱夫組を監視する役目を負う係員と組長との間で決定された。組は、経験や技能を若い世代に受け渡す教育機能を担っていた。当時は、作業の仕方やテンポなど労働にまつわる裁量権がまだ残されており、企業の管理の下に完全には吸収されていなかった。そのため、労働の場における自由なコミュニケーションの余地もまだ大きく、このことが鉱夫の間に自主的な規律を生み出す基盤となっていたが、組は一九二〇年代に合理化の波が押し寄せるとともに消滅していったとされる[54]。この鉱夫組と作業班は、構成や班長の選び方などの点も共通した特徴をもつといえるが、より重要な共通点として、合理化前の炭坑の緩やかな管理と、計画経済下での弛緩した管理とが、ともに職場での労働者の自由なコミュニケーションの余地を大きくし、人間関係を深めることにつながっていたという点を指摘できるだろう[55]。

いま一つの比較対象は、ナチス期の歓喜力行団(Kraft durch Freude)である。これは、労働戦線内に設けられた、体制に国民を統合するための余暇の形成機関であった。歓喜力行団は、競技会や講習会を開く「スポーツ局」、観劇・演奏会・展覧会等の文化的催しをする「夕の催物局」、歴史・郷土史・国家学・民俗学等を教えた民衆大学にあたる「国民教養局」、安い費用で国内・国外の団体旅行やハイキングを企画実行する「旅行・遠足・休暇局」から成っており、それぞれの局が国民に対して余暇活動を提供した。それらは、多くの国民に、今まで経験しないことを体験したことへの感激、過去の政府や労組はこんなことをしてくれなかったという以前との比較による現体制の肯定、いい雰囲気の旅行のなかで差別なく扱われ参加メンバーが親睦を深めることによる一体感などを生み、体制の安定に一定の寄与をなしたことが指摘されている[56]。作業班の提供する余暇活動も、上述したように「誰にとっても、すばらしい体験」などと記憶されており、それがＤＤＲの体制の安定に一定の貢献をしたことは間違いないと考えられる。

さらに付言すれば、歓喜力行団と作業班が提供した余暇の内容はほぼ重なるものであり、ＤＤＲ指導部にも、体制安定の方策として歓喜力行団の経験が念頭にあって作業班に余暇の提供を担わせたのではないかといった推測も浮かんでくる。政府は、「社会主義的労働の作業班」について、当初は数を制限して結成するという目標を立てていた。だが実際は、それは、多くの労働者が参加する余暇を提供する存在となっていった。ところが政府は、そうした状態を解消しようという方策はもはやとっていない。このことは、政府が、余暇を通じて体制の安定に寄与するという作業班の意義を認めていたということだと推測される。ただし、ナチス期との類似性という事の性格からして、資料的にその点の確認は難しいかもしれない。

小括

作業班は、経済的、つまり労働者の能率確保の面でも、一定の役割を果たした組織であった。作業班の結成は、労働者同士の仲間意識を高め、相互の技能伝達を生むなど、集団としての能率をある程度向上させることに寄与した。作業班は、労働ノルマの設定水準にも関与した。計画経済においては、システムの問題性に起因するさまざまな生産妨害ファクターが存在しており、そうした条件下では、その時々の状況に応じた交渉によって「適切」な水準にノルマを設定する仕組みは、労働者の不満の緩和のために有効な手段となりえていた。また、交渉により設定されたノルマの水準は、高くはないが低すぎもしない労働者の能率を一貫して確保させた。こうした作業班による自主性の発揮、ノルマ交渉といった実態は、政府が「上から」意図して作り上げたわけではなかった。むしろそれらを容認した方が、企業管理の弛緩のなかで一応の水準の生産を確保したり、生産の隘路に対する労働者の不満を緩和するのに好都合であったために非公式に生じた事態であった。作業班は、市場経済的な観点からすれば非効率な組織であるが、計画経済システムにおいては、それなりに合理的な機能を果たした組織であった。

作業班が有したより重要な意義は、その存在が社会的安定に貢献していた面があったという点であろう。作業班は労働組合に代わって、労働者の利害を一定程度代表する機能を果たし、企業内紛争の抑制に寄与していた。作業班員であると、賃金、劇場の券配布、企業の福利厚生の利用、大学への派遣などで優先権を得られた。福利厚生施設では作業班単位で休暇を過ごすこともあった。プレミアム賃金は、一定額が班の余暇行事のために利用された。その作業班の行事としては、旅行や遠足、登山、映画鑑賞、観劇、読書会などの催しが開かれ、家族も参加することによって、班の仲間同士家族ぐるみの付き合いが広がった。これらの作業班の機能を通じて、仲間意識が育ち、労働者同士・家族同士のコミュニケーションの場が形成された。さらに「我々」意識をもったその内部では、熱心に政治的議論までなされるという「親密圏」が成立し[57]、濃密な人間関係、「人のつながり」ができ上がっていたのである。

こうした「人のつながり」のなかで労働者にとって一種の「いごこちの良さ」が生まれ、DDRという国家の存続に寄与していたことが指摘できるであろう。それゆえにこそ、最終的に工業労働者の八割以上が作業班に所属していたのだと考えられる。もちろん、一九八九—九〇年にDDR国民の大半が体制の転換を望んだ事実、つまり作業班の存在が体制の決定的な安定要因とまではなりえていなかったことを忘れてはならない。秘密警察の存在が体制の一部を形作っていたこと、国民に旅行や政治参加の自由がなかったことなども事実である[58]。だが、「社会主義」という異質な体制のもとでも、そこには彼らの日常生活があり、それは体制の外にいたものが先入観を抱いているような抑圧されただけの毎日ではなかった。[59] そしてDDRの大部分の工業労働者にとっては、その基盤に、作業班という労働者コミュニティ、「人のつながり」が存在していたのである。

作業班は、西ドイツでは消え、DDRにのみ残存した労働者コミュニティであった。それは、DDRには、西ドイツ側にあった労働者所得の急増、メディアやモータリゼーションの進展といった条件が欠如し、西ドイツ側にはなかったイデオロギー教育の必要性、計画経済における企業管理の一般的弛緩、さまざまな生産隘路といった条件が存在したために残存したものであった。だが、一九八九—九〇年にDDR国民が望んだのは、「市場経済下にあるもの」であり、西側の物質的に豊かな、自動車や電機製品を容易に入手できる生活であった。ドイツ統一により、作業班は消滅した。ところが、市場経済化がなると、旧DDR国民には、次のような意識が生まれるようになる。「昔はよかった。いまは決してより良くなっているわけではない」。「当時は、どの労働者も自分が影響力をもっていると感じていた」[60]。そうした思いの源の一つは、市場経済下にはない作業班における生活である。[61]「多くの旧東独国民の思い出のなかでは、例外なく作業班に対して高い評点が与えられている」[62]。作業班があるからといって旧体制に戻りたくはない。ただ、今でもあったら良いと思うものが、作業班における濃密な人間関係・相互の助け合いの世界である、ということを、このことは示唆しているのではないだろうか。

（1）　塩川伸明『現存した社会主義』一八四—二〇〇頁。同書では、崩壊要因の指摘だけでは体制の数十年間の存続が説明できないこと、にもかかわらずとくに社会主義圏崩壊直後には崩壊必然論が大流行したが、そうした議論はバランスを失したものであることが批判されている(一八四頁)。
（2）　斎藤哲「DDRの崩壊と一つのドイツの形成」二四五—二四七頁、同『消費生活と女性』第六章。
（3）　石川晃弘『くらしのなかの社会主義』、とくにⅥ章、一二一五頁など。

(4) *Statistisches Jahrbuch der DDR*, 1990, S.17.

(5) Kleßmann, Ch., a.a.O., S.448.

(6) Roesler, J., *Inszenierung*; ders., Die Produktionsbrigaden; ders., Gewerkschaften und Brigadebewegung in der DDR, in: *Beiträge zur Geschichte der Arbeiterbewegung*, 38(1996); ders., Probleme des Brigadealltags. Arbeitsverhältnisse und Arbeitsklima in volkseigenen Betrieben 1950-1989, in: *Aus Politik und Zeitgeschichte*, 38/1997; ders., Die Rolle des Brigadiers bei der Konfliktregulierung zwischen Arbeitsbrigaden und der Werkleitung, in: Hübner, P./Tenfelde, K.(Hrsg.), a.a.O.; ders., Jugendbrigaden im Fabrikalltag der DDR 1948-1989, in: *Aus Politik und Zeitgeschichte*, 28/1999; ders., Das Brigadetagebuch - betriebliches Rapportbuch, Chronik des Brigadelebens oder Erziehungsfibel?, in: Badstübner, Evemarie(Hrsg.), *Befremdlich anders. Leben in der DDR*, Berlin 2004; Hübner, P., *Konsens, Konflikt und Kompromiß*; Soldt, Rüdiger, Zum Beispiel Schwarze Pumpe: Arbeiterbrigaden in der DDR, in: *Geschichte und Gesellschaft*, 24(1998); Reichel, Thomas, “Jugoslawische Verhältnisse”? - Die “Brigaden der sozialistischen Arbeit” und die “Syndikalismus” - Affäre (1959-1962), in: Lindenberger, T.(Hrsg.), *Herrschaft und Eigen-Sinn in der Diktatur*, Köln 1999; Parmalee, Patty Lee, Brigadeerfahrungen und ostdeutsche Identitäten, in: *Beiträge zur Geschichte der Arbeiterbewegung*, 4/1996.

(7) 相馬保夫「ドイツ労働史・労働運動史研究」『大原社会問題研究所雑誌』五一二号(二〇〇一年)、一〇—一一頁。労働者ミリューとは、「労働者の労働と生活の全体をとりまく場、そこでの生活やコミュニケーションのあり方、組織との関係などに関連する包括的な概念」である。

(8) たとえば、Ritter, Gerhard A., Die DDR in der deutschen Geschichte, in: *Vierteljahrshefte zur Zeitgeschichte*, 50 (2002), S.193; Hübner, P./Tenfelde, K.(Hrsg.), a.a.O., S.31; Hübner, P., *Konsens, Konflikt und Kompromiß*, S.244.

(9) わが国で作業班を部分的にも取り上げている研究としては、星乃治彦『社会主義と民衆』一五九—一六四頁、長倉高行, Die Innenwelt der Betriebe in der DDR. gesellschaftliche Funktion der Brigade, 武蔵大学二〇〇一年度修士論文。

(10) Roesler, Produktionsbrigaden, S.148f.

(11) Ebenda, S.144; ders, Gewerkschaften und Brigadebewegung in der DDR, S.8; Hübner, P., *Konsens, Konflikt und Kompromiß*, S.214.

（12）Roesler, Produktionsbrigaden , S.144; Hübner, P., *Konsens, Konflikt und Kompromiß*, S.214f.

（13）Soldt, R., a.a.O., S.88. ゾルトは〝von oben〟という語を繰り返し使用している。なお職場の党活動家と労働組合の職場委員が作業班導入にあたって果たした役割については、「党・労働組合組織は、期待されたほど作業班運動に対して関心をもたなかった」とされるなど、大きくはなかった。労組の職場委員については、作業班長の後ろに隠れ、適切な役割を果たしていなかったともされるが、これは人員不足により企業の最下層にまで党活動家や職場委員の影響力が及び得ていなかったためとされる。Roesler, *Inszenierung*, S.25, 41f.

（14）Roesler, Produktionsbrigade, S.144; ders., Probleme des Brigadealltags, S.5; Hübner, P., *Konsens, Konflikt und Kompromiß*, S.215, 217.

（15）BAP, DE1, Nr.14643, Bl.184.

（16）Roesler, Produktionsbrigade, S.150.

（17）*Statistisches Jahrbuch der DDR* 1966, S.75; 1978, S.105; 1988, S.134.

（18）Roesler, Produktionsbrigade, S.147; ders., Probleme des Brigadealltags, S.5; Soldt, a.a.O., S.91. 作業班への参加を最初渋った労働者についても、以下のような例があった。あるゴム工場で働いていた女性は、「私は興味のないことには参加しないと言っていました。他の人たちは、みんなで一緒にやろうとしつこく私を説得してきましたが、参加しませんでした。けれども、私が入院したとき、私を誘っていた作業班長がお見舞いに来てくれました。彼女は誕生パーティーにも一緒にいてくれました。私は、班は相互に助け合うものだということに納得しました」。Parmalee, a.a.O., S.82.

（19）Hübner, P., *Konsens, Konflikt und Kompromiß*, S.216; Roesler, Inszenierung, S.14; ders., Probleme des Brigadealltags, S.5.

（20）Roesler, Produktionsbrigade, S.150; ders., Inszenierung, S.14; Hübner, P., *Konsens, Konflikt und Kompromiß*, S.216.

（21）Roesler, *Inszenierung*, S.19.

（22）Ebenda.

（23）本書第三章八三頁参照。

（24）Roesler, Probleme des Brigadealltags, S.7.

(25) Roesler, *Inszenierung*, S.15; ders., Produktionsbrigade, S.157; Hübner, P., *Konsens, Konflikt und Kompromiß*, S.220; Soldt, a.a.O., S.96-101.
(26) BAP, DE1, Nr.14643, Bl.179.
(27) ここでは実証は困難だが、政府が五二年に作業班の自主性へ一定の制限を加えようとしたことが、作業班で働く労働者の意欲へ負の影響を及ぼしたことも、工業生産停滞の一因として指摘できるであろう。
(28) Roesler, Produktionsbrigade, S.157. こうした状況の発生が可能であるのは、前章までで見てきたように、計画経済下の企業の目的が、市場経済におけるそれとは本質的に異なっていたためであろう。
(29) BAP, DG3, Nr.1691, Bl.29; Roesler, Probleme des Brigadealltags, S.8; ders., Produktionsbrigade, S.157
(30) Roesler, *Inszenierung*, S.27.
(31) Roesler, Produktionsbrigade, S.150.
(32) Soldt, a.a.O., S. 96-98.
(33) Hübner, P., Balance des Ungleichgewichts, S.163.
(34) *Neues Deutschland*, 11.11.1957; Roesler, *Inszenierung*, S.62f.
(35) 六月一七日後、ベルリンの壁崩壊直前に至るまで、ＤＤＲでは民衆の暴動が発生しなかった事実は、作業班の意義の大きさを示唆するように思われる。
(36) Roesler, *Inszenierung*, S.28.
(37) Reichel, a.a.O., S.47.
(38) Roesler, *Inszenierung*, S.31f; ders., Produktionsbrigade, S.145.
(39) Ebenda, S.148.
(40) Roesler, *Inszenierung*, S.40f. 一九六〇年一二月一五日時点での「社会主義的労働の作業班」への所属者は、一六六万九二〇八人であった。五五年末時点での所属者は前掲のように一三七万人とされているが、これはベルリンを除いた統計であった。ただ、ベルリンの数を加味したとしても、六〇年末時点の数は、少なくともすでに五五年末に近い水準にまで達していたと考えられる。Kleßmann, Ch., a.a.O., S.468.
(41) Roesler, Produktionsbrigade, S.161.

(42) Rottenburg, Richard, Der Sozialismus braucht den ganzen Menschen, in: *Zeitschrift für Soziologie*, 4/20(1991), S.309.

(43) Parmalee, P., a.a.O., S.74

(44) Roesler, Produktionsbrigade, S.153, 162.

(45) Parmalee, P., a.a.O., S.74

(46) Soldt, a.a.O., S.106.

(47) 星乃治彦『社会主義と民衆』一六二頁。

(48) Parmalee, P., a.a.O., S.74-75, 79.

(49) Roesler, Die Rolle des Brigadiers bei der Konfliktregulierung, S.419.

(50) Parmalee, a.a.O., S.83.

(51) Soldt, a.a.O., S.94; 星乃治彦『社会主義と民衆』一六三、一六五頁。

(52) Steinbach, Peter, Das Ende der Arbeiterkultur, in: *Zeitgeschichte*, 19(1992), S.83-87; 井上茂子「西ドイツにおけるナチ時代の日常史研究―背景・有効性・問題点」『教養学科紀要』一九号(一九八六年)、二八頁。

(53) この時期のＤＤＲの消費生活については、斎藤哲、前掲書、第二部に詳しい。なお本書の終章においても、同書を引用しながら、ＤＤＲのモノ不足の状態について説明している。

(54) 山本秀行「ルール鉱夫の生活空間と社会的ネットワーク―一九・二〇世紀転換期を中心に」『社会運動史』一〇号(一九八五年)。

(55) この点は、作業班や鉱夫組のような性格を有する職場の組織が、経済体制の如何を問わず、生産の合理化や職場の管理がどの程度の状態であると存在しうるのかという問題を一般的に考察するにあたって、一つの示唆を投げかけてくれるのではないだろうか。グローバル化により職場の「ゆとり」が失われつつある今日の市場経済を考えるさいに、興味深い論点を提示してくれているように思われる。

(56) 井上茂子「ナチス・ドイツの民衆統轄―ドイツ労働戦線を事例として」『歴史学研究』五八六号(一九八八年)、山本秀行『ナチズムの記憶』山川出版社、一九九五年、第三章。

(57) 「親密圏」とは、自分の存在が認められ、話すことができ、理解してもらえる空間である。斎藤純一『公共性』岩波書店、二〇〇〇年、九九頁。

(58) 秘密警察と日常生活の関係については、本書補論を参照のこと。

なお、二〇〇七年度歴史学研究会大会における筆者の報告に対する相馬保夫氏による報告批判(『歴史学研究』八三五号)において、「監視・密告の体制が職場での人間関係そのものを著しく歪め」ていたとの指摘を受けた(四九頁)。「監視・密告」が底辺の不満を上に伝達していたことが体制の安定を生む一つの要因となっていたとはいえようが、人々の「濃密な人間関係・相互助け合いの世界」がそれによって歪められてしまい、そこに自律的な動きがなかったとまではいえない。このことは、統一後、「多くの旧東独国民のなかで例外なしに」(Kleßmann, Ch., a.a.O., S.448)、作業班に対する思い出が肯定的に語られる点からも明らかであろう。氏の批判では、報告に不足する部分を教示いただいたためか、作業班が有していた自律的な部分への言及がほとんどなく、班は「支配の装置」(同頁)としての意義しかなかったように受け取ることもできるように感じられる。班に自律的な行動の可能性があり、それは国民から広く支持を得ていたという事実は、「支配の装置」とは別途に捉え確認しておくべき事柄だと思われる。

相馬氏の批判に対しては、このほか若干の点について、ここで述べておきたい。

①報告の強調点が、東独国民にも「当たり前の日常生活」があったとの主張であると捉えられているが、報告の最強調点は、労働者に「濃密な人間関係・相互助け合いの世界」があったという点である。②「労働者の作業班は一定の裁量可能性をもちながらも体制による支配は貫徹し、人々は家族や私生活に退却して、政治的動員に付きあいながらもそこから逃れようとした(壁がん社会)」(同頁)との断定があるが、DDRでは「支配は貫徹」していたといえるのだろうか。あるいは氏の意味する「支配が貫徹」とは、いかなる内容のことを指しているのだろうか。筆者の理解では、支配が不貫徹であったからこそ、職場で労働者の「自由」が存在し、利害代表としての作業班の役割や、余暇における濃密な人間関係というものが可能となっていたのであった。そして、そうした人間関係の部分は、労働者にとっては、「退却」したり、「逃れる」というよりももっと積極的な意味合いがあった。支配が不貫徹であったがゆえに労働者の日常に「自由」や濃密な人間関係が生まれ、だからこそ、逆に体制の安定を生んでいたというのが筆者の理解であり、この点はドイツにおける作業班研究においても同様の理解がなされているように思われる。また壁がん社会論については、斎藤哲氏による批判が存在する(『消費生活と女性』二三一―二三三頁)が、筆者もDDR社会を捉えるにあたって、壁がん社会論とはやや異なった見方が必要ではないかと考えている。その点については補論で述べる(二六七頁)。③「ある意味では、日本の企業労組と類似するこうした企業ごとの労働現場における作

業班への組織化は、労働者の意見や不満が一九五三年六月一七日蜂起のように全面化しないうちに個別に上部機関に伝達され、体制にとっての危険が未然に摘み取られる支配の装置と化していく」（同頁）と断定的に述べられている。これは監視・密告体制のことを指していると考えられるが、やや図式的に捉えられすぎているように思われる。作業班での意見や不満を誰がどのようにして上部機関に伝達し、危険がいかにして防がれたのか、それが日本の労組とどのように類似したといえるのか、氏の言われる「支配の装置」と班内での労働者の自律的な行動とはいかなる関係にあるのかなどについては、慎重な実証的検証が必要とされよう。④「造船業は依然として熟練工に大きく依存し、注文生産と技術段階によって制約された特殊な部門であった」（同頁）とあるが、すでに本書で明らかにした通り、造船業では一九五〇年代初頭からブロック建造法によるレディメイド船の建造が大規模に開始されており、注文生産に制約されるわけではなくなっていた。またそのため作業の標準化も進められていたので、熟練工に大きく依存するという体質も軽減されてきており、そもそもその熟練工の不足に常に悩まされていた。とはいえ、ロストックのネプトゥーンなど戦前からの伝統を有する造船所が存在しており、その熟練工が戦後の造船所の中心メンバーとなっていたので、そこでの労働者文化の存続と影響は興味深い検討課題と考えられる。

なお氏の批判では、ＤＤＲ労働者の経験を、ドイツ労働者史のなかに位置づけることの必要性が指摘され、「少なくとも第一次世界大戦以降のドイツ労働者の歴史の流れ、直接的にはナチ体制下の労働者の統合と抵抗の延長に位置づける」ことが必要との有益な示唆を受けたことに感謝したい。今後の課題としていきたい。

(59)　一九五〇年代に労働者が、終業後には酒場へダンスに行き、休日には楽器演奏、サッカー、小旅行といった余暇を楽しんでいたことを、労働者へのインタビューによって明らかにしている研究の一例として、Ahbe, T./Hofmann, M., "Eigentlich unsere beste Zeit" Erinnerungen an den DDR-Alltag in verschiedenen Milieus, in: *Aus Politik und Zeitgeschichte*, 17/2002.

(60)　Parmalee, a.a.O., S.71, 74.

(61)　Roesler, Produktionsbrigade, S.163.

(62)　Kleßmann, Ch., a.a.O., S.448.

終章

ここでは、本書全体に登場するさまざまな要素の総合を図りながら、ＤＤＲひいては「社会主義」計画経済システムの崩壊要因・存続要因について考えておきたい。まずは、崩壊要因につながるものとして、効率性の視点からの分析、すなわち本書の第一の検討課題であった、一九五〇年代前半のＤＤＲ企業における労働生産性向上の低迷の実態とその理由に関する分析結果をまとめておこう。

一九五〇年代前半のＤＤＲ企業における労働生産性は、政府によるその重視にもかかわらず伸び悩んでいた。第一次五カ年計画における全工業の労働生産性向上目標は、一九五〇年を一〇〇とすると、一九五五年はその一六一まで成長させることであった。だが、実際のそれは一五四にとどまった。この数値は、到達目標に七足りなかっただけとはいえ、粉飾傾向が指摘される「社会主義」国の公式統計に記録されている数値であることに注意せねばならない。ＤＤＲ当局が、目標達成に至らなかったことを公に認めている事実が重要なのである。また、同じ時期、政府によって優遇され、他産業と比べとび抜けて高い固定資産額の成長を果たした造船業では、「現存する設備・技術条件に対して労働生産性の伸びがまったく不十分」といわれていた。実際、造船業では、第一次五カ年計画における向上目標一八四を大きく下回る一四〇までしか労働生産性を向上させえなかった。このように、本書対象時期――それはＤＤＲ経済が、最も高い経済成長を遂げた時期であった――のＤＤＲ工業全体において、なかでも重要視された産業であった造船業においても、生産性向上の低迷という「社会主義」経済に特徴的な現象が確認されたのである。

では、労働生産性の向上が不十分であったのは、いかなる理由からであろうか。その理由については、以下の二点が指摘できるであろう。

第一に、労働生産性向上のために政府が打ち出した政策の有した労使関係的な限界が挙げられる。すなわち、労働生産性向上政策は、企業レベルにおいて公に労働者が意向を表明し交渉する組織も権利も保証しなかったために、労働者の真の合意を得て導入されていたわけではなかった。そのため、出来高給、「技術的に基礎づけられた労働ノルマ」、「模範労働者運動」、企業団体協約といった労働生産性向上のための諸政策に対しては、いずれも労働者の強い抵抗が存在し、また六月一七日蜂起においても、そのことが労働者の要求に含まれていた。この事実の重要性は、ドイツにおける労働運動の歴史的経験から強調されるであろう。第一次世界大戦以降のドイツでは、労働組合と経営協議会による二重の労働者利害代表制が確立されており、賃率額や労働条件についての労使の交渉が権利として承認されていた。第二次世界大戦後の西ドイツでも、二重の利害代表制は受け継がれ、賃金に関しては、戦前とは異なりノルマ設定水準に対する労組の影響力行使も可能となった[1]。これに対して、DDRにおける労働生産性向上のための政策は、経営協議会の解体と労働組合のSED下部組織化、賃率額の国家による制定、実質上は中央で内容が決定される企業団体協約の導入など、労働者の権利をむしろ縮小していくものだったのである。こうして労働者の真の合意を得られぬまま導入された諸制度が、期待された成果をあげることには自ずから限界があったといえよう。

労働生産性が伸び悩んだ第二の、そしてより重要な理由は、造船業について詳しく検討してきたように、企業現場の諸問題点から、増大した生産能力が十分に生かされていなかった事実にあった。造船業では、全産業中最高の伸び率で設備能力が拡張されたものの、その能力はまったく不十分にしか利用されていなかった。それは、生産計画が現場の実状を反映するものでなく、また頻繁に変更される、原材料・部品の納入が恒常的に遅れ、その質も悪い、電力供給が不十分である、そしてそれらから導入された新技術が有効に使用されない、といった諸問題点が影響した事態であった。その結果、設備の拡張に比べて生産は不十分にしか増加しない、すなわち労働生産性は低調にしか伸びなかったのである。次に労働力に関して見れば、その質の面では、職業訓練が期待どおりの専門労働者を養成しえていなかった。加えて専門労働者の流出も激しく、当該期の造船業では、専門労働者の不足が問題とされ続けていた。労働者の管理においては、管理組織は各レベルに問題を抱えて十全に機能しておらず、労働者の労働モラルは低かった。労働者を生産性向上へ向けて動員するための政策の中心であった賃金制度においても、労働者の質に比べて高すぎる賃金等級分類がなされたり、出来高給算出の基準となるべき労働ノルマの設定水準が低すぎたために、生産性向上に対して期待された効果をもちえなかった。作業班による非公式な交渉も、ノルマを低い位置へ設定することにつながった。社会主義的競争や労働者イニシアティブ喚起策も、持続的な生産性向上を生むには至らず、その実行がむしろ非効率を助長するような場合すらあった。労働者の陶冶と管理におけるかかる状況は、造船所による労働者の過剰雇用とともに、労働生産性伸び悩みの重要な理由となったと考えられる。もちろん、設備能力と労働力とは厳然と分離できるものでなく、それらが結合することによって生産工程は形成される。よって、労働力の質と管理が不十分であるために設備能力の稼働率が低下した面、設備が十分稼働しないために労働モラルが低下した面など、相互の関係も無視できない。

これら第二の理由として指摘した諸問題点が発生した原因について考えてみれば、まず、戦後初期・造船業が産業創業期という当時の独自な事情も見落とすことはできない。それはたとえば、戦争直後であるがゆえの、あるいは西側と分断されたための金属資材不足、産業創業期であることに伴う機械や専門労働者の不足といった事情であった。しかし、諸問題点の発生がのちの時期まで持続するものであったことを考えるならば、より重要な原因は、「社会主義」計画経済のシステム的諸特徴の存在であった。その諸特徴を列挙するならば、生産計画作成の技術的不可能性、中央当局による企業現場の情報処理能力の限界(「情報の非対称性」)、「ソフトな予算制約」、財・労働力の「売り手市場的状態」、厳密な生産管理を実施する必要のない企業指導部などといった事項である。これらが作用することによって、現場における具体的な諸問題点——現場の実状を反映せず、たびたび変更される生産計画、原材料・部品供給の遅れと質の悪さ、有効に使用されない導入技術、期待された成果をあげない職業訓練、労働者の流出の多さ、労働者の過剰雇用、管理組織の機能不全、高すぎる賃金等級分類と低すぎる労働ノルマ、非効率を助長する社会主義的競争など——が生じることとなったのである。さらに、これら諸問題点の発生原因としては、諸問題間の相互作用も指摘できた。とくに、原材料・部品供給の遅れと質の悪さという点は、見てきたように他の諸問題に多かれ少なかれ悪影響を及ぼしていた。原材料・部品供給の問題は「社会主義」経済において通有に存在した現象であり、その発生原因が生産計画自体の非厳密性という点につながっていたことを考えると、この問題は、「社会主義」経済の非効率性を象徴的に表すものだったということができる。計画経済システムには、「たとえ労働者の多くが労働規律の必要性を意識したとしても、自然と規律が乱れてしまうような条件が存在」していたのである。

こうして、「社会主義」計画経済のシステム的諸特徴が作用することによって企業現場の諸問題点が発生し、その企業現場の諸問題点によって生産能力は十分に生かされず、生産性は低迷した。「社会主義」計画経済のシステム的諸特徴が作用することによって生産能力が十分に利用されていなかったからこそ、「生産性向上の低迷」は「社会主義」経済の重要な弱点であった。敷衍すれば、システム的諸特徴が存在する限り、どの産業でどんな設備・技術や労働力が投入されたとしても、それら生産能力が十分に利用されうることはなかったと考えられるのである。

以上のことを踏まえて、「社会主義」経済の崩壊あるいは存続の要因について、仮説的にではあるが考えてみたい。「社会主義」経済崩壊に対しては、いま見てきたような点、すなわち、「社会主義」計画経済のシステム的諸特徴が作用することによって生じた現場のさまざまな問題点が、企業の生産性を低迷させ、企業は国際的な競争力をもちえていなかったという事実こそが、根本的な要因となっていたと考えられる。この事実は、「社会主義」各国企業が、コメコン市場によって世界市場から隔離され、コメコンが一つの完結した経済圏を形成していた時期——一九五〇—七〇年代初期。たとえばこの時期のDDRは、全貿易額の約八割がコメコン諸国相手であった[2]——には、さほど表面化することはなかった。第七章で具体的に見たごとく競争力の低かった「社会主義」企業は、より効率的な資本主義企業と競合することなく、生産を続行しえていたのである。ところが、一九七〇年代後半以降になるとコメコン諸国は西側との貿易関係を強化していかざるをえなくなった。その理由は、デタントによる政治的関係の友好化もあったが、二度のオイルショックによるソ連の石油価格高騰とソ連石油自体の産出減による石油輸入の増大、高技術化・情報化に伴う西側技術導入の必要性、耐久消費財に対する民衆の需要の高まりによる西側消費財輸入の増加といった経済的な事情も大きかった。これにより、「閉じられた温室育ちの経済が、外界の空気に触れた」のである[3]。崩壊直前の一九八八年には、DDRの対西側貿易は、全貿易の五三・五%を占めるまでとなる[4]。計画経済下での投資・資材・労働力の集中によって重厚長大産業では一定の生産成長を果たしてきたものの、すでに五〇年代からそれら産業——造船はその代表的なもの——においてすら生産性の低さという弱点を有した「社会主義」企業は、高技術化・情報化という波も押し寄せた八〇年代における世界市場との結びつきに、耐えられる能力はもたなかった。こうして、増大する輸入に対して輸出すべき製品を効率的に生産する能力を欠いた「社会主義」諸国の対外債務が累積していったのが、七〇年代後半以降の状況であり、とくに八〇年代には「社会主義」諸国の経済状況は顕著に悪化していったのである。

序章で触れた一部論者が指摘するような、ソ連の石油枯渇、高技術化・情報化、民衆の耐久消費財への需要増大といった七〇年代以降の状況は、コメコン諸国の世界市場との結合をやむなくしたという点で、確かに「社会主義」経済崩壊の一つの要因となったと考えられる。しかし、より根本的な崩壊要因であったのは、世界市場においても存続していく能力をもたなかった生産性の低い企業と、それを温存させるような「社会主義」計画経済システム自体の方であったと思われるのである。

続いて、今度は労働者の自律性という本書のもう一つの視点から、すなわち労働者の「自由」や「人のつながり」が日常生活においてどのような意味をもっていたのかという第二の課題として検討してきた内容から、DDRの存続要因について考えておきたい。企業レベルにおいて公に労働者の意向を表明し交渉する組織も権利もないという点は、一九五三年の蜂起において労働者の主要な要求となったものの、その状態は蜂起後も基本的には存続していった。しかし、そうした状態で、DDRにおいて五三年以降八九年まで表立った暴動もなく体制が存続したのはなぜなのか。その一つの要因となったと考えられるのが、労働者の「自由」である。それは、本書での内容から具体的にいうならば、たとえば労働者が「勝手に作業速度を決定」していたり、仮病も含む労働者の欠勤の多さ・遅刻・労働時間中の買い物や無断退社などが許される職場の状態、労働者の質に見合わない賃金等級分類、さほど無理をしなくても達成できる労働ノルマなど、管理が貫徹されていれば生じないはずの状況であった――こうした管理の弛緩によって、賃金問題に関する労働者の意向表明組織の欠如は、ある程度埋め合わせされていたといえる――。これらの点は、ひいては、「労働力の売り手市場的状態」のなかで基本的に失業を心配しなくてよいという体制の特徴ともつながってくる。こうした状況が存在する企業現場・社会は、ある意味では「労働者の天国」といえ、積極的にではないにしろ、ある程度労働者の体制への統合を可能としたと考えられる。DDRの労働者には、一九二〇年代以降のドイツにおいて次第に消滅していったといわれる労働を誇りとするような伝統的な労働者文化が継承されていたとされる。[5] それは、計画経済下での効率性が貫徹されない職場――おそらく一九二〇年代以前の合理化がまだ進んでいない時代のものに近いような状態の職場――であったからこそということもいえるのではないだろうか。

さらにDDRの体制維持に大きく寄与したと考えられるのが、作業班の存在である。作業班の結成は、労働者同士の仲間意識を高め、相互の技能伝達を生むなど、集団としての能率をある程度向上させることに寄与した。また班は、六月一七日蜂起後、企業内の末端レベルにおいて、作業班長を中心として非公式ながら労働者の利害代表としての一定の役割を果たすようになった。労働者の意向を表明し交渉する権利も組織もないという労使関係的な限界は、労働ノルマを中心とする限られた部分についてではあったが、一定の解消がなされていたのである。これは、原材料・部品供給など労働者の努力のみでは改善できない生産の隘路が前提条件として存在するなかで、その時々の状況に応じた交渉によって、「適切」な水準に労働ノルマを設定する仕組みが、労働者の不満の緩和のために有効な手段となりえたからでもあった。作業班のもつ意義はこうした点だけではなかった。班の仲間同士、職場で協力して働いたり、仕事中にしゃべったり、サボったりした。さらに班は、余暇生活まで活動を拡大していった。班が主催する余暇の行事には、班員だけでなく家族も参加することによって、班員間で家族ぐるみの付き合いが広がった。職場そして余暇におけるこれら作業班の機能を通じて、仲間意識が育ち、労働者同士・家族同士のコミュニケーションの場が形成された。困ったときにはお互いが助け合うような濃密な人間関係が生まれ、その内部では、熱心に政治的議論までもなされるという「親密圏」が成立していた。こうした「人のつながり」は、労働者の間に一種の「いごこちの良さ」を生み、そのことは、ひいては体制の維持に寄与していたのである。(6)

国民の消費水準に関していえば、DDRには「必要なときに必要なものが存在しない、あるいは『今ここで』購入したいと思うものが必ずしも商品として存在するとは限らないという、特殊な、選択的とも言えるような物不足」は確かにあった。だが、西側と比べれば低水準とはいえ、食べていけないというほどの悪いものではなく、年々消費水準の一応の向上は達成されていた。(7) このことは、本書の内容の以下の点と関わるものであろう。すなわち、計画経済においては、基本的に生産計画を達成するということが義務となっており、達成できなかった場合は企業指導部の責任が問われることとなった。そのため、期末の突貫作業などで生産計画のみ(それ自体は高い水準の課題ではないにしても)は何とか達成することが目指されていた。また、作業班の交渉により設定された労働ノルマの水準は、高くはないが低すぎもしない労働者の能率を一貫して確保させることにつながっていた。これらのことは、一応の水準の生産が年々実現されていたということを意味する。計画経済は「社会の再生産が不可能になるほど不効率な経済体制でもなかった[8]」のである。

もちろん、体制の維持は、これら「自由」や作業班の存在、一応の消費水準の確保のみで十分なものとなっていたわけではない。それを補完するものとして抑圧組織(シュタージ)が存在したことも忘れてはならない点であろう(シュタージの役割に関しては、補論を参照されたい)。また、既存の体制内・職場で積極的に労働し、社会的上昇を目指していく一部の層——たとえば「模範労働者」であり、本書での検討からは、それは国民全体のほぼ一割程度であったと推測される——が創出され、体制を支えていた点も無視できないと思われる[9]。

いうまでもなく、ここで述べてきた崩壊および存続の要因についての考察は、本書での、特定時期の企業現場というごく限られた部分に関する実証から導き出された「結論」にすぎない。今後、企業現場の実態に関する検討をより深化させることによって(たとえば企業間関係における「コネ」の役割などは検討課題として残されている)、また対象時期を一九六〇年代から一九八九年へと広げることによって(西側経済との結びつき強化のような外的要因だけでなく、時期を下るにつれて企業現場自体がより非効率なものとなるような状況がなかったのかが検討されるべきであろう)、さらには企業だけでなくより上位の管理機関へ、工業だけでなく他の経済分野へと視野を拡張することによって、DDR経済について考察するための材料を蓄積することで、その「結論」の内容をさらに検証していかねばならないであろう。

本書の最後に、「社会主義」が残したものとは何だったのかという点に関して、若干の私見を述べておきたい。本書が明らかにしてきたように、「社会主義」計画経済が非効率であった理由は、単にソ連から石油が来なくなったからとか、システム的特徴が存在したからというだけでは厳密に理解できるものではなかった。システム的特徴が作用することによって企業現場の諸問題点が発生し、そこから生産能力の不十分な利用という状態が生じてしまった過程こそが理由なのであった。また労働者の「自由」や「人のつながり」の存在から分かるのは、「アトム化した個々人が抑圧され体制が存続していた」といった「社会主義」に関する「全体主義」的な理解が正確なものではないということである。このように、物事を限定的な情報や先入観のみから判断してしまうことの危うさを、改めて我々に気づかせてくれるという点が、まずは「社会主義」が残したものの一つといえるのではないだろうか。本当は分かっていないのに、分かったつもりになることの危険性である。

もう一つの残したものは、将来の経済像・社会像について考えるうえでの一つの視点を提供してくれるという点ではないかと思われる。第八章の末尾で指摘したように、体制転換後の旧DDR国民からは、「昔はよかった。いまは決してより良くなっているわけではない」といった思いが述べられることがある。これは一体何故なのであろうか。そうした人々の意識のなかに、DDR時代に存在した「いごこちの良さ」の思い出があることは確かであろう[10]。DDR計画経済社会では、市場経済社会に比べれば、企業現場の管理が弛緩し効率は悪く、消費生活も発展しなかったが、だからこそ労働者には「自由」があり、濃密な人間関係、相互助け合いの世界が成立していたのであった[11]。それらが、彼らにとっての「いごこちの良さ」の源となっていたのである。だが、旧DDR国民のそうした意識は、市場経済への適応に苦しむ人々による過去の美化であって、単なるノスタルジー——ドイツでは、東Ostをもじってオスタルジーと称されることがある――にすぎないと捉えるべき部分もまたあるだろう。本書で検討してきたように、計画経済社会は、一義的に重視したはずの効率性の点をはじめとして、はなはだ問題の多い社会であった。ＤＤＲの「人のつながり」とは、規律も競争も乏しい、停滞した(人々の一定の諦めも前提とした)社会におけるそれにすぎなかったのである。効率性と労働の自律性、効率性と「人のつながり」といったものの間のバランスに関する最適な解答に、我々は到達することができるのであろうか。

(1) 徳永重良編著、前掲書、一〇二―一〇三頁。
(2) Buchheim, Ch., Wirtschaftliche Folgen der Integration, S.360.
(3) 盛田常夫『ハンガリー改革史』一一五頁。
(4) 山田徹、前掲書、一六八頁。ＤＤＲから西ドイツへの輸出品は、主として衣服、繊維などの軽工業製品であったが、西側からの輸入品は工作機械、化学製品などの重化学工業製品であった。
(5) 斎藤哲「ＤＤＲの崩壊と一つのドイツの形成」二四六頁。
(6) ＤＤＲにおける作業班の実態が、他の「社会主義」国の実態を考察するうえでどこまで適用可能なのかについてここでは検証できないが、近年、ソ連についても「親密圏」が存在したことが実証的に明らかにされつつある。松井康浩「スターリン体制下の個人と親密圏」、同「スターリン体制下の公共性とジェンダー」を参照。
(7) 斎藤哲、前掲書、二八〇―二八一頁、二九七頁。
(8) 中村靖、前掲書、二五六頁。
(9) 一鉱夫であった「ヘンネッケ運動」のアドルフ・ヘンネッケが、のち(一九五四―七五年)にＳＥＤの中央委員会委員となったのは、その典型であろう。Broszat, M./Weber, H.(Hrsg.), a.a.O., S.927.
(10) クレスマンは、統一後の旧ＤＤＲ国民による作業班に対する高評価に多少のノスタルジーが入り交じっていることは認めつつも、一九五〇―六〇年代における同時代文書のなかにも、作業班について肯定的な評価が際立っていることを強調する。

Kleßmann, Ch., a.a.O., S.448.

(11) 今日まで存続する「社会主義」国キューバは、アメリカによる経済制裁の影響もあって、物資は不足しており、経済的な問題は横たわっているものの、だからこそ「分け与えることが美徳とされていて、持つ者が持たざる者を支えるのは常識」とされ、「物質的な贅沢以上の豊かな人情があふれている」社会であるという。吉田沙由里『小さな国の大きな奇跡　キューバ人が心豊かに暮らす理由』WAVE出版、二〇〇八年。

補論　企業における秘密警察（シュタージ）

——その本当の影響力

はじめに

一九五〇年、DDRに国家保安省(Ministerium für Staatssicherheitsdienst)が設立された。いわゆる秘密警察であり、その名前(下線を引いた部分のドイツ語発音)から「シュタージ」と呼ばれた。「社会主義」社会の実態を明らかにするにあたっては、この秘密警察が国民に対してどれほどの影響力をもつ存在だったのかについても検討を加えておく必要があるだろう。「社会主義体制は秘密警察に支配されていた」という一般的イメージがあるが、それは事実なのだろうか。近年のドイツにおいては、そうしたシュタージが社会に与えた影響を客観的に分析する研究が始められている。

筆者は、秘密警察の影響力に関して、過去の拙稿において以下のように指摘したことがある。「作業班の実態を見る限り、抑圧組織の存在のみクローズアップして体制の実態を十分に語ることはできないこと、近しかった誰々が密告者だったと分かったのがDDR崩壊後だったことは、その事実が明らかでなかったDDR時代には人々の生活に対する秘密警察のプレッシャーは今日想像されるほど大きくはなかったと考えられること」[1]。こうした立場のもとで二〇〇七年の歴史学研究会大会現代史部会において筆者が報告した内容に対する報告批判のなかで、相馬保夫氏は、「監視・密告の体制が職場での人間関係そのものを著しく歪め」ていたのであって、報告にはそうした視点が欠けていることを批判した[2]。また京大西洋史辞典編纂会議編『西洋史辞典』の「シュタージ」の項目において、竹中亨氏は、「多数の秘密情報員を使って、市民生活のあらゆる面に監視の網の目を張りめぐらした」と解説している[3]。これに対して近藤潤三氏は、日本においてシュタージの評価が誇張される傾向にある点に警鐘を鳴らしつつも、逆に最近のドイツ社会ではシュタージの行為が相対化される雰囲気もあるなかで、改めて「シュタージの犯罪」を冷静に問い直そうとする。(4) いずれにせよ、シュタージに関するこれらの評価は、その影響力に関する詳しい実証的分析を経たうえで、再検討される必要があるといえよう。

そこで、本補論では、ドイツにおける最近の研究に依拠しながら、(5) 秘密警察が、社会や企業において実際にどれほどの影響力をもつ存在だったのかという点について考察してみたい。ただし、現在進められている研究は一九七〇―八〇年代を主要な対象としており、本書対象の一九五〇年代については若干の言及に留めざるをえないため、補論として加えておくということを断っておきたい。

一　シュタージとは？

シュタージは、ベルリンに本部が置かれ、その下に一五の県管理局、さらにその下に地区ごとの管轄部局を設置していた。ベルリンの壁が崩れた一九八九年には、九万人ほどの専属職員が働いていた。任務は、外国でのスパイ活動、外国からのスパイの監視、「反国家活動」の防止・破壊、「反国家的な」国民の監視などであり、対象とした人物については会話や電話の盗聴、郵便物のチェックまで実行した。

ドイツ統一後、シュタージが監視していた多数の人物の記録とその徹底ぶりが明らかとなり、旧東独国民に衝撃を与えた。体制に対し批判的な視点から執筆を続けた作家エーリヒ・レースト(Erich Loest)は、シュタージが自らを監視した記録を入手し、それを原文のまま出版した。その内容は、桑原草子『シュタージの犯罪』に詳しいが、彼の交友関係を洗うため、自宅には電話・室内盗聴器が設置され、レースト自身がとうに忘れてしまったような日常生活の様子が記録されていた。(6) アナ・ファンダー『監視国家』に登場するミリアムという女性は、一六歳の時、デモ隊を逮捕していく政府に反対するビラを掲示しただけで、シュタージに逮捕されてしまう。彼女は、一〇日間、夜一〇時から朝四時まで尋問され続けた。寝不足のなか昼間は寝ることを許されず、最後にはありもしない背後組織について話をさせられ、結局一年半の懲役刑に服すことになる。[7] この種の事例については日本でも報道され、国家を守るために人権を踏みにじることのおぞましさ、DDRといえば「秘密警察に支配された社会」という印象を我々に植え付けることとなった。

二　事実の正確な理解に基づく評価の必要性

だが注意せねばならないのは、そうした衝撃的ないくつかの事例の印象から、シュタージが国民生活に与えた影響について過度に強調してしまう傾向があることである。

たとえばシュタージには、専属職員以外にIM(Inoffizieller Mitarbeiter：非公式協力者)と呼ばれる人員が雇われていた。他の仕事をもつ一般市民で、「反国家活動」への妨害工作や市民の監視などに協力し、シュタージの活動を陰で支える存在だった。そのIMの数について、邦語文献は次のように指摘する。関根伸一郎『ドイツの秘密情報機関』は、国民の三〇〇万―五〇〇万人がIMだったとする。[8] ファンダー『監視国家』は、専属職員、IM、さらに「パートタイムの情報提供者」を含めれば国民六・五人に一人(八〇年代後半の人口一六六〇万からすれば二五〇万人)が「密告者」だったとする。[9] これは一家族に一人は「密告者」がいたというに近い数字であり、そこからは、極めて緻密な監視網が敷かれていたとの印象を受ける。

だが、これらの数字は確かな根拠に基づくものではない。関根著作は引用先が明示されていないが、ファンダー著作が典拠としているのは J. O. Koehler, *Stasi. The Untold Story of the East German Secret Police* である。同書は、指摘する事柄の多くが文献資料によって追跡確認できず、また先入観からの叙述も多いため、シュタージ研究において信頼の置かれている文献ではない。ファンダーが引用した部分を読むと、元シュタージ大佐と称する人物が、二〇〇万人ほどの「パートタイムの情報提供者」がいたようだと一九九〇年に発言したことをもとにした数字にすぎない[10]。まず、そもそもＩＭこそが「パートタイムの情報提供者」であるが、ＩＭ以外に人員がいたかのような記述が疑問である。また、九〇年頃は、ＩＭに関する無責任な噂が流されていた時期であり(ＩＭは数十万―二〇〇万人ほどいたと噂された)、その後研究が進むにつれて、ＩＭの数は、一九五〇年代に二―三万人、一九六八年に一〇万人、一九八八年に一七万人であったことが確認されている[11]。八八年の数字は、専属職員と合わせて国民六三人に一人という計算になる。ただしＩＭの中には、筆跡や毒物の鑑定に動員された者や、シュタージのために住居や仮の電話番号を提供するという形でのみ協力した者があり(両者を合わせると八八年のＩＭ全体の二二％)、全員が「密告者」だったわけではない。最近の研究では、地域によって密度に差があったものの、住民八〇―一六〇人あたりに一人(人口の一％前後)のＩＭだったとされており[12]、国民六・五人に一人が「密告者」という計算は、事実とかけ離れているといえる。中国新聞など六紙で『監視国家』を書評した法学者の水島朝穂氏は、「ＩＭも含めれば、国民の七人に一人が監視情報を提供していた」として同書の指摘を疑うことなく伝えているが[13]、秘密警察のような話題は、センセーショナルに伝えられてしまいがちであり、事実を正確に把握したうえで評価することが大切である。衝撃的ないくつかの事例や根拠の乏しい数字のみを念頭に全体を評価してしまうことは、厳に慎まねばならない。

三　企業におけるシュタージ

では、シュタージは、実際のところ普通の国民の生活に対してどれほどの影響力をもつ存在だったのだろうか。

シュタージが一般国民にとってどの程度の影響力をもつ存在だったのかに関しては、近年のドイツにおいてようやく冷静な研究が開始された段階である。Gieseke, Jens (Hrsg.), *Staatssicherheit und Gesellschaft*(『シュタージと社会』)がまさにその端緒といえる。本補論では、同書のなかで企業におけるシュタージの影響力を検討した論考などを用いながら[14]、シュタージは、企業管理や労働者にとって一体どのような存在であり、どういった影響力をもっていたのかについて検討しておきたい。

工業企業はシュタージから一貫して重視された対象の一つであった。ただし、企業におけるシュタージの体制や活動内容は、一九五〇年代から七〇・八〇年代にかけて徐々に整えられ、性格に変化も見られるため、一様に理解することはできない。一九五〇年代、とりわけ一九五三年労働者蜂起の直後は、シュタージによる一般労働者の逮捕など、一定程度圧力が強められた時期であった。これは、前述したＩＭの数からも分かるとおり、まだ監視網が整っていないことの裏返しともいえた。整っていないからこそ、「見せしめ」が必要だったのである。[15]その後、一九五七年に化学企業のブーナとロイナに特別支部が設置されたのをはじめ、その他大企業にも支部が設置されるなど人員が強化されていったが、七〇―八〇年代になると、逆に逮捕者などシュタージによる直接の圧力は激減した。この理由については後に見ることとしよう。

企業におけるシュタージの任務は、職場の雰囲気の監視、抗議・政治活動の防止、生産過程での事故の調査などであった。重要企業にはシュタージの支部が設けられていた。ただし支部には専属職員はごく少数で、ＩＭが活動の主力となった。たとえば一九八三年、化学産業のブーナ工場には二〇四人のＩＭがおり、同じくロイナ工場には二四七人いた。同じ年、化学コンビナート・ビターフェルトには一五八人、工作機械コンビナート「フリッツ・ヘッケルト(Fritz Heckert)」には三九〇人のＩＭが存在した。ただ、ＩＭが全従業員に占める比率を見ると、それぞれ〇・七％、一・〇％、〇・九％、一・四％にすぎず、重視された工業企業といえども、ＩＭの密度は全体平均と同程度であった[16]。

さらに、これらIMの多くは企業の管理者層に存在した。一九八三年のシュタージ郡支局の企業担当部局では、従業員に関する調査資料のうち四分の三までが、企業の管理部門や研究部門で働く者についての記録だった。エアフルトのマイクロエレクトロニック・コンビナートでは、七五人のIMのうち、生産過程で働く労働者はわずか二人だったとされる。こうした状態であった理由は、企業や開発上の秘密の保持のため、また管理者層ではIMを集めやすかったためである。管理者層には、党や国家への忠誠を誓うことで出世を目指す者が多く、ライバルを蹴落とすためにIMとなって相手の不利な情報を収集するといった動機が働いた[17]。これに対して一般労働者たちは、本書で見てきたような生産現場の状況下では、出世を目指すよりものんびり仲間と過ごす方を好み、特別の事情がない限りIMとして雇われなかった。先に単純な人口比のIMの数字を出したが、このように階層別あるいは職業別で（八〇年代にDDR軍内部では全体の五％が、保安警察内部では一〇―二〇％までがIMだったとされる[18]）、IMの密度には差があったことに注意が必要である。一般労働者（国民の多数）への監視は、緻密なものではなかったのである[19]。

とはいえ、一般労働者がシュタージの監視対象となるケースがあった。一つは、西ドイツへ出国申請をしたり、仕事上西側の人間と接触する機会がある者に対してであった。出張を管轄する部では職員の半分がIMだったという企業もある。次に、生産過程で事故が起こった場合、「国家の敵の影響」によるものかどうかが調査された。だが事故は、消耗度の著しい旧い機械設備を使い続けたことにほとんどの原因があったので、労働者の中に「敵」が発見されるケースは基本的になく、事故関連の監視数は年々減少した。三つめが、労働者が集団での抗議行動や公衆の前での政治的アピールをした場合である。これについても、とくに一九七〇―八〇年代になると、シュタージが過敏に反応することを人々は認識しており、そうした行動をとることを避けるようになっていた[20]。政治的意見については、「親密圏」においてのみ述べるという生活の知恵が人々の身に付いていたのである。「八〇年代後半、逮捕者の大部分は西側への逃亡や旅行の関係であった。五〇年代と違って、企業でのその他の出来事についての監視が刑法上の制裁に向かうことは例外的であった[21]」。

ドイツ統一後、旧東独労働者による回顧では、「企業にどれくらいのシュタージがいたか、我々は知らなかった。もし誰かが我々の中に混じってのぞき見をしていたのだとしても、まったく気がつかなかった」と述べられるなど[22]、一般労働者にとってのシュタージは、今日我々が想像するほど身近に恐怖や危険を感じる存在ではなかったようである。とくに七〇―八〇年代になると、人々は、してはいけないことと、ここまではしてもよいということを識別しており、労働者の間には全般に「落ち着き」が生じていたということも最近の研究で指摘されている[23]。とはいえ、以下のような事例もあった。一九七三年のことだが、「ゼンフテンベルク(Senftenberg)褐炭コンビナートのゼドリッツ(Sedlitz)採掘現場で働く作業班長であったヨアヒム・フレンツェル(Joachim Frenzel)は、しばしば作業班内で、企業や政治的雰囲気について批判し、それに関しては、シュタージの繰り返しの威嚇行為も阻止することができていなかった。その結果、シュタージは彼を逮捕したが、逮捕されるとは、彼自身も班の仲間も予期していなかった[24]」。こうした事由による逮捕は、七〇―八〇年代にはごくまれであったといわれるものの、シュタージは突然何をするか分からないという漠然とした恐れは、やはり常に人々にあった。そうした恐れから、反体制的な行動をとることは避け、日々平穏に暮らすことを人々が望んだという意味で、また万一公な抗議行動があっても、シュタージが介入して大規模な運動への発展を防いだという意味で、シュタージの存在は体制を安定させる要因となっていたということができる[25]。だがそれは、一般国民の日常生活をすみずみまで監視することで体制を安定させるというような存在ではなかった。

ＤＤＲ社会について、「壁がん社会」という特徴づけのなされることがある。つまり、国民は圧力の及ばない私的領域という「くぼみ」に閉じこもり、その狭い範囲では自分なりの生活を送っていたという見解である。[26] ただこれまで見てきたことからは、西側への旅行や政治的行動といった「禁断の木の実」があり、それを食べない限りは、人々は私生活だけでなく職場においてもそれなりの社会生活ができていたという像も浮かんでくる。もちろん、シュタージによる抑圧を招く「禁断の木の実」などが存在し、その存在に対する国民の諦め(背景にベルリンの壁の存在)という前提を有したDDRは、決して健全な社会ではなかったことを忘れてはならない。しかし、国民の生活におけるシュタージの影響力を過大評価することもまた避けねばならない。シュタージは、確かにDDR社会の一部を形成していたが、一般の国民の生活を支配するほどの影響力はもたなかったのである。

四　国民の三つの層について

最後に、仮説的な試論となるが、「禁断の木の実」のある社会という概念を使うと、DDR国民を大きく次のような三層に区分することができるのではないだろうか。

一つは、「禁断の木の実」とはとりあえず関係のない、DDR体制であることから権益を受けていた層である。本書でのこれまでの分析からは、国民の一割程度がこのグループに属していたとみなすことができる。ここには党の幹部をはじめ、官僚や模範労働者に至るまで、DDR体制であることで出世や経済的な利益を受けていた層を含むことができよう。だがこの層は、政争など一つ間違えば「禁断の木の実」を食べさせられる役どころに回される可能性の高いグループであった。

次に、国民の大部分がここに区分されるが、「禁断の木の実」を食べないように気をつけながら、日々平穏に暮らしていた層である。この層は、DDR体制には不満は多々あるものの、反面「人のつながり」に基づく「いごごちの良さ」もあり、とりあえず特別な行動を起こすことなく毎日を送っていた一般国民のグループである。彼らにとって、DDR体制は、今日我々が想像するほど悪い体制ではなかったと回顧されることが多い。

最後が、「禁断の木の実」を食べてしまった層である。ここには、西側への旅行を希望した国民、集団での抗議行動や公衆の前での政治的アピールをした国民や、政府に批判的な言動をした作家や学者などのエリート層が含まれる。シュタージによる抑圧の対象となった彼らには、DDRは「全体主義的独裁体制」であったという印象が刻印されているといえる。

DDRに関する記憶が語られる場合、「案外良かった」という記憶を語る者と、「全体主義体制であった」という記憶を語る者の両極端に分かれることがある。これについては、前者が「禁断の木の実」を食べなかったグループの記憶、後者が「禁断の木の実」を食べたグループの記憶と考えれば、説明がつきやすいように考えられる[27]。

(1) 石井聡「東ドイツにおける日常生活世界―作業班の経済的・社会的意味」『大原社会問題研究所雑誌』五五二号(二〇〇四年)、六四頁(註五二)。

(2) 『歴史学研究』八三五号、四七―四九頁。

(3) 京大西洋史辞典編纂会編『新編　西洋史辞典』東京創元社、一九九三年、九二一頁。

(4) 近藤潤三「東ドイツ(DDR)の『政治犯』について―一九五〇年代初期の二つの事例」『社会科学論集(愛知教育大学)』第四五号(二〇〇七年)、同「一九五〇年代のシュタージ拉致・殺人事件―リンゼとビアレクの場合」同上誌、第四七号(二〇〇九年)。このほかDDRからの国民の出国への対応策としての一九八八年の政府「中央決定」が妥協に至る経緯について、シュタージ資料を用いて分析したものとして、青木國彦「東独一九八八年四月『中央決定』の意味と文脈」『比較経済研究』第四五巻一号(二〇〇八年)。

（5）Gieseke, Jens, *Der Mielke-Konzern. Die Geschichte der Stasi 1945-1990*, München 2006; Gieseke, Jens (Hrsg.), *Staatssicherheit und Gesellschaft*, Göttingen 2007における諸論文など。

（6）桑原草子『シュタージの犯罪』中央公論社、一九九三年、第二章。

（7）アナ・ファンダー（伊達淳訳）『監視国家』白水社、二〇〇五年、第二・三章。（Funder, Anna, *Stasiland. Stories from beheind the Berlin Wall*, London, 2003.）

（8）関根伸一郎『ドイツの秘密情報機関』講談社現代新書、一九九五年、一八九頁。

（9）ファンダー、前掲書、七八頁。（*Stasiland*, p.57.）

（10）Koehler, John, O., *Stasi. The Untold Story of the East German Secret Police*, Westview Press, Boulder, 1999, pp.8-9. 同書に対しては、Fulbrook, Maryによる書評において、指摘される事実の信憑性などについて、かなり厳しい批判が加えられている。*The English historical review*, Vol.115 (2000), pp.1038-1039.

（11）Gieseke, J., a.a.O., S.114.

（12）Ebenda, S.116.

（13）水島朝穂「《書評》制度が国民を操作する恐怖」『中国新聞』二〇〇五年一二月四日読書欄ほか、福井新聞等各紙。

（14）とくに、Hürtgen, Renate, »Stasi in der Produktion« - Umfang, Ausmaß und Wirkung geheimpolizeilicher Kontrolle im DDR-Betrieb, in: Gieseke, J. (Hrsg.), a.a.O.; Wagner-Kyora, Georg, Spione der Arbeit - Zur Methodik der Alltagsgeschichte mit IM-Berichten aus Industriebetrieben, in: Ebenda.

（15）近藤潤三「東ドイツ（ＤＤＲ）の『政治犯』について」一八七頁。また五〇―六〇年代のＩＭの記録は、七〇―八〇年代のものよりも、冗長さの残る洗練されない内容だったという。これは五〇―六〇年代は、なお伝統的な「敵」の像や、西からのスパイといった通俗的な像、「搾取」といった「原始社会主義的」な意見表明が大きな役割を果たしていたからだとされるが、シュタージの作業においても次第に「熟練」が加えられていったのである。Wagner-Kyora, G., a.a.O., S.221.

（16）Ebenda, S.218; Gieseke, J., a.a.O., S.145.

（17）Hürtgen, R., a.a.O., S.299, 301.

（18）Gieseke, J., a.a.O., S.141f.

（19）さらに、ＩＭの伝える情報は、すべてが「利用可能な」ものだったわけではなかった。その九割ほどが役に立たないものであったという一九五七年の報告もある。Wagner-Kyora, G., a.a.O., S.220.

(20) Hürtgen, R., a.a.O., S.307-312.

(21) 「それゆえシュタージは、情報が反復進行する見当もつかないほどの資料を日常的に集め、それは直接圧力的に利用されることがなかった」のである。Wagner-Kyora, G., a.a.O., S.218.

(22) Hürtgen, R., a.a.O., S.315.

(23) Ebenda, S.311.

(24) Ebenda, S.312.

(25) これらの点を、一九五〇年代についてどこまで適用可能であるかについては、別途五〇年代についての実証分析を踏まえることが必要であるが、ここでは以下のことを指摘しておきたい。五三年の蜂起後のシュタージによる大量逮捕の記憶がまだ新しい五〇年代には、シュタージに対する恐怖心は、のちの時期に比べれば大きかったと考えられること、しかし、逆に五〇年代には、シュタージの組織も人員ものちの時期ほど大きくなく、シュタージの実行できる抑圧には限りがあったことである。それらの点を合わせ考えると、シュタージが体制安定に果たした役割の程度については、五〇年代のとくに後半については、のちの時代とさほど違いのない程度のものだったのではないかと推測される。

(26) 「壁がん社会」論は、ガウスの以下の著作において展開されたものを源とする。Gaus, Günter, *Wo Deutschland liegt: eine Ortsbestimmung*, München 1983. わが国では、木村明夫「東ドイツの日常生活空間」『人文論究(関西学院大学)』五六巻一号(二〇〇六年)で「壁がん社会」論が説明されている。

(27) なお、シュタージの専属職員やＩＭとなった者をどこに区分するかという問題が残されているが、これについてはシュタージ職員やＩＭの実態がさらに明らかにされないと確定は難しい。ＩＭになった者については、いずれのグループにも含まれていた可能性があるといえようが、これについては現時点では、今後の研究を待つしかない。

あとがき

もっと努力すれば、本書は五年前にはまとまっていたかもしれないという思いは残る。だが、五年余計にかかったことによって、その間に本書の内容に対する周囲の反応に若干の違いが出てきたという実感もある。五年ほど前までは、「社会主義」東ドイツの研究に関心をもってくれるのは、せいぜいドイツ史の研究者のみといった感があった。ところが、再度「資本主義の限界」が言われ始めたここ数年、作業班について報告する場合など、思わぬ好意的な反応をいただくという経験をするようになった。確かに、体制が数十年間にわたって存続したという歴史的事実は、どうしてあの体制にも見るべき点はあったということの裏返しともいえるのであって、労働者間の濃密な人間関係・相互の助け合いなど今日の資本主義社会においては消えてしまいがちなものが存在し続けていたという側面もあったのである。こうして若干ではあっても興味をもってもらえるようになったことと、ドイツにおける研究が進んでシュタージについての一文を加えることができたことは、五年の歳月に一応の意味を与えてくれているような気がしている。

ただ、「資本主義の限界」から一足飛びに、社会主義の再興や「経済の計画的運営」の有効性を訴える議論も再度聞かれるようになってきたが、それに対しては、ちょっと待って欲しいと言いたくなる。その前に、旧「社会主義」国国民による数十年間の経験、ともかくも「経済の計画的運営」を実行していた経験が、なぜ失敗してしまったのかを徹底的に検証しておくことが、不可欠な作業だと思われるからである。ベルリンの壁崩壊から二十年が経過し、東西ドイツの政治的統一はなったが、現在でも、旧東独国民の平均所得は旧西独国民の八割に留まり、失業率は倍である。こうした経済的・社会的不統一の源は、やはり「社会主義」計画経済システムと資本主義市場経済システムの差に見るべきであろう。両システムの差あるいは長所や短所について、「分かったつもり」で決めつけることなく、実証的な分析を蓄積していくことこそ、今日必要とされる仕事ではないだろうか。

本書は、これまで著者が発表・執筆してきた以下の論文を基盤として成り立っている。

序章・終章　「建国初期『社会主義』国営企業の現実と限界——東ドイツ・造船業における労働生産性向上の低迷」名古屋大学経済学研究科博士学位論文（一九九九年）

第一章　「DDR工業化の経済基盤——対外関係、工業生産および労働力についての統計的分析」『経済科学』（名古屋大学経済学部）、第四四巻四号（一九九七年）

第二章　「一九五三年六月一七日労働者蜂起の経済的背景——東ドイツにおける労働生産性向上政策とその限界」『経済科学』第四三巻二号（一九九五年）

第三・四・五・七章　「建国初期東ドイツ造船業の成長とその限界」『土地制度史学』（土地制度史学会）、第一五八号（一九九八年）。「建国初期東ドイツ造船業における労働生産性向上の限界——労働者の陶冶および管理の面から」『経営史学』（経営史学会）、第三三巻三号（一九九八年）。「建国初期東ドイツ造船業の技術状況と国際競争力」『経営史学』第三六巻一号（二〇〇一年）

第六章　「計画経済システムにおける計画作成と達成度評価の現実——建国初期東ドイツ造船業を例にして」『地域と経済』（札幌大学地域経済研究所）、第五号（二〇〇八年）

第八章　「東ドイツにおける日常生活世界——作業班の経済的・社会的意味」『大原社会問題研究所雑誌』（法政大学大原社会問題研究所）、五五二号（二〇〇四年）。「東ドイツにおける工業労働者の『社会的結合』」『歴史学研究』（歴史学研究会）、八三三号（二〇〇七年）

補論　「秘密警察（シュタージ）――その本当の影響力」若尾祐司・井上茂子編『ドイツ文化史入門』昭和堂、二〇一〇年刊行予定

これらを基としながら、それぞれの箇所において、大なり小なり加筆・修正を加えたものが本書である。

ドイツ統一の年に大学院進学を決意して以来二十年近い歳月が流れたが、その間、多くの方々に言葉に言い尽くせぬほどのご指導、ご助力を賜ってきた。この機会を利用して、心からの感謝の気持ちを表しておきたい。

学部時代以来の恩師である藤瀬浩司先生には、論文の書き方から人生の歩み方まで、文字通り公私にわたり数え切れないほどの教えをいただいてきた。これまでの拙稿の大半に朱筆を入れていただき、スケールの大きな視野から論文の要点となるべき箇所について重要な示唆をいただいたおかげで、著者のような不勉強な人間がなんとかここまで論文を書き続けてくることができた。ご教示を受けた研究者としての心構えの一つは、西洋経済史が欧米経済ひいては世界経済の的確な理解を目指すものであるからには、まずは徹底的にファクト・ファインディングしなさいという点であるが、その面白さとともにファクト・ファインディングという海の深さ・遠さというものを教えていただいたように思う。未だ漂流が不十分であろう未熟な作品ではあっても、本書の刊行によって先生の学恩に対して少しでも御恩返しとなることを祈るが、先生からはすでに、「この次の仕事こそ、君の研究者としての真価が問われるものになる」との宿題をいただいている。

金井雄一先生には、藤瀬先生退官後の指導教授として、また博士論文の主査としてご面倒をおかけした。いつまでも就職の決まらない弟子を抱えられて、さぞやご迷惑なことであったと思う。まだまとまっていない院生の報告をクリヤーに理解し筋道つけて整理する名人といえる金井先生のゼミナールに出席しながら、論文の筋道に思い至ることができた機会もたびたびであった。竹内常善先生には、博士論文の指導を通じて、今日の著者の

問題意識の多くの部分を形成するきっかけをつくっていただいた。博士論文の序章の草稿を読まれた竹内先生から、「経済学における歴史分析の意義とは何かについて書き加えなさい」との言葉をいただき三日間寝込んだことは、修行時代のほろ苦くも懐かしい思い出である。

また著者は同門の先輩方にも恵まれた。麻沼賢彦氏からは、拙稿をお送りするたびに励ましのコメントをいただいたが、ドイツ労働史の先学である氏の言葉は著者にとって心強いものであった。堺憲一先生には大学院時代の集中講義において指導を受けて以来、研究上教育上のコツを教えていただいている。須藤功氏は、たびたび非常勤講師の口を紹介して下さるなど、著者の生活が苦しい時期に物心両面で暖かく見守って下さった。小島健氏には、氏の名古屋大学助手時代以来、研究テーマや方法について折に触れて相談に乗っていただいている。福澤直樹氏には、論文の内容からドイツ語の書き方、ドイツ生活のイロハに至るまで助言をいただき続けている。

加来祥男先生には、あるきっかけから著者の処女論文を丁寧にご指導いただく機会を得、論文を書くことの難しさ楽しさというものを教えていただいた。その後も研究会にお誘いいただくなど、現在でも教示をいただける機会を得られていることは著者の財産である。田中洋子氏には、筑波大学での労働史研究会に誘っていただいて以来、氏の問題関心と知識の広さから来る豊かなコメントを通じて、励まし続けていただいている。

ＤＤＲ史研究の先達である斎藤哲氏、北村喜義氏の生前に本書を仕上げることができなかったことは痛恨のことであった。とくに斎藤氏には戦後ドイツ史に関する研究会の立ち上げに参加するようお誘いいただき、いろいろと教示を仰ごうと考えていた矢先であっただけになおさらである。ＤＤＲ社会をどう捉えるかという点で著者は斎藤氏から最も影響を受けており、今後も自分なりに斎藤学派を継承していきたいと考えている。数少ないＤＤＲ史研究の先達である星乃治彦氏、白川欽哉氏は、ＤＤＲに関する直接の教えを請うことだけではなく、両氏のお仕事自体が著者の励みであり目標である。

ほかにも、ドイツ資本主義研究会（ADWG・NF）、中部ドイツ史研究会、戦後ドイツ史研究会、歴史学研究会大会現代史部会などにおいて著者は報告の機会を得、本書の内容に関する多くの有益なコメントを得ることができた。ここでは、渡辺尚、永岑三千輝、今久保幸生、幸田亮一、近藤潤三、井上茂子の各先生と、研究会が縁で福島大学での講演の機会を与えて下さった森良次氏のお名前のみを挙げさせていただきたい。

一九九四年から九五年にかけて、文部省学生国際交流制度派遣留学生としてドイツ留学の機会を得たさい、造船業についての研究を進めるようにとご指導いただいたのが、マンハイム大学のディートリッヒ・シュターリッツ(Dietrich Staritz)先生である。何ら教育する義務のない押しかけ日本人学生に対して、先生は正規の大学院生同様の厳しくかつ暖かい指導をして下さった。マンハイム大学にはシュターリッツ先生と並んでヘルマン・ヴェーバー先生がおられたが、「スターリニズム」という大枠を用いて分析するヴェーバー先生でなく、「下から」の視点でDDR社会を捉えようとされるシュターリッツ先生の指導を受けられたことは幸いであった。ドイツにおいては、ドイツ連邦文書館の職員の方々にも、資料収集において数々の便宜をはかっていただいた。また下宿先の大家さんであったフラウ・レンナー(Margarete Renner)と息子のペーター(Peter Renner)、フライブルク独日学院長オイットマン(Peter Oidtmann)博士のおかげで、ドイツでの日常生活を無事に営むことができた。

就職先が決まるまでの期間、ほぼ一貫して研究員として雇用いただいた名古屋大学経済学研究科附属国際経済動態研究センターの方々、とりわけ北原淳・平川均の両センター長および事務官の故豊岡文英氏にも御礼を申し上げねばならない。また同センター研究員時代の同僚でもあり、大学院時代以来の畏友である尾崎邦博氏は、著者が研究に行きづまるたびに「駆け込み寺」となってくれた存在である。その博識からの氏の助言によって、著者が次の一歩を踏み出すことができた機会は一度や二度ではない。

そんな著者を専任教員として採用し、いごこちの良い職場を提供して下さっている札幌大学経済学部のすべての関係者の方々、とりわけ著者の前任者であり札幌での保護者同様となっていただいている石坂昭雄先生、公私にわたって世話をしていただき、北海道大学出版会へもご紹介下さった桑原真人先生、大学の枠に留まらない人間関係を著者に切り拓いて下さっている岩崎徹先生、早く仕事をまとめるよう叱咤激励して下さった本間雅美先生に感謝申し上げたい。また本書の刊行に対しては、「平成二一年度札幌大学学術図書出版助成制度」から交付を受けている。重ねて感謝したい。

北海道大学出版会は、困難な出版事情のなかで本書の出版を引き受けていただいただけでなく、担当の成田和男氏からは、出版についてまったくの素人である著者に対して数々の助言を賜った。また本書の審査を務めて下さった匿名のレフェリーからも示唆に富んだコメントをいただいた。心から謝意を表したい。

最後に私事にわたるが、バブル経済華やかなりし頃、大学院へ進学したいという息子の無茶な希望を喜んで叶えてくれた両親、なかなか職にありつけない女婿を支え続けてくれた義理の父母には、さぞや心配をかけ続けたことと思う。常に著者を励まし笑顔を与え続けてくれている妻・華代と娘たちとともに、家族全員に対して感謝の気持ちを記しておきたい。

二〇〇九年一一月一二日

西岡の研究室から遠く夕張の雪山を眺めつつ

石井　聡

事項索引

あ 行

アイスランド　212
アグファ・ヴォルフェン　Agfa Wolfen　62
アンハルト　45
イギリス　109, 208, 209, 213, 216
いごこちの良さ　233, 238, 254, 256, 267
イデオロギー教育　75, 155, 163, 164, 221, 235, 239
イニシアティブ喚起策　172, 175, 250
ヴァイマール期　4, 234
ヴァイマール共和国　219
ヴァルネミュンデ造船所　Warnowwerft Warnemünde　108, 110, 113, 114, 118, 121, 122, 123, 125, 140, 141, 142, 144, 146, 148, 155, 156, 157, 158, 160, 161, 162, 163, 164, 165, 167, 168, 170, 171, 173, 179, 184, 188, 189, 192, 208, 211, 212, 221, 222, 225
ヴィスマール造船所　Mathias-Thesen-Werft Wismar　108, 113, 114, 118, 121, 122, 141, 143, 145, 149, 155, 156, 162, 163, 165, 167, 179, 189, 192, 212
ヴォルガスト造船所　Peene-Werft Wolgast　108, 113, 114, 125, 148, 165
ウラン鉱山ヴィスムート　Wismut　76
遠足　230, 231, 236, 238
オイルショック　252
オスタルジー　257
オーデルベルク造船所　Schiffswerft Oderberg　137

か 行

外国貿易　49
改善提案制度　Verbesserungsvorschlagwesen　173, 174
化学企業ブーナ　Buna-Werk　95, 264
科学技術局　Wissenschaftlich-Technisches Büro　116
化学工場シュヴァルツハイデ　Schwarzheide　223
化学工場プレムニッツ　Premnitz　224
化学コンビナート・ビターフェルト　264
貨客船 Sov. Sojus　142, 185, 187
革新者運動　Neuerermethode　173, 174
隠れた賠償　190
ガス・エネルギーコンビナート・シュヴァルツェ・プンペ　Schwarze Pumpe　227
貨物船 Vorwärts　150, 161, 207, 212
ガラス製造工場ショット　Schott　95
カール・マルクス・シュタット　233
歓喜力行団　Kraft durch Freude　236, 237
機械製造省　Ministerium für Maschinenbau　26, 138, 142, 146, 155, 186, 207
機械製造省・資材供給局　139
機械製造省・造船主管局　114, 189
企業管理　218, 228, 238, 239, 264
企業現場　5, 7, 8, 9, 10, 15, 24, 33, 73, 88, 97, 128, 136, 161, 194, 196, 200, 202, 203, 213, 223, 229, 249, 251, 253, 255, 256
企業現場の非効率　6, 18, 27
企業指導部　85, 95, 164, 178, 195, 201, 202, 224, 225, 228, 250, 255
企業団体協約　Betriebskollektivvertrag　85, 95, 249
企業民兵隊　Betriebskampfgruppe　98, 105
技術的に基礎づけられた労働ノルマ　TAN　79, 81, 84, 85, 89, 168, 225, 227, 249
客船 Pobeda　141, 143, 144, 150, 212
旧社会主義統一党文書館　SAPMO-BA　26, 67
キューバ　258
強力な倹約キャンペーン　Feldzug für strenge

Sparsamkeit　88
禁断の木の実　267, 268
禁断の木の実のある社会　267
組　Kolonne　222
グローバル化　4, 243
軍事支出　56, 88
経営協議会　Betriebsrat　73, 74, 75, 95, 99, 105, 129, 164, 249
計画経済　8, 145, 227, 228, 235, 236, 237, 239, 253, 255
計画経済システム　7, 9, 27, 228, 238, 251
計画経済のシステム的諸特徴　5, 6, 16, 23, 24, 29, 138, 140, 175, 200, 204, 213, 214, 250, 251, 256
計画経済の非効率　66, 73
計画作成の技術的不可能性　196, 200, 250
計画作成の不可能性　29, 140, 184, 194, 200
計画省　Ministerium für Planung　12
計画達成度　186, 188, 191, 195
計画伝達の遅れ　178
経済計画　6, 14, 85, 155, 188
経済システム　4, 97
仮病　144, 175, 253
ケルテリヒター　Kälterichter　143
減価償却費　211, 213
研究開発　116, 145
現行の生産からの製品納入　21, 55, 111, 190
原材料・部品供給の遅れ・質の悪さ　24, 29, 174, 176, 178, 201, 202, 203, 227, 250, 251
原材料・部品の質の悪さ　143, 207
原材料・部品の納入遅れ　148, 171, 212
原材料・部品の納入遅れ・質の悪さ　141, 144, 168, 193, 211, 249
原材料・部品配分計画　141
建造コスト　209, 212, 213, 215
高技術化・情報化　16, 252
工業コンビナート　6, 151, 227
工業部門生産労働者　18, 220
工作機械コンビナート・フリッツ・ヘッケルト　Fritz Heckert　264
鉱山マルチンフープ　Martinhoop　89, 90
工場設備の解体　10, 55
鉱夫組　Kameradschaft　235, 236, 243
合理化　236, 243, 253
効率性　ii, 5, 8, 175, 248, 253, 257
国際競争力　204, 209, 212, 213, 251
国内総生産　13, 19
国民所得　20, 57, 65, 88, 190
国民総生産　46, 65
国有化　12, 69
国家計画委員会　Staatliche Plankommission　12, 26, 91, 138, 157, 158, 173, 186, 209
国家保安省　Ministerium für Staatssicherheitsdienst　260
固定資産　115, 126
コメコン　11, 14, 22, 27, 54, 84, 96, 120, 126, 127, 209, 212, 215, 252
コンピュートピア　194

さ　行

財・労働力の売り手市場的状態　250
財の売り手市場　144
財の売り手市場的状態　22, 178, 201
作業区　222
作業班　18, 24, 29, 38, 81, 85, 87, 91, 105, 164, 165, 170, 175, 179, 180, 181, 202, 204, 218, 219, 220, 221, 222, 223, 224, 225, 226, 227, 228, 229, 230, 231, 232, 233, 234, 235, 236, 237, 238, 239, 244, 245, 250, 254, 255, 257, 260
作業班長　156, 163, 164, 222, 223, 224, 225, 231, 233, 266
作業班の午後　231
作業班の夕べ　230, 231
ザクセン　9, 45, 46, 57, 69, 100, 232
ザクセン・アンハルト　57, 62, 69
サブマージアーク溶接　UP-Schweiß　118, 173
時間給　74, 77, 78, 80, 215
資材供給内閣官房　139
市場経済　ii, 4, 5, 235, 238, 239, 243, 256
失業　218, 253
自動ガス切断　118, 119, 147, 202
自発的ノルマ引き上げキャンペーン　93
「社会主義」が残したもの　30, 256
「社会主義」計画経済　i, 4, 5, 15, 32, 186, 193, 195, 200, 256

「社会主義」計画経済システム　16, 17, 235, 248, 252
「社会主義」計画経済の非効率性　6, 251
社会主義的競争　sozialistische Wettbewerb　81, 163, 164, 170, 171, 173, 175, 201, 203, 215, 221, 235, 250, 251
社会主義的道徳の十箇条　229
社会主義的労働の作業班　Kolleltiv der sozialistische Arbeit　218, 222, 226, 229, 230, 231, 237, 242
社会的結合　37
自由ドイツ労働組合同盟　FDGB　74, 75, 76, 78, 82, 85, 86, 87, 95, 98, 99, 100, 221, 223, 226, 227, 229, 230
就労可能年齢人口　61, 83
シュタージ　255, 260, 261, 262, 263, 264, 265, 266, 267, 268, 270
シュテティーン・ヴルカーン造船所　Stettiner Vulcan　109, 121
シュトラルズント造船所　Volkswerft Stralsund　108, 113, 118, 119, 120, 121, 122, 125, 137, 138, 139, 142, 144, 146, 147, 148, 155, 156, 157, 158, 159, 162, 163, 167, 191, 211
シュベト石油化学コンビナート　Schwedt　230
消費生活　7, 218, 256
情報の非対称性　194, 196, 200, 201, 250
職員数の過剰　162
職業訓練　6, 29, 61, 122, 154, 155, 156, 157, 160, 175, 202, 203, 249, 250
職長　137, 155, 156, 163, 164, 165, 173, 222, 223, 224, 225, 227
諸問題間の相互作用　203, 251
新経済システム　227
親密圏　238, 244, 254, 257, 266
人民所有企業　Volkseigener Betrieb　72, 78, 96, 108, 221, 226
人民所有企業ザナ・シュトルーヴェ　Sana Struve　223, 224
スウェーデン　208, 209, 210, 213, 216
ストライキ　94, 104
生産会議　Produktionsberatung　173, 174
生産管理　164, 201, 228
生産技術　14, 15, 22, 23, 117, 146, 147, 204, 209, 213, 214
生産技術の使用実態　7, 23, 25, 147
生産計画　28, 86, 88, 124, 138, 139, 140, 143, 161, 164, 165, 170, 171, 184, 186, 189, 193, 196, 200, 201, 202, 221, 249, 255
生産計画の伝達の遅れ　160, 175, 176, 201
生産計画の頻繁な変更　140, 148, 175, 212, 227, 250
生産コスト　184, 186, 188, 191, 193
生産性　9, 10, 15, 22, 78, 138, 208, 209, 210, 211, 213, 214, 252
生産性向上　9, 163, 171, 172, 201
生産設備の解体・撤去　20, 50, 52, 53, 111, 190
生産能力　10, 28, 50, 53, 108, 112, 114, 115, 124, 127, 139, 144, 150, 155, 195, 201, 214, 249, 251, 256
製品技術　21, 109, 204, 213
世界市場　99, 204, 212, 252
世界市場価格　209, 210, 212
設計　116, 126, 145, 146, 202
設計局　Konstruktionsbüro Berlin-Kahlshorst　116, 146
設計図　116, 145, 146, 149, 152, 161, 184, 191, 202
設備能力　10, 28, 108, 136, 149, 249, 250
設備能力の不十分な利用　150
1953 年 6 月 17 日労働者蜂起　28, 38, 55, 72, 126, 163, 179, 225, 249, 253, 264
戦災　50, 112, 158
全体主義　2, 7, 30, 218, 256, 268
旋盤機械製造企業 10 月 7 日　89
ゼンフテンベルク褐炭コンビナート　Senftenberg　266
専門労働者　124, 160, 175, 204, 249
専門労働者不足　123, 137, 149, 154, 155, 156, 157, 203, 207, 250
粗悪品　60, 89, 150, 172, 173, 207
相互の助け合い　233, 235, 239, 244, 256
層状建造法　118
造船・修繕造船所シュトラルズント　Schiffbau- und Reparaturwerft Stralsund　108, 109, 158, 159, 161
造船開発・設計局ベルリン・ケーペニック

VEB Schiffbau Projekt- und Konstruktionsbüro Berlin-Köpenick 116
造船業　13, 14, 15, 21, 25, 28, 108, 126, 132, 226, 245, 248, 249
造船業従業員数　36, 112, 124
造船業の国際競争力　29, 200
ソフトな予算制約　160, 178, 201, 250
ソ連　11, 24, 54, 55, 59, 63, 83, 88, 93, 98, 111, 113, 117, 120, 124, 125, 138, 192, 197, 252
ソ連監督局　186, 187, 188
ソ連管理委員会　Sowjetische Kontrollkommission　125, 184
ソ連軍政部　SMAD　12, 26, 73, 74, 76, 100, 112, 113, 124, 131, 137, 158
ソ連検査委員会　Abnahmekommission 126, 207
ソ連建造監督局　Bauaufsicht　125, 126
ソ連所有株式会社　SAG　21, 55, 137, 190
ソ連の石油の枯渇　16

た　行

第一次五カ年計画　10, 13, 58, 85, 114, 126, 136, 138, 170, 175, 221, 248
耐久消費財　16, 252
怠業　144, 175
体制の存続要因　7, 8, 17, 27, 30, 220, 235, 253
体制の崩壊要因　5, 7, 16, 27, 30, 239, 248, 252
対ソ賠償　20, 55, 190
第二次五カ年計画　104, 114
単位労働コスト　210
炭素溶接　CO_2-Schweiß　118
団体協約　85, 86, 87, 91, 98
チェコスロヴァキア　11
チューリンゲン　45, 57, 62, 69, 100
賃金委員会　Lohnausschuß　78
賃金協約　77, 80
賃金コスト　210, 225, 228
賃金等級　80, 90, 97, 157, 164, 167, 169, 175, 176, 201, 202, 203, 223, 250, 251, 253
賃率制度　80
ツァイス　Zeiss　62, 94, 95
追放されたドイツ人　62, 83, 121
ツェマーグ・ツァイツ　Zemag Zeitz　227
出来高給　Stücklohn　76, 77, 78, 79, 80, 81, 85, 90, 95, 96, 101, 167, 168, 169, 180, 215, 224, 226, 249, 250
デタント　252
手待ち時間　Wartezeit　90, 144, 147, 152
デモ　93, 94, 95, 96
電気モーター工場ヴェルニンゲローデ Werningerode　223
デンマーク　14, 212
電力供給の不安定さ　90, 148, 168, 171, 176, 193, 202, 227, 249
ドイツ経済委員会　Deutsche Wirtschaftskommission　12, 77, 78
ドイツ経済研究所　19, 44
ドイツ社会主義統一党　SED　10, 56, 72, 75, 76, 82, 88, 91, 93, 100, 138, 163, 172, 221, 225, 226, 228, 229, 230, 249
ドイツの伝統　122, 155, 156
ドイツ連邦文書館　Bundesarchiv, Abteilung Potsdam, BAP　26, 67, 220
投資　14, 57, 59, 83, 88, 91, 96, 98, 113, 114, 115, 116, 127, 203, 224
突貫作業　144, 160, 178, 255
突撃班　164, 220
徒弟　Lehrling　123, 155, 156
ドレスデン造船所　Schiffswerft Dresden-Übigau　110, 111, 112

な　行

流れ作業　118, 119, 120, 130, 147, 148, 149, 157, 180, 193, 202, 203, 213
ナチス　231
ナチス期　4, 234, 236, 237
二カ年計画　10, 12, 57, 82, 83, 224
西ドイツ　14, 22, 23, 46, 48, 49, 50, 52, 53, 54, 59, 60, 61, 66, 80, 84, 109, 115, 130, 141, 203, 204, 205, 206, 208, 209, 210, 212, 213, 215, 216, 219, 220, 229, 234, 235, 239, 249, 257
西ドイツへの逃亡　63, 88, 91, 97, 103, 159, 203, 227, 266
20 世紀世界経済　2

日常生活　5, 17, 18, 218, 219, 229, 231, 233, 238, 244, 253, 261, 266
日本　23, 109, 117, 132, 204, 205, 206, 216
ネットシュカウ機械工場　Netschkauer Maschinenfabrik　143
ネプトゥーン造船所　Schiffswerft Neptun Rostock　21, 78, 108, 110, 111, 112, 114, 118, 121, 131, 137, 148, 155, 156, 159, 160, 170, 171, 181, 192, 212, 245
濃密な人間関係　233, 238, 239, 244, 254, 256
能率給　Leistungslohn　76, 78, 84, 101, 167
ノスタルジー　219, 256, 257
ノルマ　84, 137, 167, 201, 202, 203, 223, 225, 228
ノルマ達成率　89, 169, 226

は　行

賠償　98, 114, 126, 127, 136
賠償局　Amt für Reparationen　26, 125, 138, 139, 186, 187, 188
賠償生産　113, 124, 126, 127, 137, 141, 184, 186, 192
バウプラッテ　116
発電機製造企業ベルクマン・ボルジヒ　Bergmann-Borsig　90, 91
バルト海沿岸　113, 120, 159, 204
ハンガリー　11
ハンブルク・ホヴァルト造船所　Howaldtswerk　110
東ベルリン　93, 94, 95
非公式協力者　IM　262, 263, 264, 265, 269, 270
非公式な交渉　164, 225, 250
非効率　i, 8, 172, 175, 192, 196, 238, 250, 251, 256
人のつながり　i, 4, 8, 17, 18, 27, 29, 37, 233, 238, 239, 253, 254, 256, 257, 267
秘密警察　i, 2, 7, 30, 105, 238, 244, 260, 261, 262, 263
鋲接　117
フェレ化学工場　Fälle　84
フォアポンメルン州文書館・グライフスヴァルト　VLAG　26
不足の経済　160
部品供給企業　125, 139, 142, 143, 188, 189
部品供給産業　115, 127, 136, 141, 203
部品供給の遅れの連鎖　142
フュルステンベルク造船所　Schiffswerft Fürstenberg　112, 137
ブランデンブルク　46, 57, 69
ブランデンブルク造船所　Volkswerft "Ernst Thälmann" Brandenburg　112, 125
ブランデンブルク鉄・圧延工場　90
ブロック建造法　Sektionsbauweise　15, 109, 110, 118, 119, 121, 122, 147, 174, 208, 213, 245
壁がん社会　244, 266, 270
ベルリン　100, 261
ベルリン人民化学　Volkschemie　230
ベルリン造船所　Yachtwerft Berlin　111, 112
ベルリンの壁　64, 105, 219, 227, 242, 261, 267
ヘンネッケ運動　Hennecke-Bewegung　81, 84, 170
ボイツェンブルク造船所　Elbewerft Boizenburg　108, 125, 140, 155, 165, 170
貿易　53, 54, 55, 83, 96, 126, 191, 197, 209, 210, 252
ボウリング　230, 231
ポーランド　83

ま　行

マイクロエレクトロニック・コンビナート　265
マグデブルク造船所　Staatswerft Rothensee　112, 125, 137, 138
マクロ経済状況　44
マクロ経済動向　19, 20
メクレンブルク　46, 47, 57, 69, 108, 121, 122, 155
メディア　234, 235, 239
もう一つの経済システム　ii, 2, 4
モータリゼーション　234, 235, 239
物不足　235, 243, 254

模範労働者　Aktivist　81, 84, 89, 171, 173, 181, 255, 267
模範労働者運動　Aktivisten-Bewegung　24, 76, 81, 82, 84, 85, 95, 173, 224, 226, 249

や 行

輸出　50, 54, 132, 209, 252
ユニバーサル・プレス　117
輸入　49, 54, 59, 252
溶接　15, 109, 110, 117, 118, 119, 121, 122, 147, 155, 156, 174, 202, 208, 213
余暇　17, 18, 229, 231, 232, 234, 235, 236, 237, 238, 254
抑圧手段　76, 231

ら 行

旅行　231, 232, 236, 238
レギュラシオン学派　24
レフリン造船所　Schiffswerft Rechlin　109
ロイナ工場　Leunawerke　78, 86, 95, 264
労働運動　12, 98, 249
労働可能な人口　61, 83
労働作業班　Arbeitsbrigade　218, 221, 223, 228, 230
労働者コミュニティ　219, 220, 234, 235, 239
労働者の過剰雇用　154, 160, 175, 250, 251
労働者の「自由」　4, 8, 17, 18, 27, 29, 91, 144, 175, 176, 218, 244, 253, 256
労働者の自律性　7, 27, 176, 253, 257
労働者の天国　37, 176, 253
労働者の能率　170, 228, 237, 255
労働者の利害代表　164, 226, 235, 249, 254
労働者の流出　29, 157, 158, 159, 160, 161, 202, 203, 204, 249, 251
労働者評議会　Arbeiterrat　111, 129
労働者文化　245, 253
労働者ミリュー　219, 240
労働生産性　5, 28, 128, 141, 149, 159, 160, 196
労働生産性向上　8, 10, 25, 72, 74, 75, 77, 85, 89, 169
労働生産性向上政策　28, 93, 96, 166, 248
労働生産性の低迷　8, 150, 166, 184, 248
労働生産性の伸び悩み　91, 96, 128, 136, 154, 175, 227, 249, 250
労働の自律性　ii, 175
労働ノルマ　72, 77, 78, 79, 80, 81, 93, 96, 97, 164, 168, 169, 170, 175, 195, 224, 237, 250, 251, 253, 254, 255
労働モラル　137, 144, 158, 166, 175, 250
労働力　10, 28, 29, 83, 96, 108, 124, 127, 249, 250
労働力の売り手市場的状態　161, 202, 253
労働力の過剰雇用　145
ロストック　115, 158
ロストック大学　116
ロストック電力プラント製造企業 SAB　233
ロスラウ造船所　Roßlauer Schiffswerft　111, 114, 125

人名索引

あ 行

石川晃弘　218
ヴァール　Wahl, S.　19, 70
ウルブリヒト　Ulbricht, W.　35, 86, 95, 158, 229
エヴァース　Ewers, K.　24
大津定美　24

か 行

ガウス　Gaus, G.　270
カルシュ　Karlsch, R.　20, 21, 44, 52, 190
北村喜義　6
クラメール　Kramer, R.　21
クレスマン　Kleßmann, Ch.　4, 24, 257
コール　Kohl, H.　31
コッカ　Kocka, J.　4
コルナイ　160, 178
コルンプロスト　Kornprost, R.　25
近藤潤三　260

さ 行

斎藤哲　7, 218, 244
塩川伸明　17, 24, 31, 218
塩沢由典　194
シュタイナー　Steiner, A.　20, 45
シュタルク　Starck, A.　87
シュトルパー　Stolper, W. F.　19, 44, 82
シュトローベル　Strobel, D.　21, 25, 190, 191, 197
白川欽哉　6
スターリン　Stalin, J. W.　72, 97
相馬保夫　244, 260
ゾルト　Soldt, R.　219

た 行

竹中亨　260
ダーメ　Dame, G.　21, 25, 190, 191, 197
ツァンク　Zank, W.　19, 44, 69

な 行

二宮宏之　37

は 行

ハイマン　Heimann, Ch.　6
バウアー　Bauer, R.　22
バウアーケンパー　Bauerkämper, A.　32
バーテル　Barthel, H.　19
パルムアレー　Parmalee, P.　219
ヒュブナー　Hübner, P.　24, 219
ファンダー　Funder, A.　263
藤瀬浩司　30
ブスト＝バルテルス　Bust-Bartels, A.　24
ブフハイム　Buchheim, Ch.　21, 33, 45, 73
ブルス　Brus, W.　9
ペッツィーナ　Petzina, D.　7, 22, 23
ベール　Bähr, J.　7, 22, 23
ヘンネッケ　Hennecke, A.　81, 82, 257
星乃治彦　34
ポセケル　Poßekel, K.　25

ま 行

正亀芳造　24
マトシュケ　Matschke, W.　19, 44
水島朝穂　263
メルケル　Merkel, W.　19, 70
盛田常夫　194

や 行

山田徹　7

ら 行

ライヒェル　Reichel, T.　219
ラスキ　Laski, K.　9
ラバーン　Labahn, K.　25, 131, 154, 177

リッチル　Ritschl, A. O.　20, 22
レースト　Loest, E.　261
レーマン　Lehmann, O.　230
ロエスラー　Roesler, J.　19, 24, 219

わ 行

和田春樹　30

参考文献一覧

ここに挙げているのは，本文中に引用したもののみである。

欧語文献についてはアルファベット順で，邦語文献については 50 音順で並べてある。

1．文書館資料

Bundesarchiv, Abteilung Potsdam (BAP)　ドイツ連邦文書館ポツダム

DE1(国家計画委員会資料): Nr.5014　Nr.10157　Nr.11178　Nr.11897　Nr.11969　Nr.11970　Nr.13012　Nr.14638　Nr.14643

DG3(機械製造省資料): Nr.1311　Nr.1691　Nr.3821　Nr.3838　Nr.3854　Nr.3856　Nr.3876　Nr.3912　Nr.4062　Nr.4066　Nr.4075　Nr.4119　Nr.4152

DC2(賠償局資料): Nr.1016　Nr.2114　Nr.11390　Nr.17385　Nr.17413

DG2(重工業省資料): Nr.1311　Nr.13573

DX1(SMAD 命令集): Nr.173, 18. Dez. 1945　Nr.103, 7. Juni 1948　Nr.104, 8. Juni 1948　Nr.112, 23. Juni 1948

Stiftung Archiv der Parteien und Massenorganisationen der DDR im Bundesarchiv (SAPMO-BA), ZPA　旧ドイツ社会主義統一党文書館

NL 113/16

Vorpommersches Landesarchiv, Greifswald (VLAG)　フォアポンメルン州文書館グライフスヴァルト　Ökonomik des Schiffbaus

2．刊行資料・統計・同時代資料

Aus der Arbeit des Freien Deutschen Gewerkschaftsbundes 1947-1949, Berlin (DDR) 1950.

Außenhandelsbetrieb Schiffscommerz (Hrsg.), DDR Schiffbau, Rostock 1978.

Chronik - VEB Schiffswerft Neptun Rostock, Rostock 1979.

DDR Schiffbau. Tradition und Gegenwart, Rostock o. J.

Dokumente der SED, Band III, Berlin (DDR) 1952; Band IV, Berlin (DDR) 1954.

Gesetzblatt der DDR, 1950; 1952.

140 Jahre Eisenschiffbau in Rostock, Berlin 1991.

Neues Deutschland.
Protokoll der II. Parteikonferenz der Sozialistischen Einheitspartei Deutschlands, Berlin(DDR) 1952.
Records of U.S. Dept. of State relating to the Internal Affairs of East Germany, 1950-1954, 1987.
Schiff und Hafen, Jahrgang 6(1954).
Statistisches Jahrbuch der DDR, 1955, 1956, 1966, 1978, 1988.
Statistisches Jahrbuch für die Bundesrepublik Deutschland, 1952, 1954, 1955, 1957, 1959.
Ulbricht, Walter, *Zur Geschichte der Deutschen Arbeiterbewegung*, Band III, Berlin (DDR) 1953.
Wirtschaftsatlas Neue Bundesländer, Gotha 1994.
Wochenbericht des DIW, 3/1962.
運輸省船舶局『造船要覧』海運新聞社，1957 年.
『工業統計表　産業編』昭和 31 年版.
国際連合統計局『世界統計年鑑 1956』原書房，1957 年.
「東ドイツ労働者・農民の動向－ＡＦＰ(フランスの通信社)特派員ベンノ・サレルの報告」『世界週報』33 巻 4 号(1952 年 4 月).

３．欧語文献

Ahbe, T./Hofmann, M., “Eigentlich unsere beste Zeit” Erinnerungen an den DDR-Alltag in verschiedenen Milieus, in: *Aus Politik und Zeitgeschichte*, 17/2002.
Albert, Götz, *Wettbewerbsfähigkeit und Krise der deutschen Schiffbauindustrie 1945-1990*, Frankfurt/Main 1998.
Badstübner-Peters, Evemarie, Arbeiteralltag und Arbeiterpolitik. Überlegungen zur Herausbildung DDR-typischer Konfliktmuster, in: Scherstjanoi, E.(Hrsg.), *“Provisorium für längstens ein jahr”. Die Gründung der DDR*, Berlin 1993.
Bähr, J./ Petzina, D.(Hrsg.), *Innovationsverhalten und Entscheidungsstrukturen: Vergleichende Studien zur wirtschaftlichen Entwicklung im geteilten Deutschland 1945-1990*, Berlin 1996.
Baring, Arnulf, *Der 17. Juni 1953*, Stuttgart 1983.
Bartel, Horst, *Die wirtschaftlichen Ausgangsbedingungen der DDR*, Berlin(DDR) 1979.
Bauer, Reinhold, *Pkw-Bau in der DDR. Zur Innovationsschwäche von Zentralverwaltungswirtschaften*, Frankfurt/Main 1999.

Bauerkämper, Arnd, *Die Sozialgeschichte der DDR*, München 2005.

Bauerkämper, Arnd, Problemdruck und Ressourcenverbrauch.Wirtschaftliche Auswirkungen der Bodenreform in der SBZ/DDR 1945-1952, in: Buchheim, Ch.(Hrsg.), *Wirtschaftliche Folgelasten des Krieges in der SBZ/DDR*, Baden-Baden 1995.

Bauerkämper, Arnd(Hrsg.), *"Junkerland in Bauernhand"? Durchführung, Auswirkungen und Stellenwert der Bodenreform in der Sowjetischen Besatzungszone*, Stuttgart 1996.

Belwe, Katharina, Zu den Hintergründen der Fluktuation in der DDR, in: *Deutschland Archiv*, 6/1980.

Benz, Wolfgang(Hrsg.), *Die Vertreibung der Deutschen aus dem Osten. Ursachen, Ereignisse, Folgen*, Frankfurt/Main 1995.

Broszat, M./Weber, H.(Hrsg.), *SBZ-Handbuch*, München 1993(2. Auflage).

Buchheim, Christoph, Die Wirtschaftsordnung als Barriere des gesamtwirtschaftlichen Wachstums in der DDR, in: *Virteljahrschrift für Sozial- und Wirtschaftsgeschichte*, 2/1995.

Buchheim, Christoph, Wirtschaftliche Folgen der Integration der DDR in den RWG, in: Buchheim, Ch.(Hrsg.), *Wirtschaftliche Folgelasten des Krieges in der SBZ/DDR*, Baden-Baden 1995.

Buchheim, Christoph, Wirtschaftliche Hintergründe des Arbeiteraufstandes vom 17. Juni 1953 in der DDR, in: *Vierteljahrshefte zur Zeitgeschichte*, 38/1990.

Buchheim, Christoph(Hrsg.), *Wirtschaftliche Folgelasten des Krieges in der SBZ/DDR*, Baden-Baden 1995.

Bust-Bartels, Axel, *Herrschaft und Widerstand in den DDR-Betrieben*, Frankfurt/Main 1980.

Černý, Jochen(Hrsg.), *Brüche, Krisen, Wendepunkte. Neubefragung von DDR-Geschichte*, Leipzig/Jena/Berlin 1990.

Conrad, Gisela, Der Außenhandel der sowjetischen Besatzungszone Deutschlands als Bestandteil des Ostblockaußenhandels, in: *Vierteljahrshefte zur Wirtschaftsforschung*, 1955.

DDR Handbuch, Köln 1975.

Der 17. Juni - vierzig Jahre danach. Zur Einführung von Lutz Niethammer, in: Kocka, J./Sabrow, M.(Hrsg.), *Die DDR als Geschichte*, Berlin 1994.

Die Seewirtschaft der Deutschen Demokratischen Republik, Band I, 1945-1960, Berlin 1963.

Dube, Martin, Die Entwicklung des Schienenfahrzeugbaus in der DDR von 1945

bis 1970, in: *Jahrbuch für Wirtschaftsgeschichte*, 1988/Sonderband.

Eppelmann, R./Faulenbach, B./Mählert, U.(Hrsg.), *Bilanz und Perspektiven der DDR-Forschung*, Paderborn 2003.

Eppelmann, R./Müller, H./Nooke, G./Wilms, D.(Hrsg.), *Lexikon des DDR-Sozialismus*, Paderborn/München/Wien/Zürich 1996.

Ewers, Klaus, Aktivisten in Aktion, in: *Deutschland Archiv*, 9/1981.

Ewers, Klaus, Einführung der Leistungsentlohnung und verdeckter Lohnkampf in den volkseigenen Betrieben der SBZ(1947-1949), in: *Deutschland Archiv*, 6/1980.

Ewers, K./Quest, T., Die Kämpfe der Arbeiterschaft in den volkseigenen Betrieben während und nach dem Juni, in: Spittmann, I./Fricke, K.W.(Hrsg.), *17. Juni 1953*, Köln 1982.

Federau, Fritz, Der Interzonenhandel Deutschlands von 1946 bis Mitte 1953, in: *Vierteljahrshefte zur Wirtschaftsforschung*, 1953.

Fischer, W.(Hrsg.), *Wirtschaft im geteilten Berlin 1945-1990*, Berlin 1993.

Foitzik, Jan, *Inventar der Befehle des Obersten Chefs der Sowjetischen Militäradministration in Deutschland*, München/New Providence/London/Paris 1995.

Fricke, K. W., *Opposition und Widerstand in der DDR*, Köln 1984.

Gaus, Günter, *Wo Deutschland liegt: eine Ortsbestimmung*, München 1983.

Gieseke, Jens, *Der Mielke-Konzern. Die Geschichte der Stasi 1945-1990*, München 2006.

Gieseke, Jens(Hrsg.), *Staatssicherheit und Gesellschaft*, Göttingen 2007.

Gleitze, Bruno, *Die Wirtschaftsstruktur der Sowjetzone und ihre gegenwärtigen sozial- und wirtschaftsrechtlichen Tendenzen*, Bonn 1951.

Haack, Hanna, Das Arbeitermilieu in der Rostocker Neputunwerft: Inklusion und Exklusion beim Neuaufbau, in: Hübner/Tenfelde(Hrsg.), *Arbeiter in der SBZ-DDR*, Essen 1999.

Hagen, Manfred, *DDR Juni '53*, Stuttgart 1992.

Hardach, Karl, *Wirtschaftsgeschichte Deutschlands im 20. Jahrhundert*, Göttingen 1976.

Harmssen, G.-W., *Am Abend der Demontage*, Bremen 1951.

Heimann, Christian, *Systembedingte Ursachen des Niedergangs der DDR-Wirtschaft. Das Beispiel der Textil- und Bekleidungsindustrie 1945-1989*, Frankfurt/Main 1997.

Holzwarth, Klaus, Die Anfänge der zentralen Wirtschaftsplanung in der SBZ, in:

Buchheim, Christoph (Hrsg.), *Wirtschaftliche Folgelasten des Kriegs in der SBZ/DDR*, Baden-Baden 1995.

Hübner, Peter, Balance des Ungleichgewichtes. Zum Verhältnis von Arbeiterinteressen und SED-Herrschaft, in: *Geschichte und Gesellschaft*, 1/1993.

Hübner, Peter, *Konsens, Konflikt und Kompromiß. Soziale Arbeiterinteressen und Sozialpolitik in der SBZ/DDR 1945-1970*, Berlin 1995.

Hübner, P./Kleßmann, Ch./Tenfelde, K. (Hrsg.), *Arbeiter im Staatssozialismus*, Köln 2005.

Hübner, P./Tenfelde, K. (Hrsg.), *Arbeiter in der SBZ-DDR*, Essen 1999.

Hürtgen, Renate, »Stasi in der Produktion« - Umfang, Ausmaß und Wirkung geheimpolizeilicher Kontrolle im DDR-Betrieb, in: Gieseke, J. (Hrsg.), *Staatssicherheit und Gesellschaft*, Göttingen 2007.

Karlsch, Rainer, *Allein bezahlt? Die Reparationsleistungen der SBZ/DDR 1945-53*, Berlin 1993.

Karlsch, Rainer, Die Reparationsleistungen der SBZ/DDR im Spiegel deutscher und russischer Quellen, in: Eckart, K./Roesler, J. (Hrsg.), *Die Wirtschaft im geteilten und vereinten Deutschland*, Berlin 1999.

Karlsch, Rainer, Umfang und Struktur der Reparationsentnahmen aus der SBZ/DDR 1945-1953. Stand und Probleme der Forschungen, in: Buchheim, Ch. (Hrsg.), *Wirtschaftliche Folgelasten des Kriegs in der SBZ/DDR*, Baden-Baden 1995.

Karlsch, R./Laufer, J. (Hrsg.), *Sowjetische Demontagen in Deutschland 1944-1949*, Berlin 2002.

Kleßmann, Christoph, *Arbeiter im »Arbeiterstaat« DDR*, Bonn 2007.

Kornprost, Rudolf, Zur Geschichte des Schiffbaus der DDR, in: *Jahrbuch für Wirtschaftsgeschichte*, 1989/Sonderband.

Kramer, Reinhard, Reparationsleistungen für die UdSSR, in: *140 Jahre Eisenschiffbau in Rostock*, Berlin 1991.

Kramer, R./Stahl, J., Neubeginn durch Wiedergutmachung, in: *Deutscher Marinekalender*, 1991.

Labahn, Karin, *Die Herausbildung der Zweiggruppen der Arbeiterklasse in den Ostseewerften auf den Territorium der späteren Deutschen Demokratischen Republik 1945-1952*, Diss., Rostock 1979.

Lentz, Manfred, *Die Wirtschaftsbeziehungen DDR-Sowjetunion 1945-1961. Eine politologische Analyse*, Opladen 1979.

Lorenz, E. H., An Evolutionary Explanation for Competitive Decline: The British

Shipbuilding Industry, 1890-1970, in: *The Journal of Economic History*, 51(4), 1991.
Lüdtke, Alf, "Helden der Arbeit" - Mühen beim Arbeiten. Zur mißmutigen Loyalität von Industriearbeiten in der DDR, in: Kaelble, H./Kocka, J./Zwahr, H.(Hrsg.), *Sozialgeschichte der DDR*, Stuttgart 1994.
Matschke, Werner, *Die industrielle Entwicklung in der Sowjetischen Besatzungszone Deutschlands(SBZ) 1945 bis 1948*, Berlin 1988.
Matthes, H., *Das Leistungsprinzip als Grundlage der Entlohnung in der volkseigenen Wirtschaft*, Berlin(DDR) 1954.
Mehl, H./Schäfer, K., *Die andere deutsche Marine*, Stuttgart 1995(2. Auflage).
Melzer, Manfred, *Anlagevermögen, Produktion und Beschäftigung der Industrie im Gebiet der DDR von 1936 bis 1978 sowie Schätzung des kräftigen Angebotspotentials*, Berlin 1980.
Merkel, Wilma/Wahl, Stefanie, *Das geplünderte Deutschland. Die wirtschaftliche Entwicklung im östlichen Teil Deutschlands von 1949 bis 1989*, Bonn-Bad Godesberg 1991.
Meuschel, Sigrid, Überlegungen zu einer Herrschafts- und Gesellschaftsgeschichte der DDR, in: *Geschichte und Gesellschaft*, 19(1993).
Mitter, Armin, Die Ereignisse im Juni und Juli 1953 in der DDR, Aus den Akten des Ministeriums für Staatssicherheit, in: *Aus Politik und Zeitgeschichte, Beilage zur Wochenzeitung "Das Parlament"*, 5/1991.
Mohr, Axel, Der Außenhandel der Sowjetzone, in: *SBZ-Archiv*, 11/1954.
Müller, Hans/Reißig, Karl, *Wirtschaftswunder DDR*, Berlin(DDR) 1968.
Müller, Werner, Zur Entwicklung des FDGB in der sowjetischen Besatzungszone nach 1945, in: Matthias, E./Schönhoven, K.(Hrsg.), *Solidarität und Menschenwürde*, Bonn 1984.
Parmalee, Patty Lee, Brigadeerfahrungen und ostdeutsche Identitäten, in: *Beiträge zur Geschichte der Arbeiterbewegung*, 4/1996.
Poßekel, Kurt, An der Küste Mecklenburgs entstanden neue Bastionen der Arbeiterklasse. Ein Beitrag zur Geschichte der Seewirtschaft der DDR, in: *Wissenschaftliche Zeitschrift der Universität Rostock*, 6/1973,
Poßekel, Kurt, Zur Hilfe der UdSSR beim Aufbau der Seewirtschaft der DDR in den ersten Nachkriegsjahren(1945-1949), in: *Wissenschaftliche Zeitschrift der Universität Rostock*, 5/1972.
Reichel, Thomas, "Jugoslawische Verhältnisse" ? - Die "Brigaden der sozialistischen Arbeit" und die "Syndikalismus" - Affäre (1959-1962), in: Lindenberger,

Thomas (Hrsg.), *Herrschaft und Eigen-Sinn in der Diktatur*, Köln 1999.

Ritschl, Albrecht O., An exercise in futility: East German economic growth and decline, 1945-89, in: Crafts, N./Toniolo, G. (eds.), *Economic Growth in Europe since 1945*, Cambridge University Press, 1996.

Ritter, Gerhard A., Die DDR in der deutschen Geschichte, in: *Vierteljahrshefte zur Zeitgeschichte*, 50 (2002).

Roesler, Jörg, Das Brigadetagebuch - betriebliches Rapportbuch, Chronik des Brigadelebens oder Erziehungsfibel?, in: Badstübner, Evemarie (Hrsg.), *Befremdlich anders. Leben in der DDR*, Berlin 2004.

Roesler, Jörg, *Die Herausbildung der sozialistischen Planwirtschaft in der DDR*, Berlin (DDR) 1978.

Roesler, Jörg, Die Produktionsbrigaden in der Industrie der DDR. Zentrum der Arbeitswelt?, in: Kaelble, H./Kocka, J./Zwahr, H. (Hrsg), *Sozialgeschichte der DDR*, Stuttgart 1994.

Roesler, Jörg, Die Rolle des Brigadiers bei der Konfliktregulierung zwischen Arbeitsbrigaden und der Werkleitung, in: Hübner, P./Tenfelde, K. (Hrsg.), *Arbeiter in der SBZ-DDR*, Essen 1999.

Roesler, Jörg, Gewerkschaften und Brigadebewegung in der DDR, in: *Beiträge zur Geschichte der Arbeiterbewegung*, 38 (1996).

Roesler, Jörg, *Inszenierung oder Selbstgestaltungswille? Zur Geschichte der Brigadebewegung in der DDR während der 50er Jahre*, Berlin 1994.

Roesler, Jörg, Jugendbrigaden im Fabrikalltag der DDR 1948-1989, in: *Aus Politik und Zeitgeschichte*, 28/1999.

Roesler, Jörg, Probleme des Brigadealltags. Arbeitsverhältnisse und Arbeitsklima in volkseigenen Betrieben 1950-1989, in: *Aus Politik und Zeitgeschichte*, 38/1997.

Roesler, Jörg, Unerwartet hohes Wirtschaftswachstum im Zweijahrplan 1949/50, in: Scherstjanoi, E. (Hrsg.), *"Provisorium für längstens ein jahr". Die Gründung der DDR*, Berlin 1993.

Rosenthal, Uwe/Loeding, Matthias, Stadien der Betriebsrätebewegung in der SBZ, in: *Beiträge zur Geschichte der Arbeiterbewegung*, 1/41 (1999).

Rottenburg, Richard, Der Sozialismus braucht den ganzen Menschen, in: *Zeitschrift für Soziologie*, 4/20 (1991).

Sarel, Benno, *Arbeiter gegen den "Kommunismus"*, Berlin 1991.

Scherstjanoi, E. (Hrsg.), *"Provisorium für längstens ein jahr". Die Gründung der DDR*, Berlin 1993.

Schiffstechnisches Wörterbuch, Band I Deutsch-Englisch, zusammengestellt von Robert Dluhy, Hannover 1983.

Soldt, Rüdiger, Zum Beispiel Schwarze Pumpe: Arbeiterbrigaden in der DDR, in: *Geschichte und Gesellschaft*, 24(1998).

Spittmann, I./Fricke, K.W. (Hrsg.), *17. Juni 1953*, Köln 1982.

Staritz, Dietrich, *Die Gründung der DDR*, München 1987.

Steinbach, Peter, Das Ende der Arbeiterkultur, in: *Zeitgeschichte*, 19(1992).

Steiner, André, *Von Plan zu Plan. Eine Wirtschaftsgeschichte der DDR*, München 2004.

Steiner, André, Wirtschaftliche Lenkungsverfahren in der Industrie der DDR Mitte der fünfziger Jahre. Resultate und Alternativen, in: Buchheim, Ch.(Hrsg.), *Wirtschaftliche Folgelasten des Krieges in der SBZ/DDR*, Baden-Baden 1995.

Stokes, Raymond G., *Constructing Socialism. Technology and Change in East Germany, 1945-1990*, Baltimore/London, 2000.

Stolper, Wolfgang F., *The Structure of the East German Economy*, London, 1960.

Strobel, Dietrich, Das Loggerbauprogramm - ein Kapitel DDR-Geschichte, in: *Marine Kalender der DDR*, 1989.

Strobel, Dietrich/Dame, Günter, *Schiffbau zwischen Elbe und Oder*, Herford 1993.

Suckut, Siegfried, *Die Betriebsrätsbewegung in der Sowjetisch Besetzten Zone Deutschland (1945-1948)*, Frankfurt/Main 1982.

Thoß, Bruno(Hrsg.), *Volksarmee schaffen - ohne Geschrei!*, München 1994.

Wagner, Armin, Die Kampfgruppen der Arbeiterklasse(1954-1990), in: Dietrich, T./Ehlert, H./Wenzke, R.(Hrsg.), *Im Dienste der Partei. Handbuch der bewaffneten Organe der DDR*, Berlin 1998.

Wagner-Kyora, Georg, Spione der Arbeit - Zur Methodik der Alltagsgeschichte mit IM-Berichten aus Industriebetrieben, in: Gieseke, J. (Hrsg.), *Staatssicherheit und Gesellschaft*, Göttingen 2007.

Weber, Hermann, *Die DDR 1945-1990*, München 1993. 邦訳(斎藤哲・星乃治彦訳)『ドイツ民主共和国史』(1988 度版) 日本経済評論社, 1991 年.

Zank, Wolfgang, *Wirtschaft und Arbeit in Ostdeutschland 1945-1949*, München 1987.

Zank, Wolfgang, Wirtschaftsplanung und Bewirtschaftung in der Sowjetischen Besatzungszone - Besonderheiten und Parallelen im Vergleich zum westlichen Besatzungsgebiet, 1945-1949, in: *Vierteljahrschrift für Sozial- und Wirtschaftsgeschichte*, 4/1984.

4．邦語文献

青木國彦『体制転換』有斐閣，1992年.

青木國彦「東独1988年4月『中央決定』の意味と文脈」『比較経済研究』第45巻1号(2008年)，1-13頁.

青木國彦「東独脱出動機論争—独裁と経済難民・政治難民」『比較経済研究』第43巻2号(2006年)，31-42頁.

足立芳宏「戦後東ドイツ農村の『社会主義』—農業集団化のミクロ史分析」『歴史学研究』820号(2006年)，121-130頁.

アムブロジウス，G./ハバード，W. H.(肥前栄一・金子邦子・馬場哲訳)『20世紀ヨーロッパ社会経済史』名古屋大学出版会，1991年.

家本博一『ポーランド「脱社会主義」への道』名古屋大学出版会，1994年.

池田宗雄『新訂　船舶知識のＡＢＣ』成山堂書店，1994年.

石井聡「ＥＵ憲法における『連合の目標』としての社会的市場経済」『大原社会問題研究所雑誌』577号(2006年)，1-15頁.

石井聡「現代ドイツにおける『社会的市場経済』の変容—2003年閉店時間法改正論議を手がかりに」廣田功編『現代ヨーロッパの社会経済政策—その形成と展開』日本経済評論社，2006年.

石井聡「書評・北村喜義『旧東独の企業システムと鉄鋼業』」『経営史学』第37巻2号(2002年)，76-79頁.

石川晃弘『くらしのなかの社会主義』青木書店，1977年.

伊丹敬之＋伊丹研究室『日本の造船業　世界の王座をいつまで守れるか』ＮＴＴ出版，1992年.

市川浩『科学技術大国ソ連の興亡』勁草書房，1996年.

伊藤誠「ロシア・東欧経済—集権的経済計画の解体」経済学教育学会編『経済学ハンドブック』大月書店，1998年.

井上茂子「ナチス・ドイツの民衆統轄—ドイツ労働戦線を事例として」『歴史学研究』586号(1988年)，196-207頁.

井上茂子「西ドイツにおけるナチ時代の日常史研究—背景・有効性・問題点」『教養学科紀要』19号(1986年)，19-37頁.

岩田昌征「ユーゴスラヴィアの自主管理社会主義—歴史的条件・模索・終焉」和田春樹・小森田秋夫・近藤邦康編『〈社会主義〉それぞれの苦悩と模索』日本評論社，1992年.

上垣彰『ルーマニア経済体制の研究1944-1989』東京大学出版会，1995年.

大津定美『現代ソ連の労働市場』日本評論社，1988年.

大津定美「転換期ロシアの機械工業」『社会科学研究(東京大学社会科学研究所)』第43巻3号(1996年)，205-235頁.
加藤浩平「ドイツ分割と東西ドイツの経済関係」『専修経済学論集』第27巻1号(1992年)，183-221頁.
北村喜義『旧東独の企業システムと鉄鋼業─体制の崩壊と再建の政治経済過程』御茶の水書房，2000年.
木村明夫「東ドイツの日常生活空間」『人文論究(関西学院大学)』56巻1号(2006年)，224-242頁.
京大西洋史辞典編纂会編『新編　西洋史辞典』東京創元社，1993年.
桑原草子『シュタージの犯罪』中央公論社，1993年.
小島栄一「1953年6月17日事件と東ドイツ」『社会科学討究(早稲田大学)』38巻3号(1993年)，975-999頁.
コルナイ，Ｊ.(盛田常夫訳)『「不足」の政治経済学』岩波書店，1984年.
近藤潤三「1950年代のシュタージ拉致・殺人事件─リンゼとビアレクの場合」『社会科学論集(愛知教育大学)』第47号(2009年)，139-167頁.
近藤潤三「東ドイツ(ＤＤＲ)の『政治犯』について─1950年代初期の二つの事例」『社会科学論集(愛知教育大学)』第45号(2007年)，169-196頁.
近藤潤三「ベルリンの壁・ドイツ内部国境の越境者問題─2007年8月の発砲命令書論議に即して」『社会科学論集(愛知教育大学)』第46号(2008年)，191-219頁.
斎藤哲「ＤＤＲの崩壊と一つのドイツの形成─統一ドイツとその課題」木村靖二編『ドイツの歴史』有斐閣，2000年.
斎藤哲『消費生活と女性－ドイツ社会史(1920-70年)の一側面』日本経済評論社，2007年.
斎藤純一『公共性』岩波書店，2000年.
塩川伸明『現存した社会主義─リヴァイアサンの素顔』勁草書房，1999年.
塩川伸明『「社会主義国家」と労働者階級』岩波書店，1984年.
塩川伸明『社会主義とは何だったか』勁草書房，1994年.
塩川伸明『終焉の中のソ連史』朝日新聞社，1993年.
塩川伸明『スターリン体制下の労働者階級』東京大学出版会，1985年.
塩川伸明『ソヴェト社会政策史研究』東京大学出版会，1991年.
塩沢由典『市場の秩序学』筑摩書房，1990年.
清水聡「スターリン以後の権力闘争とＤＤＲ『社会主義』」『政治学研究論集(明治大学)』第11号(2000年)，65-80頁.
白川欽哉「ソ連占領期の東ドイツにおける労働力事情」『経済学部紀要(秋田経済法科大学)』第38号(2003年)，35-50頁.
白川欽哉「ソ連占領下の東ドイツの経済構造─解体と賠償の影響」『経済学部紀要(秋田

経済法科大学)』第 39 号(2004 年), 27-57 頁.
白川欽哉「東ドイツにおける計画経済の盛衰―アンドレ・シュタイナーの著作の紹介と解説」『経済論集(秋田経済法科大学)』創刊号(2006 年), 39-49 頁.
白川欽哉「東ドイツにおける工業企業の国家的管理(1945-79 年)」『経済学研究(北海道大学)』43 巻 2 号(1993 年), 168-200 頁.
白川欽哉「東ドイツにおけるコンビナート改革(1976-85 年)―工業組織改革の構想と問題点」『土地制度史学』第 152 号(1996 年), 1-18 頁.
関根伸一郎『ドイツの秘密情報機関』講談社現代新書, 1995 年.
相馬保夫「ドイツ労働史・労働運動史研究」『大原社会問題研究所雑誌』512 号(2001 年), 1-12 頁.
相馬保夫「2007 年度歴史学研究会大会現代史部会報告批判」『歴史学研究』835 号(2007 年), 47-49 頁.
高橋俊夫・大西健夫編『ドイツの企業』早稲田大学出版部, 1997 年.
竹内常善「造船業に於ける新たな技術革新の動きとそれに関する若干の問題について」『政経論叢(広島大学)』26 巻 3 号(1976 年), 79-91 頁.
渓内謙『現代史を学ぶ』岩波書店, 1995 年.
谷江幸雄『ソ連経済の神話』法律文化社, 1997 年.
ダンロップ, J. T. / ディアチェンコ, W. P.『労働生産性の理論と政策』日本生産性本部, 1968 年.
出水宏一『戦後ドイツ経済史』東洋経済新報社, 1978 年.
東京大学社会科学研究所『造船業における技術革新と労務管理』東京大学社会科学研究所調査報告第二集, 1960 年.
徳永重良編著『西ドイツ自動車工業の労使関係』御茶の水書房, 1985 年.
長倉高行, Die Innenwelt der Betriebe in der DDR. gesellschaftliche Funktion der Brigade, 武蔵大学 2001 年度修士論文.
永岑三千輝「疎開と逃避行, 追放による難民化―敗戦直後の東部地域のドイツ人民衆」『経済學季報(立正大学)』第 45 巻 1 号(1995 年), 1-64 頁.
中村靖『計画経済のミクロ分析』日本評論社, 1992 年.
二宮宏之『結びあうかたち　ソシアビリテ論の射程』山川出版社, 1995 年.
日本機械学会編修『機械工学便覧　改訂第五版』日本機械学会, 1968 年.
東中野修道『東ドイツ社会主義体制の研究』南窓社, 1996 年.
アナ・ファンダー(伊達淳訳)『監視国家』白水社, 2005 年.
福澤直樹「西ドイツの社会給付改革と東ドイツの社会保険」廣田功編『現代ヨーロッパの社会経済政策―その形成と展開』日本経済評論社, 2006 年.
藤瀬浩司『改訂新版　欧米経済史』放送大学教育振興会, 2004 年.
ブルス, W. / ラスキ, K. (佐藤経明 / 西村可明訳)『マルクスから市場へ』岩波書店,

1995年.
ベンディクス，R.(大東英祐・鈴木良隆訳)『産業における労働と権限』東洋経済新報社，1980年.
星乃治彦『社会主義国における民衆の歴史―1953年6月17日東ドイツの情景』法律文化社，1994年.
星乃治彦『社会主義と民衆』大月書店，1998年.
星乃治彦「書評・斎藤哲『消費生活と女性―ドイツ社会史(1920-70年)の一側面』」『社会経済史学』74巻4号(2009年)，92-93頁.
星乃治彦「東ドイツにおける1953年6月17日事件―カール・ツァイス・イエナ社の場合」『社会経済史学』58巻6号(1993年)，773-801頁.
正亀芳造「社会主義企業の賃金制度」笹川儀一郎・海道進・林昭編『社会主義企業の構造』ミネルヴァ書房，1985年.
正亀芳造「ドイツ民主共和国(ＤＤＲ)における国家の賃金政策と経営レベルの賃金決定―1950年代を中心に「賃金ギャップ」との関連で」『富大経済論集』第27巻2号(1982年)，273-299頁.
松井康浩「スターリン体制下の公共性とジェンダー」『思想』987号(2006年), 52-72頁.
松井康浩「スターリン体制下の個人と親密圏」『思想』952号(2003年)，6-31頁.
水島朝穂「《書評》制度が国民を操作する恐怖」『中国新聞』2005年12月4日読書欄ほか.
溝端佐登史『ロシア経済・経営システム研究―ソ連邦・ロシア企業・産業分析』法律文化社，1996年.
宮下武平「造船工業の発展と構造」有澤広巳編『現代日本産業講座Ⅴ』岩波書店，1960年.
村上範明「現代ソ連の労働力問題」『労働問題研究』4号(1983年)，29-75頁.
盛田常夫『体制転換の経済学』新世社，1994年.
盛田常夫『ハンガリー改革史』日本評論社，1990年.
山田徹『東ドイツ・体制崩壊の政治過程』日本評論社，1994年.
山本秀行『ナチズムの記憶』山川出版社，1995年.
山本秀行「ルール鉱夫の生活空間と社会的ネットワーク―19・20世紀転換期を中心に」『社会運動史』10号(1985年)，24-59頁.
ＵＲＧＥＮＳＥ「中央計画経済におけるリズムなきテイラー主義」ロベール・ボワイエ/山田鋭夫共同編集『転換　社会主義』藤原書店，1993年.
吉田沙由里『小さな国の大きな奇跡　キューバ人が心豊かに暮らす理由』WAVE出版，2008年.
若尾祐司・井上茂子編著『ドイツ文化史入門』昭和堂，2010年.
和田春樹『歴史としての社会主義』岩波書店，1992年.

石井　聡(いしい　さとし)

1968年　岐阜県恵那市に生まれる

1994〜95年　文部省学生国際交流制度派遣留学生としてドイツ・フライブルク大学へ留学

1996年　名古屋大学大学院経済学研究科博士後期課程単位取得

現　在　札幌大学経済学部准教授　博士(経済学)(名古屋大学)

主要論文　「秘密警察(シュタージ)―その本当の影響力」『ドイツ文化史入門』(若尾祐司・井上茂子編)，昭和堂，2010年.「計画経済システムにおける計画作成と達成度評価の現実―建国初期東ドイツ造船業を例にして―」『地域と経済』(札幌大学地域経済研究所)，第5号，pp.33-42，2008年.「東ドイツにおける工業労働者の『社会的結合』」『歴史学研究』(歴史学研究会)，833号，pp.143-151，2007年.「EU憲法における『連合の目標』としての社会的市場経済」『大原社会問題研究所雑誌』(法政大学大原社会問題研究所)，577号，pp.1-15，2006年.「現代ドイツにおける『社会的市場経済』の変容―2003年閉店時間法改正論議を手がかりに」『現代ヨーロッパの社会経済政策―その形成と展開』(廣田功編)，pp.301-327，日本経済評論社，2006年.「東ドイツにおける日常生活世界―作業班の経済的・社会的意味―」『大原社会問題研究所雑誌』(法政大学大原社会問題研究所)，552号，pp.51-64，2004年.

もう一つの経済システム
――東ドイツ計画経済下の企業と労働者

2010年2月25日　第1刷発行

著　者　石井　聡
発行者　吉田克己

発行所　北海道大学出版会
札幌市北区北9条西8丁目　北海道大学構内(〒060-0809)
Tel. 011(747)2308・Fax. 011(736)8605・http://www.hup.gr.jp/

組版:木下正之/印刷:アイワード/製本:石田製本

ISBN978-4-8329-6722-9